聊城大学学术著作出版基金资助

足球体能测评理论与实证研究

陈 翀　王启荣　著

人民体育出版社

图书在版编目（CIP）数据

足球体能测评理论与实证研究／陈翀，王启荣著. --北京：人民体育出版社，2021（2024.11重印）
ISBN 978-7-5009-4312-9

Ⅰ.①足… Ⅱ.①陈…②王… Ⅲ.①足球运动－体能－身体训练－研究 Ⅳ.①G843.2

中国版本图书馆 CIP 数据核字（2020）第 250931 号

*

人 民 体 育 出 版 社 出 版 发 行
北京明达祥瑞文化传媒有限责任公司印刷
新 华 书 店 经 销

*

710×1000 16 开本 17.25 印张 326 千字
2021 年 3 月第 1 版 2024 年 11 月第 3 次印刷

*

ISBN 978-7-5009-4312-9
定价：75.00 元

社址： 北京市东城区体育馆路 8 号（天坛公园东门）
电话： 67151482（发行部） 邮编： 100061
传真： 67151483 邮购： 67118491
网址： www.psphpress.com

（购买本社图书，如遇有缺损页可与邮购部联系）

PREFACE / 序

2017年，习近平总书记提出，建设体育大国和体育强国，是中国人民实现"两个一百年"奋斗目标的重要组成部分。中国政府高度重视发展足球运动，给予有力的、持续性的支持。足球要从娃娃抓起，注重后备人才的培养，挖掘有潜力的苗子，系统地进行足球训练，提升中国足球的竞技水平，也是我们一直的奋斗目标。体能作为足球运动员竞技能力的重要组成部分，对其运动表现和竞技水平起决定性作用，因此，体能训练的科学化至关重要。随着足球竞技水平的持续提升，足球比赛的高强度、快节奏将成为未来发展的主流趋势，对运动员体能训练的监控和评估也将成为高水平运动队日常训练的主要内容。科学体能测评不仅可以帮助我们选拔出有天赋的球员，还可以更准确地了解球员的体能状况，从而制订科学的体能训练计划，以提升球员的运动表现。

《足球体能测评理论与实证研究》是以国家体育总局备战奥运会科研攻关项目（课题编号：2013A126）和中国足球协会青少年足球发展基金项目（课题编号：2016-08）为支撑，关于足球运动员专项体能测量和评估的一本专著，也是作者站在足球专业角度对足球专项体能进行的系统分析与高度概括。书中的足球专项体能测评体系是经过问卷调查和统计学分析，并通过2个冬训期实地的体能测试和评价而形成。作者清晰构建出我国U17足球运动员体能评分标准，形成一套体能评价模型，对我国青少年足球运动员体能评估和选材有很强的现实参考价值。另外，作者还借鉴大量前人的相关研究，从理论层面对足球项目体能特点、规律、分类和影响因素进行系统分析，帮助教练员和运动员了解足球专项体能，提高教练员和运动员对体能的重视程度，并通过体能测评及时发现体能问题，后续有针对性地改进，使中国足球运动员体能训练的科学化程度显著提升，也为中国足球竞技水平的提高贡献力量。

前中国国家足球队主教练

前上海市足球协会主席

中国足球协会技术委员会副主任

全国青少年校园足球专家委员会副主任

PREFACE / 序

体能训练已经成为当前的热点话题，而体能测评是体能训练的先决条件，基于科学诊断的体能训练设计才能达到科学化训练的目的。2007—2013年，我多次带领中国体能教练和体能领域的科研人员赴美国体能协会（NSCA）、洛杉矶AP（Athletes Performance）体能中心进行深入学习。同时，我多次采用"请进来，走出去"的方式，邀请美国、澳大利亚等国际知名体能专家来华讲座，将先进的体能训练理念引入国内。陈翀作为我的研究生，也多次参与体能交流和体能培训，接触国外体能训练新理念，并通过带队进行体能训练，学以致用，积累了宝贵的实践经验。

《足球体能测评理论与实证研究》是作者长期学习和训练经历的成果总结，对我国青少年足球运动员科学化体能测评具有重要的参考价值。研究中分析了足球运动员的体能特征，基于体能特征运用专家调查和统计学方法进行筛选，构建了客观、准确的足球运动员体能测评指标体系。基于体育测量和评价理论，笔者又进行了体能评价标准的构建，并最终以U17为例，形成了我国U17球员的体能测评模型，其他年龄组球员的体能测量和评价也同样适用。本研究既有理论支撑，又有实践价值，为广大教练员、科研人员提供了参考和借鉴。希望笔者能够沿着这个成果继续进行深入研究，建立和健全我国U系列球员、女子足球运动员等不同年龄段、不同人群的体能测评模型，为我国足球后备人才的选拔和培养作出重要的贡献。

原国家体育总局教练员学院部长

前中国国家足球队科研教练

全国体校联合会教育发展委员会主任

2020 年 12 月

FOREWORD 前 言

目前，世界足球发达国家非常重视体能在青少年运动员选拔与训练中的核心地位。加拿大足球协会制定了足球运动员长期发展规划（Long-term Development of Soccer Players），并完善了不同年龄段青少年球员的体能训练内容。德国足球协会（DFB）的"天才球员发展计划"从2000年发展至今，已经建立了完善的地区培养体系和球员数据库。英格兰足球总会在对足球比赛分析的基础上，制定出适应6~16岁青少年球员的体能训练与测评方法，并通过对已测试过的50多万名球员的体能数据进行统计分析，了解了不同年龄段球员的体能特征。美国体能协会（NSCA）对足球运动员进行了体能训练设计和评价，他们认为体能训练内容设计和评价体系的建立是促进美国足球发展的重要因素。

以2008年奥运会为契机，我国全面贯彻"三从一大"训练原则和"两严"方针，以"作风和体能"作为突破口，明确了体能训练在足球训练中的作用，可见，体能训练已成为竞技体育训练中必不可少的内容。2016年，我国全面启动青少年建设"十大工程"，其中"建立全国青少年足球数据库"是非常重要的工作之一，而青少年球员体能测试数据的采集和评价模型的建立更是这项工作的里程碑。目前，我国足球队都聘请了体能教练辅助训练，虽然也注重体能训练，但是科学化程度不高。究其原因是我国关于运动员体能评价的研究较少，对其体能评价效果的重视程度不高，更缺少对青少年运动员体能评价的关注。科学的体能评价不仅可以了解运动员的体能状态，还可以准确评估体能训练计划的科学性。体能训练内容的有效性和训练效果需要对运动员进行科学的体能评价和评估,只有这样才能客观了解体能训练内容的安排是否合理、训练负荷是否有效、运动员成绩是否有提高,也才能准确判断运动员的体能状况,找出运动员体能的薄弱环节,从而设计有针对性的体能训练内容,帮助运动员能力的提升。因此,通过体能评价了解我国足球运动员体能现状,设计科学的、有针对性的体能训练计划,兼顾全面地地行体能训练是我国足球发展亟待解决的问题。

感谢陈效科老师和我的研究生为本研究做出的积极贡献;感谢为本研究撰写提供借鉴资料的各位专家学者;感谢课题组所有成员付出的努力。由于时间仓促和本研究团队水平有限,书中难免有诸多不妥之处,敬请广大体育同仁和朋友批评指正。

陈 翀

2019 年 9 月

CONTENTS 目 录

第一章 绪 论	001
第一节 选题背景	001
一、体能评价是实施科学化体能训练的迫切需求	002
二、体能评价是提高比赛竞技表现的前提	003
三、关于体能评价的研究匮乏	004
四、U17年龄阶段的重要性	005
五、U17发展简史及重要地位	006
第二节 选题的价值和创新点	007
一、选题的价值	007
二、创新点	008

第二章 相关概念解读	009
第一节 体能释义与分类	009
第二节 足球体能释义与分类	013
第三节 身体形态释义与分类	014
第四节 生理机能释义与分类	017
第五节 运动素质释义与分类	020
一、力量素质	021
二、速度素质	022
三、耐力素质	023

四、柔韧素质 ·· 023
　　五、灵敏素质 ·· 024

第三章　足球体能研究现状、热点与趋势 ······················· 025
第一节　国际足球体能研究现状 ······················· 025
　　一、国际关于足球体能的研究中对球员运动素质的研究 ············ 025
　　二、国际关于足球体能的研究中对供能系统的研究 ·················· 026
　　三、国际关于足球体能的研究中对功能性训练的研究 ··············· 027
第二节　国内足球体能研究现状 ······················· 027
　　一、国内关于足球体能的研究中对青少年足球体能训练的研究 ···· 028
　　二、国内关于足球体能的研究中对运动素质的研究 ·················· 029
第三节　足球体能研究热点与趋势 ······················· 030
　　一、国家与机构分布现状 ·· 031
　　二、国际足球体能训练研究的热点分析 ································· 034
　　三、现代足球运动的发展趋势 ··· 035
　　四、体能科学化训练主要发展趋势 ·· 042
　　五、国内外体能训练发展对比 ··· 043

第四章　足球体能理论平台的构建 ······················· 047
第一节　足球体能相关理论体系 ······················· 047
　　一、足球体能理论前期研究 ··· 047
　　二、功能性足球体能理论 ·· 048
　　三、动作模式足球体能理论 ··· 050
　　四、足球体能训练理论 ··· 050
　　五、训练方法 ··· 055
第二节　足球体能测评内容及分类 ······················· 056
　　一、体质测评的相关内容及分类研究 ····································· 057
　　二、形态学测评的相关内容及分类研究 ································· 057
　　三、运动素质测评的相关内容及分类研究 ······························ 059

四、机能测评的相关内容及分类研究 …………………………………… 064
　第三节　足球体能评价指标体系 …………………………………………… 064
　　一、足球体能评价指标体系的评价原则 …………………………………… 065
　　二、建立足球体能评价指标体系时应该注意的各个方面 ………………… 065
　　三、U17足球体能评价指标体系范例 ……………………………………… 066
　第四节　足球体能评价的发展现状及问题揭示 …………………………… 067
　　一、足球体能评价发展现状 ………………………………………………… 067
　　二、足球体能训练与评价的问题 …………………………………………… 068

第五章　测量与评价理论平台的构建 …………………………………… 074
　第一节　测量 ………………………………………………………………… 074
　　一、基本概念 ………………………………………………………………… 075
　　二、测量的分类 ……………………………………………………………… 075
　　三、测量误差 ………………………………………………………………… 076
　　四、测定量表 ………………………………………………………………… 077
　　五、信度与效度 ……………………………………………………………… 077
　　六、有效性及影响因素 ……………………………………………………… 079
　第二节　评价 ………………………………………………………………… 082
　　一、评价的概念、形式 ……………………………………………………… 082
　　二、评价的类型 ……………………………………………………………… 083
　　三、评价量表与方法 ………………………………………………………… 084
　　四、体育评价的本质 ………………………………………………………… 086
　　五、体育评价的意义 ………………………………………………………… 086
　　六、体育评价的功能 ………………………………………………………… 087
　　七、体育评价的原则 ………………………………………………………… 088
　　八、体育评价的步骤 ………………………………………………………… 089
　　九、体育评价中的权重 ……………………………………………………… 092
　　十、评价指标体系设计需要遵循的原则 …………………………………… 095

第六章　足球测评指标及方法

第一节　形态学指标测试

一、高度 ··· 098

二、宽度 ··· 100

三、长度 ··· 102

四、围度 ··· 108

五、充实度 ·· 111

第二节　运动素质指标测试

一、柔韧素质 ··· 112

二、速度素质 ··· 119

三、力量素质 ··· 127

四、灵敏素质 ··· 134

五、耐力素质 ··· 139

第三节　机能指标测试

一、心肺功能 ··· 144

二、无氧能力 ··· 146

三、有氧能力 ··· 150

第四节　功能性动作筛查

一、深蹲测试 ··· 154

二、跨栏步测试 ··· 155

三、直线弓箭步测试 ·· 155

四、肩部灵活性测试 ·· 156

五、直腿主动上抬测试 ··· 156

六、躯干稳定俯卧撑测试 ··· 157

七、转动稳定性动作模式测试 ·································· 157

第七章　以全国U17为例的实证研究

第一节　U17足球运动员形态学测试分析与评价

一、形态学评价类型 ·· 159

二、形态学指标确定步骤 …………………………………………… 159
　　三、形态学指标抽样测试情况 ……………………………………… 160
　　四、形态学评价指标体系分析 ……………………………………… 160
　　五、分析与小结 ……………………………………………………… 169
第二节　U17足球运动员运动素质测试分析与评价 ……………………… 172
　　一、运动素质评价类型 ……………………………………………… 172
　　二、运动素质指标确定步骤 ………………………………………… 172
　　三、运动素质抽样测试情况 ………………………………………… 173
　　四、运动素质评价指标体系分析 …………………………………… 173
　　五、分析与小结 ……………………………………………………… 203
第三节　U17足球运动员机能测试分析与评价 …………………………… 205
　　一、机能评价类型 …………………………………………………… 205
　　二、机能指标测试情况 ……………………………………………… 205
　　三、机能评价指标体系分析 ………………………………………… 206
　　四、分析与小结 ……………………………………………………… 208
第四节　体能综合评价模型的构建 ………………………………………… 209
　　一、评价模型构建思路 ……………………………………………… 209
　　二、体能评价指标的确定步骤 ……………………………………… 210
　　三、体能指标权重的确定方法 ……………………………………… 211
　　四、形态学指标筛选和确定 ………………………………………… 212
　　五、运动素质指标确定和筛选 ……………………………………… 214
　　六、体能综合评价指标和权重的确定 ……………………………… 218
　　七、评分标准的建立 ………………………………………………… 220
　　八、体能综合评价标准回代检验分析 ……………………………… 225
　　九、分析与小结 ……………………………………………………… 226

第八章　足球体能测评数据库 ………………………………………………… 228
　第一节　研制目的 …………………………………………………………… 228
　第二节　编程语言的选择 …………………………………………………… 228

第三节　数据库的建立 ··· 230
第四节　数据库层次划分 ······································· 231
第五节　系统结构图 ··· 233
第六节　U17 数据库设计内容 ··································· 236
第七节　U17 系统功能模块 ····································· 236
第八节　U17 男子足球运动员体能评价系统运行实例 ················ 239

第九章　足球体能测评发展策略 ································· 243
第一节　重视足球专项体能的特征 ······························· 243
第二节　加强医疗与康复的措施 ································· 245
第三节　发挥体能教练团队的作用 ······························· 248
第四节　关注足球体能训练与评价的发展 ·························· 250
第五节　健全我国体能教练的培训体系 ···························· 252
第六节　探索青少年足球运动员体能发展规律 ······················ 255

参考文献 ··· 258

第一章 绪 论

第一节 选题背景

　　从现阶段的竞技概念来看，任何运动类的竞技训练，其本质目的在于如何合理有效地去提升运动员自身的竞技水平，从运动训练学的角度来看，体能、技能、运动智能和心理能力等竞技能力都是运动员自身所表现出来的。在当前的竞技活动中，都包含体能类竞技项目，尤其是在足球运动项目中运动员自身的体能状态占据着非常重要的地位。对足球运动员而言，能否在比赛中获胜，不仅仅依靠个人技术表现和团队战术配合，还需要依据自身体能的运动表现，将训练中获得的体能和技战术能力在实战比赛中充分地发挥出来，而这些都需要体能训练设计、实施、评价等环节在训练过程中科学合理地应用。众所周知，运动员自身的体能结构是由三个方面组成的，分别为身体形态、运动机能和运动素质。这三方面中有着复杂且细致的指标，充分反映了运动员自身的实际状态，构成了一个完善的运动员体能训练和评价的基础。随着足球运动事业的不断发展，高强度的运动竞技也逐渐对足球运动员提出了更高的体能要求。

　　基于现代化运动的不断发展，我国各个体育运动项目开始重视运动员的体能发展情况。长久以来，由于训练理念的落后和运动项目的特点需求不明确，使得我国的足球运动员在体能训练效果上存在一定的差异性。也正是如此，才阻碍了我国运动员体能训练和评价体系的合理构建，导致运动员竞技能力提升效果不太明显。由此可见，构建我国足球运动员的体能评价标准，完善体能训练计划是十分必要的。从系统论的角度出发，体能训练的过程其实是一个复杂的科学训练体系。其中，这个体系包括一些多级系统所共同构成的"纵向系统"，在这个"纵向系统"之下加入了一些并列系统，即"横向系统"，彼此之间互相联系。我国运动员在训练过程中，虽然重视自身体能训练，但是在训练的科学化方面还存在着较多的不足。在进行体能训练的过程中，其训练内容设计和方法选择也存在不足，这些不足都对我国运动员的体能水平提升产生了很大的阻力。由此可见，加强我国足球运动员体能训练和评价的研究，对于提升我国足球运动员的体能水平有着重要的现实意义。

随着我国对现代体能训练理论的认知逐渐清晰明确，可将现代体能训练划分为一般体能训练和专项体能训练。现代体能训练的合理编排和实施计划的不断完善，为各类项目运动训练计划提供了新的训练理念。体能评价结构和体系也加入了体能训练模式中，并逐渐普及到了各个足球训练计划以及实践活动中。体能评价可以帮助足球运动员对训练活动和训练人员之间进行有效互动，提高训练质量。事实上，体能测评是体能训练的重要组成部分，要依据训练人员的必要要求和训练过程发展规律来进行的一项科学工程。

一、体能评价是实施科学化体能训练的迫切需求

以2008年北京奥运会为契机，我国全面贯彻"三从一大"训练原则和"两严"方针，提出以"作风和体能为突破口"的口号，明确体能训练在足球训练中的作用，体能训练成为竞技体育训练中必不可少的内容。目前，我国足球队聘请了体能教练辅助训练，虽然也注重体能训练，但是科学化程度不高[1]，主要表现在：①专项化程度不高；②侧重运动素质训练而忽视形态、恢复再生等体能中的主要内容；③针对青少年足球运动员体能科研成果较少；④没有系统的体能测试方法和评价标准，缺少对体能训练效果的评价。

究其原因，我国关于运动员体能评价的研究较少，对运动员体能评价效果的重视程度不高，更缺少对青少年运动员体能评价的关注。科学的体能评价不仅可以了解运动员的体能状态，还可以准确地评估体能训练计划的科学性。体能训练内容和训练效果需要对运动员进行科学的体能评价，这样才能客观地了解体能训练内容安排是否合理、训练负荷是否有效、运动员水平是否有提高；才能准确地判断运动员体能状况，找出运动员体能的薄弱环节，从而设计针对性的体能训练计划，有助于体能的提高。研究表明[2]，我国足球体能训练中没有系统的体能测试方法和评价指标体系，对体能训练内容的实效性和训练效果缺少客观的评价，造成体能训练与实际比赛中体能表现脱节。我国没有更好地结合专项化的体能训练，缺少针对青少年足球运动员的体能评价指标体系和标准，对U系列足球运动员的体能评价更是鲜有研究。因此，通过体能评价了解我国足球运动员体能现状，设计科学的、有针对性的体能训练计划，兼顾全面地进行体能训练是我国足球发展亟待解决的问题。

二、体能评价是提高比赛竞技表现的前提

足球运动以技术为核心，体能为基础[3]，体能训练是足球运动员日常训练的内容之一。在欧洲，足球项目的开展和职业化进程相比其他项目都要早，20世纪80年代各支足球俱乐部纷纷设立体能教练职位，同时建立体能教练的培训机构和考核体系[4]，为球队培养专业的体能教练。通过对足球运动员进行体能评估，找出体能方面的不足，从而设计针对性的改进方案，提高体能训练的科学性，大大提高比赛的对抗程度和攻防转换节奏。由此可见，体能评价对提高足球运动员比赛中竞技表现十分重要，体能教练也成为各支球队教练员团队中不可缺少的一部分。2014年巴西世界杯，德国队夺得冠军，主教练勒夫对他们聘请的美国EXOS体能训练团队的重要作用评价非常高。他认为从动作模式角度对足球运动员体能进行综合评估后，能够准确地发现运动员运动素质方面的缺陷，经过体能训练后不仅可以降低损伤的发生率，而且在比赛中能够保持足够的体能来支撑技战术水平的发挥，充分说明了体能评价在提高足球运动员比赛竞技表现上的重要作用[5]。一般情况下，体能评价是对运动员身体运动能力的基本评定，是体能训练的逻辑起点，也是评判对足球运动员在进行一般或者专项训练后效果产生好坏的基础。在进行体能评价的研究和学习过程中，首先要学习国外先进的体能评价理念，拥有一个先进的训练理念是跟随国际运动发展步伐的重要途径。我们要对先进的体能评价体系进行良好的把控，并且以此作为创新突破的依据。例如，在足球运动中，曲线跑和四线往返跑是反映专项灵敏的代表性指标，YOYO间歇性耐力跑是反映专项耐力的代表性指标。运用离差法可以客观准确地建立足球运动员专项灵敏和专项耐力评分表和评价等级标准。因此，针对我国足球运动员的自身情况进行移植借鉴，将这些理论性的训练方法消化吸纳并且总结，用来作为我国训练理论的依据，是优化我国现阶段体能评价问题的最有效方式。

对运动员运动能力的评定是体能评价在测试之前的合理运用。目前，我国在运用体育训练的体能评价方法时，过分关注运动员的运动竞技能力和运动表现能力，却忽略原本的功能动作质量和基础的动作模式。在运动训练过程中，我们需要依据测评对其训练内容、计划和负荷等方面进行合理的调整。

完善体能评价应该以学习为主，在这个基础上，仅仅要求教练员加强学习是不够的，还要增加自身洞察力，关注渐进性负荷的水平、特异性，将不同步骤变量在训练计划设计中考虑进去，从运动员的角度出发，帮助运动员对体能评价有更加良好的认知。只有这样，运动员才能在训练过程中配合教练员找出训练中自身存在的问题，并加以解决。U系列足球运动员处于发育时期，其形态、机能和

素质等各方面仍然具有一定的可塑性，依据 U 系列年龄段的身心发展特点，结合足球专项特点进行科学化的体能评价，对不同年龄段足球运动员综合体能水平的持续发展和比赛竞技表现的提高是至关重要的。

三、关于体能评价的研究匮乏

"没有测评就没有训练"，这是世界最著名体能训练机构 Athletes Performance（AP）提出的训练观念，由此可见评价的重要性。在进行体能训练前，首先要做的就是对运动员进行体能测试和评价，找出优点和不足，这样才能设计出针对性的训练计划。

从以上对我国运动员体能评价诸多问题的分析总结可以看出，想要解决我国运动员在体能评价中所出现的问题，仅仅从单一的角度入手是不够的，必须加强整体的宏观思考。我国主要是缺乏体能评价的有效手段和方式，以及评判的数据标准之类相关的有效信息。因此，在训练过程中足球运动员需要正确、客观和科学的评价，并依据训练原则和专项特点，教练员设计出针对性的训练计划，这样才能提高竞技能力水平。还有一些问题是由于教练员只注重提高运动员的成绩、忽略运动员在训练过程中的表现进而影响了其体能训练效果。所以，我们在实施相关体能训练计划的过程中，要尽可能地去依据体能评价带来的积极效果，来改善体能训练过程中带来的不利因素和未知错误。

因此，足球运动员要想科学地训练和有效地提高竞技水平，需要正确的、客观的评价。目前，关于对运动员体能运动表现较为认可的评估方法是功能性动作筛查（FMS），这种运动评估来源于康复领域，偏重于对运动损伤的预防和基础能力的评估，但并不能深入运动员专项体能进行内容评估。我国对体能的评估研究匮乏，2008 年北京奥运会以来，我国对运动员体能的评估一直沿用 FMS 测试和评价方法。很多学者对此也提出异议，认为功能性动作筛查（FMS）指标体系并不能反映高水平运动员的体能表现，体能评估应该针对专项特点有区别地设计。但是，一直以来，我国学者缺少对运动员专项体能评价的深入研究，对足球运动员的体能评价指标体系和标准更是鲜有研究，对青少年足球运动员体能评价的研究仅有一篇文章，对 U 系列足球运动员的体能评价还是空白。因此，深入研读和借鉴国内外足球领域体能评价的理论和方法，在功能性动作筛查（FMS）理念基础之上，从动作模式评估这个崭新视角设计符合 U17 足球运动员体能评价的指标体系，对我国足球体能评价的研究和发展非常有意义。

在体能训练的过程中，选用不同的组合方式，对运动员训练所产生的训练效果是存在一定差异的。所以，想要尽可能全面地研究现代运动员自身的体能训练情况，就要对其结构进行一定的了解和研究，这样才能对体能训练所展现出的效果有更加深刻的认识。从体能训练结构入手，对运动员的体能训练情况和方法进行分析，以此为基础查明问题因素，而体能评价就是基础查明问题因素的必要环节。

同时，对于运动员而言，各种训练形式都可以对其训练产生特异性适应，这些训练形式在模式、频率、持续时间和强度上都呈现出不同的作用。个体的性别、年龄、营养、体能水平和训练动机都会影响适应性作用。因此，教练员为运动员整合多个训练计划时要谨慎，将不必要的训练活动减少到最低，还要注意监控过度训练的发生，避免训练内容不协调。运动员应适应所从事的训练项目特点，进而达到预期的训练效果，并及时向当前所在的环境或教练员反馈训练中的客观因素和主观感觉，从而能够实时进行体能评价活动环节。只有科学地运用体能评价的训练计划，才能使运动员的体能全面发展，提升其整体体能表现。

四、U17 年龄阶段的重要性

U17 是衔接国家青少年队和成年队的中间枢纽，对我国足球运动发展起到非常重要的作用。科学的体能评价能够诊断 U17 足球运动员体能现状，评估体能训练效果，对提高 U17 足球运动员体能效果非常重要。足球项目表现能力的好坏能够体现国家对待此运动的重视程度和规划发展完善度，由于影响条件多样，使其在某一程度上的可持续性发展会受到一定的阻碍。如何发展培养青少年足球后备队伍，是影响一个国家足球事业的关键因素。所以积极有效地培养好的足球人才要从青少年抓起。足球青少年人才发展的"盖兰计划"是法国在 1967 年开始实施的[6]；1998 年德国的"Weise"计划为 13~17 岁足球运动员建立了足球训练基地[7]；1970 年，"训练中心体制"，即着力发展青少年足球运动员培训工作在日本实施[8]；2000 年全国青少年足球工作会议在秦皇岛举行，在会议上提出要把足协发展各级工作任务的重心放在发展青少年足球工作上来[9]。国际足联将 U17 划分在青少年阶段，并举办 U17 世界杯和 U17 世青赛。U17 以上比赛有 U19 和国奥队比赛，而这两项均属于成年比赛。因此，U17 是青少年足球运动员的最后一个阶段，也是处于少年和成年的中间年龄段，是衔接国家少年队和成年队的中间枢纽。U17 是对我国少年足球运动员训练效果的考核，也是我国成年足球运动员竞技水平发展和提高的基础，对我国足球运动的发展起到非常重要的作用[10]。

久而久之，我国的 U17 足球运动员的体能训练和体能评价环节产生了一定的联系。这种联系有利有弊，如果处理不好，会极大地影响 U17 足球运动员在未来足球比赛中的表现。因此，合理地发挥体能评价作用，在当前运动员的体能训练中科学地实施体能测试和评价，对我国的U17足球运动员和我国体育发展而言十分重要，对我国足球运动发展也起到非常重要的作用。只有这样，运动员才能在各类竞技足球比赛中取得优秀的成绩。在体能训练中，教练员应根据运动员自身的反馈，实时把控其体能训练的效果。近些年来，虽然体育运动的各个领域迅速发展，但是在某些训练理念上还存在着一定的争议，我们要尽可能地利用有效的体能训练的资源，对体能评价环节进行优化，为培养我国U17足球运动员不懈努力。

五、U17发展简史及重要地位

青少年足球运动员的培养对足球运动的发展非常重要，足球强国历来都非常重视对青少年运动员的培养，这也是他们足球运动长盛不衰的有力保障。目前国际足联设立的U系列世界杯比赛只有U17和U20两个年龄组[11]，U17是少年到成年的过渡，这个年龄段竞技水平的发展对运动员成年后的提高非常重要，所以国际足联也非常重视U17运动员的科学训练和培养。

荷兰阿贾克斯俱乐部认识到U17的重要性，最先成立了U17的运动员梯队，衔接少年和成年队伍，当时的阿贾克斯俱乐部在世界上也是最著名的青训培训营[12]，培养出了克鲁伊夫、范·巴斯滕、博格坎普等一批世界级球员，阿贾克斯也因此被称为"欧洲足球的明日之星加工厂"。随后，各支俱乐部开始效仿，纷纷成立U系列梯队进行青少年足球运动员的培训。为了更好地发展U17足球运动员，引起各国对U17的重视，激发培训的动力，国际足联采取了一系列的措施促进U17足球运动员的培养，鼓励各国健全U系列培训体系，提高训练的质量和科学性，保障足球运动员的系统训练。

国际足联于1985年举办了首届国际足协U17世界杯，以后每两年一届，通过比赛的形式推动各国U17足球运动员队伍的发展和技术的提高，为各国提供U17交流的机会。通过U17比赛可以检验各国青训体系的训练水平和竞技水平，更好地挖掘有天赋的青年运动员进入高水平的职业舞台，更好地促进其足球天赋的发挥。例如，罗纳尔多、C罗、梅西等都是U17比赛成名的球员，可见U17的训练和比赛水平对成年的竞技水平非常重要。

女子足球也是足球运动中的一部分，为了推动女足运动的开展，更好地培养青少年女足队伍，提高女足的竞赛水平[13]，国际足联于2008年举办了第一届国际足协U17女足世界杯，且每年举办一次，以促进女子青年运动员之间的交流和世界女子足球运动的开展。

2000年，中国足球协会在秦皇岛举行会议，确定发展足球后备人才培养的工作，提出要重视青少年足球运动员的培养，通过政策规定各支职业俱乐部必须健全青少年运动员的梯队建设，成立 U 系列的训练梯队，保障青少年运动员系统的训练。以 U17 为例，中国足协每年冬天都会组织全国 U17 优秀运动队伍的冬训，期间开展 U17 足球联赛，为 U17 青年运动员提供比赛机会，检查各支俱乐部梯队的训练成效，提高球队对 U17 运动员培养的重视。例如，2014 年 U17 北海冬训，全国就有 33 支优秀的 U17 队伍参加。

现阶段，足球运动员已经成为我国自身足球体育事业发展的重要基础，我国对于 U17 青年运动员的选拔十分重视，它可以有效推广并激励全民运动，提升国民身体素质，对年轻足球运动员的选拔和后备人才培养有积极的作用。挑选具有运动天赋和勤奋努力的青年足球运动员加入训练体系，为下一步的科学专业培养提供了最优路径，也为我国的体育足球运动竞技事业打下坚实的基础。所以，教练员在进行训练的过程中，一定要针对运动员自身的运动素质来进行训练，根据实际情况对运动量和运动方式进行选择，只有这样才能在最大限度内提升运动员自身的训练效果。

第二节　选题的价值和创新点

一、选题的价值

从大量的相关文献以及理论研究中发现，体能评价在我国运动员的训练中并没有突出明确的作用和效果，问题主要表现在没有深入运动员专项体能的评估内容，缺少对足球运动员专项体能评价的深入研究，仅仅侧重于运动员的素质训练和竞技能力的表现而制订的训练计划不符合足球运动员的真正专项需要，缺少对体能效果的有效评价。因此，体能评价是实施科学化体能训练的迫切需求。目前，在体能训练过程中评价环节的问题如果只凭单一的行业内部是无法进行良好解决的，需要教练员和运动员达成基础的共识，才能更好地进行相应问题的优化处理。

本研究对涉及足球体能理论和评价理论的国内外相关文献进行综述，借鉴有价值的研究论点，形成操作化的足球体能定义和结构要素及体能评价，为构建我国男子足球运动员体能评价体系提供理论依据，为当前足球体能理论及评价理论和相关科学体育运动训练方式方法的发展提供合理有效的借鉴。构建我国男子足球运动员体能综合评价指标体系，确定评价指标权重，形成评价等级标准，并通过回代检验对体能评价体系进行验证，也为我国男子足球运动员体能评价提供了有力的帮助，以及对今后我国不同年龄段足球运动员进行体能评价提供借鉴。

本研究利用 JAVA 语言中 J2EE 平台研制了《U17 男子足球运动员体能评价系统》，该系统功能由数据输入、数据处理、报表输出、系统维护四个模块组成，可以实现运动员的基本情况、体能各项指标测试数据的录入功能，对体能各项指标和综合体能分别进行评分评价和等级评价，对评价结果以评分报表和评价报表的形式打印，为后续相关研究提供参考。

以体能和评价理论为基础构建了足球体能和评价的定义以及足球体能的结构要素。体能测试指标是测评的核心环节，指标的代表性和有效性决定测试数据的可靠性和实用性，筛选和确定指标是测评的首要任务，是影响整个测评成果的重要因素。以 U17 为例，筛选和确定我国足球运动员形态学、运动素质和机能指标体系，并最终形成体能评价指标体系、评价指标权重和评价等级标准，研制出我国男子足球运动员体能数据库系统，为青少年足球运动员体能评价提供借鉴。

二、创新点

我国男子足球运动员体能综合评价在结构上由评价指标、指标权重及评价标准三部分组成，在程序上包括构建评价指标体系、确定评价指标权重、制定评价等级标准 3 个步骤，最终构建 3 个一级指标、11 个二级指标和 13 个三级指标，生成 5 级等级评价标准。通过回代检验，证实了本研究构建的体能评价体系的科学性和实用性。以 U17 为例，我国男子足球运动员在形态学、运动素质和机能评价指标的筛选和确定以及测试的组织和质量的把握上不够准确。其中，此评价方式通过形态学、运动素质、机能测试和分析，揭示了我国男子足球运动员的形态学、运动素质和机能特点，运用离差法对运动素质和机能建立评价等级标准，为今后足球运动员进行体能测试和评估提供数据参考。

在体能理论研究的基础上，本研究结合动作模式理念设计足球体能结构要素，构建体能评价各项指标。足球运动员的体能是以灵活性和稳定性为基础，以形态和身体功能为保障条件，以运动素质为核心要素，维持足球运动员训练和比赛所需的一种能力。从动作模式的理念分析，柔韧素质和核心力量是足球运动员体能的基础，运动素质是最高层表现，形态学和机能是体能的保障条件。本研究首次尝试构建 U17 男子足球运动员体能综合评价指标体系、确定评价指标权重、制定评价等级标准。足球体能评价是指结合足球专项特点，根据足球训练和比赛的需要，从足球训练实践出发，运用相关的理论知识，对足球运动员在训练和比赛中表现出来的身体综合能力做出诊断和评价，从而达到科学化训练的目的。

CHAPTER 02 第二章 相关概念解读

第一节 体能释义与分类

通过阅读前人对体能内容的研究，首先需要明确体能在足球运动项目中的重要作用以及足球体能的意义，进而归纳得出：前人对体能内容主要从三个方面进行研究，分别是人体形态、运动素质和机体机能。本研究查阅了体能分类方面的综述和结论，对相关分类中所包含的体能指标进行综述和借鉴，以求形成体能评价指标操作性释义。因此，体能内容综述部分主要查阅形态学、运动素质和机能三个方面的文献，为明确体能相关概念提供借鉴。

体能是目前的研究热点，关于体能的释义一直没有形成国际公认的标准，每个国家对体能的研究和认识都有所不同。"体能"一词在英文文献中常常根据需要被表述为Physical fitness，Physical conditioning或Physical capability。通常情况下人体体能是可以理解为顺利完成的必要日常生活中的任务以及对提高人体运动健康必要的活动，它是体力、脑力和心理调节能力共同作用所完成的活动，是以身体形态、身体机能为基础，以运动素质为基本表现形式的综合运动能力。从现代体能训练理论来讲，它可以科学地划分为运动员身体形态、运动机能和运动素质三方面，以此来进行理论考究和实践训练，对运动员自身体能的合理发展有着显著影响。这三方面通过复杂且细致的测试指标来测评，能够有效反映出当前运动员训练的实际状态。所以，在体能训练理论中，身体形态、运动机能和运动素质这三点严格来讲是相互联系和相互制约的。

以斯蒂芬（Stephen）[14]为首的德国一批体能专家，从动作结构入手对体能进行了定义："体能"属于运动能力范畴，是人体基本的运动能力，既包括人体活动的基本动作、形态和机能，也包括反映专项特征的专项素质，他阐述了关于运动员体能的发展能够有效促进自身骨骼器官的发育，包括身高、臂展或腿长的积极变化以及骨骼内部的骨密度或者骨韧性的变化，前提是依据人的性别、年龄和运动年限而定，而骨骼肌的变化则包括快肌纤维以及慢肌纤维的变化，它是依据运动项目的训练内容和方式以及负荷强度而变化的。苏联学者马特维耶夫（Matveyev）[15]提出了人体的内部心血管系统、呼吸系统和内分系统的变化都会使得运动员在各种训练环境下体能的变化受到不同程度的影响，在这种情况下针对各类时间段要合理有效地完成规定的训练内容，训练内容的规划是否科学且是否有可延续的依据性，对训练运动员之间互动模式下的体能促进发展是有所帮助的。普拉托罗夫（Prato）[16]等一些西方学者，在对体能的释义中给予了基本一致的观点，他们认为体能是人体运动能力的一种表现，是运动训练内容的重要组成部分，也是人们维持日常生活所应该具备的能力，这种能力与运动员的日常训练或者比赛当中自身对于训练技能、战术的运动表现的程度好坏有着密不可分的关系，对于自身是否能够完成新的训练活动任务以及是否能够与队员协同活动完成比赛中的任务都起到了良好的促进作用，同时解释了运动员自身体能是一个融运动生理学、心理学和生物力学等多学科素质为一体的综合运动素质的表现。格雷克（Greke）[17]等学者在此基础上，对体能定义为运动员在训练和比赛中所需要的运动能力，包括形态、素质、心理等多个方面。美国体能协会（NSCA）对体能也给出了释义：体能是在供能系统的参与下，维持人体基本活动、满足专项训练和比赛需求的综合素质体现，既有形态、机能等人体内外部结构和特征，也有神经对肌肉系统的控制完成动作的运动素质。

20世纪80年代，体能在中国逐渐受到关注。1984年出版的《体育词典》认为体能是人体的各组织器官等系统的机能在体育活动中的表现，外在表现主要有基本的运动素质和身体的各种跑、跳、投等基本动作[18]。1998年，王兴等认为，体能是体力与专项动作能力的统称，包括广义的体能和狭义的体能，而它在日常生活中充当的作用就是人体为了应对或者完成其中必要的任务活动来进行的必要体力活动，包括人的形态、技能机能以及体力储备[19]。2000年田麦久编写的《运动训练学》中，将体能定义为运动员机体的基本活动能力，它是竞技能力的重要组成部分。广义上包括形态、机能和素质；狭义上特指运动员的专项素质[20]。2008年北京奥运会的巨大成功也促进了体能在中国的传播和发展，体能训练方法不断创新，对体能的释义也有了更多的研究。其中，李之文[21]指出，当人体进行不同的活动方式以及相关的训练活动时，各个训练项目和各个运动项目通过不同的组合方式可以使训练的部位适应机体运动规律，这样在其身体上的体能综合素质可能会发生不同的素质增长，进而说明了体能是经过身体训练获得的人体各器官系统的机能在肌肉活动中表现出来的能力，并且最终可以提高运动员持续运动的能力（耐力活动），还要在较长时间的训练或者日常的活动中发挥出自身的能力水平。王卫星[22]认为，体能是人体在训练活动过程中最基本的运动能力，也是运动素质中的能力，同时也包括日常生活中的能力，并且当身体在运动时，体能在物质能量储存和转移方面也有所表现。

体能是一个相对静态的术语，在分析时主要从其框架结构入手。框架结构是指系统在尚未运行或停止的状态时，组成部分之间的基本联结方式，反映了事物的静态结构。在运动过程中对体能作出相关释义，运动员的体能水平主要是通过综合的运动素质表现出来，并且在一定条件下依据运动项目的特点和人的实践培养出来。因此，在此情况下，体能是在静态结构中表现出来的合理化现象。从体能的完成性的角度来看，体能也会存在制衡或者促进的作用，其中的某项素质弱化或者强化都会伴随不同运动表现能力的变化。

在竞技体育运动中，运动员有良好的体能储备和充足的运动素质水平是十分重要的，从运动生理能量代谢特点上来讲，体能的最终能量来源是人体三大能量代谢（有氧氧化系统、乳酸能系统和磷酸原系统），这一点可以作为重要的分析手段。且为比赛训练的可视化判断提供了有效的证明依据，同时对于完善足球运动测试指标以及测评数据结构的合理建立也有着非常重要的价值判断和实践意义。

在不同的运动项目中各类运动专家和学者对不同运动类别的活动特点结合体能这一概念做出了不同的解释，但是在训练运动员自身体能水平时，对其体能结构的阐述却较为相似，其中包括体能、技能和心智能力是运动员竞技能力结构中的三大要素，这点已经被训练学领域的专家和学者认可。田麦久教授所著的《运动训练学》将体能结构构成分为形态、机能和素质。笔者通过查阅大量的前期文献，发现我国对体能的研究基本上是从以上三个结构要素着手，只是根据运动项目的专项特点在研究内容上稍有侧重。刘大庆等[23]提出用系统学的观点认识竞技能力，运动训练是一个复杂的系统，竞技能力的各部分发展是不均衡的，他解释了竞技能力非衡结构现象，同时，各种能力之间是相互影响的，是一种短板现象，他提出了木桶原理，提倡各部分能力应均衡发展。近年来，人们对体能的结构要素研究有了新的见解，从结构要素分类的依据和内容上都有所创新，越来越认识到专项体能的重要性。

可见，体能是在行为活动和竞技运动中，以身体形态、身体机能为基础，在力量、速度、耐力、灵敏、柔韧和心智活动等多方面所表现出来的综合运动能力，其包括两个要点：以形态、机能为基础；以运动素质为基本表现形式的综合性能力。

因此，从前人的研究基础上总结得出，体能是一个多结构要素组成的具有一定功能的独立的系统,其结构要素有很多,如图2-1所示。

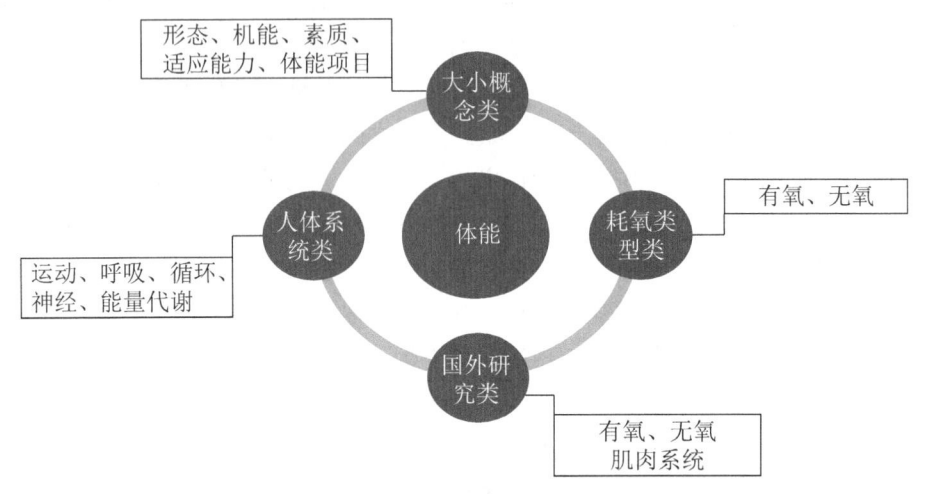

图 2-1 体能结构要素图

综上所述,国内外对体能的释义众说纷纭,从专家对体能释义的着重点分析,主要包括两个方面,一个是广义的体能,一个是狭义的体能。所谓的广义体能是指人体的基本形态、机能、运动素质。所谓的狭义体能是以专项运动素质为代表的对专项能力的体现。运动素质水平的高低可以通过体能基础水平而体现出来,在体能之中扮演着必不可少的角色。运动员的身体形态是体能的外在结构,机能是体能的内在结构反应。本研究按照体能的释义操作性定义为:体能是以形态为外部特征,以机能为内在功能,以运动素质为核心内容,维持人体承受负荷、适应环境的能力。对体能的结构要素进行划分,认为体能结构要素主要有形态、机能、运动素质,并且突显出运动素质是体能的核心体现。体能是指人体通过先天具有的遗传素质和后天经训练形成的,通过人体内在已有的形态和生理功能结构,可以在运动素质方面所体现出来的运动综合适用能力展现;在一定情况下它受到外在环境的积极或者消极的影响,且有对应的变化性。运动员自身的体能水平的表现是可以通过在体育和竞技运动中,以身体形态、身体机能为基础,在力量、速度、耐力、灵敏和柔韧等多方面表现出来的综合运动能力。

体能结构要素研究综合归纳为以下几类。①身体素质类:国外对体能的研究已经形成了一套体系,运动素质取代了身体素质,但是内容基本跟国内一样,只不过名称统一为运动素质,我国新的体能学者也在逐渐接受这个名词,该类研究认为运动素质包括力量、耐力、速度和灵敏等内容;②身体素质与机能类,此类认为体能是身体素质和机能能力的综合表现,机能是物质基础,素质是外在的表现；③机能、素质和形态类，此类将体能的内容扩充到了3类，这也是体育中最常用的体能概念，认为运动员体能的发展水平是由身体形态、机能和运动素质决定的；④能量类：此类之前研究比较少，目前随着训练中对机能监控的重视，有关能量代谢的研究也在日益增多，此类也成为体能研究范畴的内容[24]。

因此，专项素质是体能的核心，形态是体能的外在结构，机能是体能的内在结构反映。按照体能的释义操作性定义为：体能是以形态为外部特征，以机能为内在功能，以运动素质为核心内容，维持人体承受负荷、适应环境的能力。对体能的结构要素进行划分，主要有形态、机能、运动素质，并且凸显运动素质是体能的核心体现，体能的结构要素建构如图2-2所示。

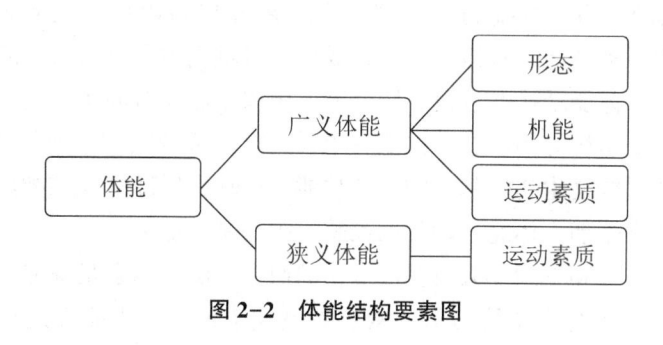

图 2-2 体能结构要素图

第二节　足球体能释义与分类

在对体能释义和结构分析的基础上，对足球体能的释义和结构要素进行分析，为本研究的足球体能评价提供了有价值的理论依据。足球专项体能与体能的研究一样，没有形成一致的认识，在对足球体能评价体系的构建过程中，有必要对足球的体能下一个操作化的定义。

通过梳理，当前足球体能研究较有影响力的专家对体能的释义分别为：英国足球总会前训练组长查尔斯休斯，将足球体能定义为足球运动员在训练和比赛中完成技术动作，实现战术意图，能够完成训练和比赛的身体能力[25]，他将足球体能归结为完成专项需求的身体能力。德国国家队体能教练福赛斯（Shad Forsythe）认为，足球专项体能要符合足球运动员专项需求的生理学、训练学以及动作能力特征，是以灵活性和稳定性为基础条件，以形态、身体功能为保障，以运动素质能力为核心的要素体系[26]。除了对足球体能释义和结构要素进行阐述外，他还首次提出了足球体能中要包含动作模式的内容，这一点引起了世界广泛关注，美国学者迈克鲍威尔（Mike Boyle）等专家认为福赛斯的观点不仅符合目前功能性体能训练的理念，而且非常适合足球体能专项结构要素的建构。

可见，国外对足球专项体能定义主要是围绕动作模式结合足球的专项所需进行的。本研究借鉴德国足球专家福赛斯对足球体能释义和结构的研究，给足球体能下了一个操作化定义：足球体能是以灵活性和稳定性为基础，以形态和身体功能为保障条件，以运动素质为核心要素，维持足球运动员训练和比赛所需的一种能力。

目前，我国足球专家对足球体能定义归纳为以下几方面：①训练和比赛中运动员的身体形态、生理机能、运动素质和心理能力等特征；②运动员比赛中身体规律特征以及机体的工作特点[27]；③身体为适应专项的需要而具有的身体各器官系统的机能能力和工作能力[28]。著名足球专家麻雪田指出，足球专项体能是指足球比赛中运动员通过身体活动直接或者间接融入球和制约对手的能力[25]。

我国对足球体能结构要素也有所研究，中国足协在对高水平运动队进行体能调研时，将体能结构分为形态、机能和素质，这三部分共同组成体能的整体[22]。其中，形态与机能是生物的基本构造和功能，运动素质即在大脑神经系统的调控下通过支配肌肉带动人体完成动作而反映出来的基本能力。

笔者通过阅读和整理前人对体能结构的研究文献，结合足球专项体能的研究现状，总结为足球的体能的结构要素仍然侧重于形态、机能和运动素质三大方面，有的学者还增加了心理、身体功能系统等研究内容[29]。根据本研究对体能的操作性释义，结合前面对体能结构要素的研究，笔者从动作模式理念入手，确定了我国优秀男子足球运动员的体能结构要素。

对足球体能结构要素的构建如图2-3所示。

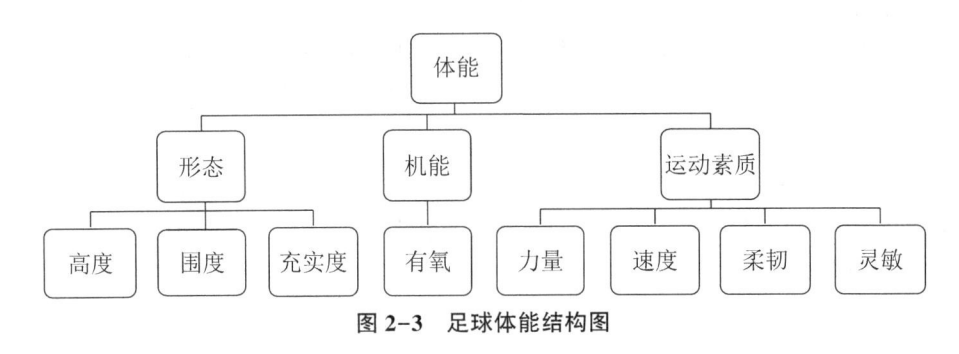

图2-3 足球体能结构图

第三节 身体形态释义与分类

从广义来讲，身体是一个综合体，它是被自然、社会和文化共同构成的。人类的身体形象、身体经验和身体知识都受制于具体的生活环境以及文化形态。从狭义来看，身体指的是人体自身各个不同成分的细胞以及各种器官组织构成的生命体，在人体运动过程中也可以将身体分为躯干和四肢。

从运动训练学来说，身体形态是指人体外部与内部的形态特征，在一定程度上反映相应的生长发育水平、身体机能水平和竞技能力水平。身体形态是运动员选材的重要指标，也是培养优秀运动员的前提。

身体形态是决定运动员是否适合从事某项竞技运动的最基本的物质条件，它历来为所有运动项目所关注。通过大量的文献研究发现，对足球运动员的形态指标研究，大多集中于对优秀运动员部分形态的描述性研究。对足球运动员的形态的表述为：形态外观一般是中等或中等以上身材，肌肉发达且成束形，皮下脂肪较少，下肢较长，大腿比小腿稍短；腰围细，腿长且肌肉线条清晰；脚趾齐且较短等。笔者对优秀足球运动员形态中身高、体重、体重/身高指数及体脂指标进行研究，结果表明，我国运动员身高较矮，但近年有增高趋势，逐渐接近国外模式。

足球学者研究表明：足球运动员的形态（身高、体重、围度等）与比赛成绩的相关性不大。肖品园[30]对中国女子足球国家队的少年队运动员的年龄、身体形态和身体成分研究得出足球运动员的位置形态学特征非常明显，不同位置的运动员也具备一定的形态学差异。比安·布鲁姆（BienBloom）[31]在20世纪80年代对欧美的足球运动员进行形态学的研究，发现那个年代运动员的身高和体重变化较大，运动员的形态也会影响教练员对比赛阵型的设计，教练员会根据球队运动员形态特点选择适合本队优势的阵型打法，从而形成独特的比赛风格。因此形态对足球运动员的位置和阵型安排有一定的影响。

对于足球运动员的标准身高国内还未有过明确的标准，但是已经有人对其进行探索性研究。"金球奖"是足球运动员的最高荣誉，也代表该年度世界最优秀的足球运动员，对1993—2014年度的"金球奖"足球运动员身高进行统计分析，可以帮助我们了解足球运动员的标准身材（表2-1）。

表2-1　1993—2014年度"金球奖"足球运动员身高统计表

年份	姓名	俱乐部	身高（cm）
1993年	罗伯特·巴乔	尤文图斯	174
1994年	斯托伊奇科夫	巴塞罗那	178
1995年	维阿	AC米兰	184
1996年	萨默尔	多特蒙德	180

续表

年份	姓名	俱乐部	身高（cm）
1997 年	罗纳尔多	国际米兰	183
1998 年	齐达内	尤文图斯	185
1999 年	里瓦尔多	巴塞罗那	187
2000 年	菲戈	皇家马德里	180
2001 年	欧文	利物浦	172
2002 年	罗纳尔多	皇家马德里	183
2003 年	内德维德	尤文图斯	177
2004 年	舍甫琴科	AC 米兰	183
2005 年	罗纳尔迪尼奥	巴塞罗那	182
2006 年	卡纳瓦罗	皇家马德里	175
2007 年	卡卡	AC 米兰	185
2008 年	C 罗	曼联	185
2009 年	梅西	巴塞罗那	170
2010 年	梅西	巴塞罗那	170
2011 年	梅西	巴塞罗那	170
2012 年	梅西	巴塞罗那	170
2013 年	C 罗	皇家马德里	185
2014 年	C 罗	皇家马德里	185
平均	重复获奖队员保留一个数值		180

通过对世界最优秀的足球运动员进行身高统计得出，世界优秀的足球运动员标准身材的平均值在 180cm，这是从统计学角度进行数据分析，并不能完全反映选材标准。

贝尔（Bell）[32]等对英国的大学生足球运动员不同位置的身高进行相关研究发现，大学生足球运动员中，守门员的身高最高，中场球员的身高最矮；派克（Pyke）[33]对澳大利亚男子足球国家队进行身高研究发现，后卫球员的身高较高，中场球员的身高最矮且明显低于全队的平均值。日本学者星川佳广[34]对日本运动员的研究得出，不同位置的选手有明显的形态学特点。从身高、体重两项指标统计，发现足球运动员的这两项指标有一致性的规律：守门员大于后卫，后卫大于前锋，前锋大于中场。赖利（Reilly）对英超联赛的足球运动员研究发现，后卫球员身高也有差异，中后卫球员要比边后卫球员的身高要高，中场球员在所有球员中最矮。拉文（Raven）[35]对足球运动员专项身体形态学的研究得出在运动训练的过程中，运动计划安排实施和负荷情况对运动员也是有一定影响的。

国内也有学者对我国足球运动员的形态特征做了相关研究。他们指出我国足球运动员体型有一定的特征性，女足运动员都表现出身材比较"魁梧"，但是每个位置又会有细微化的不同。曹士云[13]对中国女足运动员进行了相关性的研究，也得出一样的结论，我国女子运动员总体形态比较"魁梧"，同时不同的位置运动员形态具有不同的特点。例如，守门员的体型表现为身材高大，四肢修长，上体宽厚；后卫最主要的特点是躯干较粗，围度较大，臀部肌肉较厚，身材较高；中后卫的各项形态学指标均高于边后卫，在比赛中比较有侵入性，具备力量型等特点。

我国有关身体形态学的研究主要集中在身体形态的追踪研究、现状调查研究、对比研究和身体形态学的基础理论研究上，其中对身体形态的追踪研究相对较多，包括运动员年龄、体重、身高和克托莱指数；现状调查研究指的是针对不同人群身体形态学指标的现状调查；对比研究主要是针对不同地区或国家人群的比较研究，不同运动项目之间身体形态特征的差异研究，同一运动项目不同水平运动员之间身体形态指标和指数的差异研究。刘淑红[36]等对我国青年足球运动进行研究认为，不同位置的运动员在身体形态上有非常明显的位置特点，守门员、后卫、前卫、前锋四个位置的运动员形态特点都不同，其中守门员的身高和体重明显大于其他位置球员。孙文新[27]等对中国优秀的男子足球运动员的形态特征进行研究发现，前卫的身体形态指标是场上位置最小的，前锋和后卫的身体形态指标比较相似。

综上所述，现阶段对于足球运动员的形态学研究，主要集中在高度、围度、充实度这几项指标，重点分析不同位置足球运动员身高、体重、体成分、围度等指标的特征和差异。本研究在形态学测试指标筛选中主要运用借鉴法，在查阅大量文献的相关资料的基础上，借鉴前人较为成熟、较为合理的指标，同时根据可操作性要求，整理出符合本研究的测试指标，结合专家的意见进行修订，最终确定形态学指标体系。

第四节 生理机能释义与分类

机能指人的整体及其组成的各器官、系统所表现的生命活动。机能是足球运动员体能的重要组成部分，良好的机能能够使足球运动员在比赛中保持长时间的走、跑、速停以及反复进行短距离冲刺和长时间比赛中完成不同的技战术动作。足球比赛是 90 分钟的运动，期间运动员需要不断地加速、变向、急停、变速，还要完成接运传等各项技术动作，没有良好的机能作基础，一切技战术发挥都是无用功。目前对足球运动员机能的研究主要侧重在最大摄氧量、无氧功和乳酸阈三个方面。

在生理机能指标中，中枢神经系统的功能（神经过程的强度、灵活性、均衡性）是先天遗传的，后天很难改变。人体的最大摄氧量、耐力水平以及爆发力水平绝大部分是由先天遗传因素决定的，这说明生理指标遗传先天的，后天改造上均有困难，选材时必须从严考虑。

运动生理学认为，最大摄氧量、无氧功和乳酸阈是反映足球运动员机能的重要指标，这些指标都是有氧能力的评定指标，有些专家也提出了与最大摄氧量相比乳酸阈更适合评定足球运动员的有氧能力。足球运动员的最大摄氧量一般在 55~77mL/kg·min，呈现出阶段性的特征。格里施（Gerisch G）认为，足球运动员的有氧供能与比赛名次有较大的相关性（$r=0.71$）。哈格曼（Hagerman F）[37] 也证明最大摄氧量与比赛中的跑动距离直接存在高度相关（$r=0.67$），因此，机能是足球运动员非常重要的一项能力。

班斯伯（Bangsbo）[38] 通过对足球运动员的供能系统进行研究发现，足球比赛中 98% 的时间为有氧供能，无氧供能仅占 2%。文格（Wenge）[39] 通过足球比赛跟踪研究，得出 88% 的比赛时间以有氧供能为主，无氧供能占 12%。以上两位学者对足球比赛有氧和无氧供能的比例尽管不同，但他们的研究结果都充分说明有氧能力对足球运动员的重要性。有学者提出，足球比赛中运动员并没有大量乳酸的堆积，血乳酸基本维持在 4~6 mmol，这说明运动过程中的能力代谢基本是磷酸原系统供能。很多专家对此提出了质疑，他们认为比赛中没有乳酸的堆积并不能说明足球运动员在比赛中是磷酸原系统供能，较好的有氧能力也可以将产生的乳酸分解，即使比赛中球员的乳酸产量可能很高，但是清除速度也快，因此乳酸的浓度并不高。本研究认为足球运动员比赛中是以有氧供能为主。

有关足球运动员有氧能力测试的研究有 12 分钟跑、YOYO 测试。12 分钟跑曾经是世界范围内常用的测试指标，综合大量的研究学者对德国和巴西两大足球强国的 12 分钟跑测试资料，得出了 12 分钟跑的评价标准（表 2-2）。

表 2-2 德国和巴西足球运动员 12 分钟跑对比表

德国职业球员 12 分钟跑评定标准		巴西职业球员 12 分钟跑评定标准	
距离	标准	距离	标准

续表

德国职业球员 12 分钟跑评定标准		巴西职业球员 12 分钟跑评定标准	
3350	优秀	3300	优秀
3260~3350	很好	3100~3300	好
3160~3259	中等	2900~3100	一般
3060~3159	低于一般水平	2700~2900	差
3060	差	2700	很差

很多专家对 12 分钟跑作为足球运动员的有氧评定手段提出质疑，足球比赛的特点是强度大、时间长、多间歇，足球运动员在比赛中经常会出现加速、急停、转身等技术动作[40]。据此，班斯伯（Bangsbo）根据折返跑的概念设计出了适合于足球专项有氧能力的 YOYO 间歇性耐力测试方法（YOYO Intermittent Endurance Test），主要测试运动员在持续进行加速、减速、急停、转身时的耐力。同时，YOYO 间歇性耐力训练法可以提高足球运动员专项有氧能力。

国际足联网站做了一项足球运动员专项素质的比例安排，得出结论：YOYO 间歇性耐力跑是反映足球运动员综合体能的一项重要指标，与足球运动员有氧能力关联较大，也可以作为机能指标的代表，这与本研究的体能维度划分是一致的。

马成全[41]在对 YOYO 间歇性耐力跑测试在足球运动员体能评价的应用研究中指出，YOYO 间歇性耐力跑应用了间歇训练的原理，与足球运动比赛节奏相吻合，更加合理地评价了足球运动员的有氧能力。此项测试指标不仅可以反映足球运动员有氧能力的好坏，还能反映无氧能力水平的高低。

周俊飞[42]对 12 分钟跑和 YOYO 测试的比价做了实证研究，对足球运动员进行为期四周的实验。结果发现，12 分钟跑和 YOYO 测试实验后，运动员的心率和距离这两项指标并无显著性差异，但是 YOYO 测试组的乳酸阈跑速与 12 分钟跑相比有显著性差异，YOYO 测试的运动员乳酸阈跑速显著高于 12 分钟跑。因此得出结论：YOYO 间歇性耐力跑的运动模式和能量代谢相对 12 分钟跑更加符合足球专项有氧能力特点。关于不同位置的足球运动员 YOYO 测试特征，巴里杜斯特（Barry Drust）[43]等人的研究也给出报道，在 YOYO 间歇性测试中，中场和边后卫的跑动距离要高于前锋和中后卫。

足球在比赛中的体能特征也可以从生理学和心理学分析得出，足球比赛时间为 90 分钟，从供能方式与时间的关系分析，足球运动属于有氧项目，需要运动员具备较好的有氧能力。研究也表明，足球比赛中运动员跑动距离在 10000 米以上，会消耗大量的糖原、水分、无机盐，所以，足球运动员平时要注意糖的补充和摄入。此外，冲刺、急停和变向也是足球比赛中常见的活动方式，一场比赛中运动员需要完成多次短距离高速跑，所以，糖酵解供能对运动员也非常重要。研究表明，糖酵解无氧供能下的高速跑动往往是比赛的关键。因此，从生理学分析，有氧能力是足球运动员运动的基础，良好的速度耐力是足球运动员成功的关键。在足球运动员中，身高会呈现出不同的位置特征，一般守门员身高最高，后卫次之，紧接着是前锋，前卫的身高最矮。足球运动员围度较大，有利于运动员在比赛中应对激烈对抗。踝关节的灵活度对足球运动员完成踢球、运动等动作也有重要的影响。足球运动是集体比赛项目，运动员在比赛中要遵守既定的战术安排，发挥团队精神。比赛中情况瞬息万变，环境也较为复杂，要求运动员有较高的预见性，对突然发生的改变有敏锐的洞察力。足球比赛时间较长，对运动员的意志力也提出更高的要求，特别是在比分落后的情况下要有坚韧不拔、永不放弃的精神。因此，运动员的心理素质也非常重要。在对足球的体能研究中，有的学者将心理因素加入体能范畴，本研究从研究的目的出发并没有涉及心理能力的测试和评价。

综上所述，有氧能力是足球运动员机能的重要组成部分，YOYO间歇性耐力跑是足球运动有氧能力的科学评价指标，可以代表足球运动员的机能指标，这对于足球运动员训练和比赛非常重要。YOYO间歇性耐力跑相比12分钟跑更接近足球专项的特点，能够较好地反映足球运动员的有氧水平。因此，本研究也采用YOYO间歇性耐力跑作为评价运动员机能的指标。

第五节　运动素质释义与分类

运动素质的概念出现得较早，人们对运动素质的研究是一个系统发展的过程，早在20世纪50年代，苏联运动学专家就对运动素质进行了系统研究，并将运动素质分为力量、速度、耐力、灵敏、柔韧和协调6个方面，当时对协调的认识还不全面，没有考虑到协调与灵敏的隶属关系[44]。到20世纪80年代，德国学者对运动素质的分类得出了普遍的结论，认为运动素质应包含力量、速度、耐力、柔韧4个方面。我国学者曾经统一地认为运动素质应该有力量、速度、耐力、柔韧和灵敏5个方面。

运动素质是在体能训练中一切通过运动员所表现出来的基础运动能力的统称。但是后来学者对协调能力与运动素质的关系提出了质疑，认为协调能力与运动素质是不同的内容范畴，这两类能力不是隶属关系而是相互并列的。2001版《运动训练学》对运动素质定义为人体的基本运动能力，并将运动素质分为力量、速度、耐力、柔韧和灵敏5个方面。我国对运动素质的研究和运用也一直沿用《运动训练学》分类，运动素质是一种身体运动的外在表现，是运动员最基础的运动能力，是衡量运动员训练水平和运动能力的标准之一，并且需要根据运动项目特点明确训练原则进而制订相关的训练内容。依据运动项目的竞赛要求，采用专业的训练方法来实现对运动训练负荷和训练安排的设计，逐步发展运动员的运动素质。由此可见，运动素质的发展是运动员运动训练过程中的核心内容。根据生理学和心理学分析并从《运动训练学》中的项群理论划分来看，足球项目属于技能主导的同场对抗类项群，要求足球运动员在比赛中既要发挥良好的技战术水平，也要有良好的体能做支撑。随着足球比赛竞争越来越残酷，场上攻防节奏越来越快，对抗也越来越激烈，这对足球运动员的体能提出了更高的要求，而运动素质则起着关键性的作用。

运动员要以良好的耐力和灵敏素质为基础，在比赛中保持充沛的体力以应对技战术要求，能够快速急停、躲闪、变向完成摆脱和防守，能够依靠较健壮的身体完成对抗。同时，还要有较好的爆发力，能够迅速起动，获得较好的时机，快速、协调、准确地完成动作。从动作模式的理念分析，柔韧素质和核心力量构成了足球运动员的根基，运动素质是最高层表现，形态学和机能是体能的保障条件。从足球项目特征方面分析，足球比赛体能的特征是以灵敏和耐力为专项能力，同时兼顾良好的形态、力量、速度等综合体能能力。从生理学分析，有氧能力是足球运动员运动的基础，良好的速度耐力是足球运动员成功的关键。此外，足球运动员的形态学指标和关节灵活度也是影响运动员竞技能力水平的体能因素。总之，运动素质对于球员来说非常重要。

一、力量素质

力量素质是一切运动能力的基础，它可以形容为人体进行运动的动力。从生理学角度来阐述，力量是肌肉收缩时以对抗外界阻力的能力。力量又有着不同的表现形式，比如最大力量、快速力量和力量耐力。最大力量是人体对外的最大抗阻能力，或者说肌肉收缩所能对抗的最大阻力。在不同角度和不同动作下人体的最大力量表现是不一样的。与此同时，最大力量还可以分化为两个概念：绝对力量、相对力量。绝对力量是在不考虑体重的情况下人体的最大抗阻能力，而相对力量是在考虑体重的情况下比较力量的大小。2011年版《运动训练学》将力量素质分为最大力量、爆发力和力量耐力。足球项目属于技能主导类同场对抗的运动项目，足球比赛中环境是非常复杂的，运动员需要具备综合的力量素质，如快速起动的爆发力，肌肉在长时间比赛中维持力量的能力等。各种力量之间也存在相互关系，如爆发力会受运动员最大力量的影响。克鲁斯特普（Krustrup P）[45]对足球运动员的力量素质做了细致的研究，他对巴西优秀的教练员、运动员进行调查时发现，训练力量素质要同时兼顾最大力量、力量耐力和爆发力三者协同发展，但在青少年足球运动员的调查中力量耐力和爆发力的训练比例较大，较少进行最大力量的训练，这与青少年的身心发育特点有关系。伯吉斯（Burgess DJ）[46]认为，足球运动员的上肢力量缺乏训练，因此他提出了力量平衡发展的观点。研究表明：对于足球运动员，股四头肌的力量要比腘绳肌的力量大得多，在对1635名足球运动员进行测试中发现，他们的屈膝力量值仅为伸膝力量值的一半；单腿或者双腿的不平衡会导致大腿肌肉拉伤，大腿后侧的肌肉力量至少要提高到前侧的75%~80%，这样才能降低肌损伤的风险，因此足球运动员要注重力量的均衡发展。有专家学者提出要重视足球运动员的核心力量训练，除了四肢大肌肉群的训练外，足球运动员更要注重核心区表层和深层肌肉的训练。

力量素质中最大力量强调抗阻的大小，快速力量强调肌肉动员的快慢，而力量耐力则是人体肌肉维持能力的另一种表现，它趋向于力量的持续时间，或者说持续抗阻的能力。因此，足球运动员的力量素质训练内容兼顾最大力量、快速力量和力量耐力。

二、速度素质

速度素质是人体快速移动的能力。同样，它存在不同的表现形式，包括反应速度、动作速度和位移速度。足球项目也是一种速度对抗性项目，尤其随着比赛竞争日益激烈，快速、有效的进攻成为当今足坛的主流发展趋势，速度特征体现也更加明显[47]。位移速度是人体快速移动的能力，主要代表足球运动员直线运动中的极限速度；位移速度是宏观的、全身协作的表现，而动作速度强调一个局部的运动快慢，运动员在单位时间内完成动作的幅度和数量。反应速度是指人体判断外界信号快慢的能力，在足球运动中是足球运动员单位时间内对球、队员、场区等刺激的应答能力。动作速度又分为单个动作速度、成套动作速度及动作频率（动作速率）三种；在不同项目中，速度素质的三种类型通常都不是单独出现的，而是在不同的复杂结合中，三种速度类型几乎都有表现，并具有各自的特征。

跑动是足球比赛的基本动作模式，动作速度和位移速度对足球运动员非常重要。采用不同距离的跑可以评价足球运动员的位移速度特征，而动作速度的评价需要从完成动作的频次入手。速度素质在足球运动员的身体素质中占有特殊重要地位，良好的速度是比赛中取得成绩和空间优势的重要因素，它往往能体现出个人和整队进攻的威胁性和防守的可靠性。

三、耐力素质

耐力素质是指人体保持长时间运动的能力，或叫作抗疲劳和疲劳后迅速消除的能力。高水平的足球赛，一名队员需跑动 8000~12000 米的距离，在激烈对抗中快速完成技战术动作数百次，这需要运动员有很高的耐力水平，同时对足球运动员无氧代谢和有氧代谢供能的要求非常高。在 90 分钟甚至 120 分钟内，运动员如果没有良好的耐力，就会导致体力、脑力、感觉、情绪诸方面身体机能下降，错误动作增多，不能充分发挥技战术水平。

人体的供能系统有 3 种，耐力素质大致可以分为有氧耐力和无氧耐力。两者在表现上分别存在两种情况：一种是能够运动多久，另一种是能够运动多快。"有氧是无氧的基础"。良好的有氧耐力水平，不仅能充分利用机体内能源物质，还可使机体的摄氧、输氧、用氧能力得到提高，有利于较快消除非乳酸性和乳酸性氧债，起到延缓疲劳和加速机体恢复的重要作用。运动员的无氧耐力水平取决于无氧代谢能力，即无氧糖酵解能力、机体组织抗乳酸能力、能源物质（主要是 ATP 和 CP）的储备和支撑运动器官的功能。足球比赛中运动员 5~15 米的快跑冲刺占 80%~90%，所以具有良好的非乳酸无氧耐力对足球运动员来说很重要。

耐力素质是足球运动员重要的运动素质之一，是确保运动员顺利完成训练和比赛的前提，它与其他方面的素质也有着紧密联系，是一个多因素的能力。影响耐力素质的因素，除先天的身体组织结构外，还有运动员的心理特征、活动时能量获取和交换能力、身体机能的稳定性、机能节省化、协调的完善和力量的合理分配。

四、柔韧素质

柔韧素质是指我们人体的活动幅度大小的能力，也可以简单地理解为关节活动度。它包括两种关节的活动情况，一种是被动关节活动度，另一种是主动关节活动度。前者指我们的肢体被动地运动所能达到的最大范围，而后者指我们的肢体主动且随意运动所能达到的最大范围，要求一定是肌肉主动收缩所产生的本关节的运动，并且从始至终都是一种可控制的状态。良好的柔韧性可以提高运动员的动作幅度，有利于基本技术的学习和表现，降低训练和比赛中的损伤率。在足球的基本教材中不提倡抡大腿踢球，而是需要小腿的充分折叠，增加鞭挞效率。小腿肌肉和韧带的柔韧性对于有效地完成踢球基本动作非常重要。小腿折叠的股四头肌柔韧度和脚踝背屈的小腿三头肌柔韧度会直接影响踢球技术的幅度、效率，柔韧度较好的足球运动员可以提高踢球的表现效果。

在实际运动中，被动关节活动度是主动关节活动度的基础，而主动关节活动度直接和运动需求相关。因此，在足球力量的训练中不仅要积极发展运动员的关节柔韧性，同时也要提高运动员主动肌和拮抗肌的力量。

五、灵敏素质

灵敏素质是指随外界环境或身体姿势的变化及时准确地转换动作以维持身体平衡、适应外界刺激变化的能力。球类灵敏素质主要表现为对外界环境的变动及时准确地转换动作以做出反应的能力（包括对自己身体姿势的控制能力），是足球运动员所具备的重要专项素质，也是一项重要的专项能力。J M Sheppard & W.B 认为灵敏素质主要是指迅速地变向的能力，身体可以瞬间改变方向或者体位，主要是指身体在方位上的迅速变化[48]。吉姆·利斯顿（Jim Liston）[49]等也认为，灵敏素质的特征是改变运动方向，在改变过程中能够保持准确性、瞬间性并且易于改变。德雷珀和兰卡斯特（Draper&Lancaster）做了针对足球运动员灵敏素质的研究，将灵敏素质定义为身体整个或者部分快速改变方向的能力，尤其是下肢在变向中的作用，能够成功做到快速、连续、多次。罗恩琼斯（RonJones）对足球灵敏素质研究与 Draper&Lancaster 得出了类似的定义，足球运动员可以通过突然改变方向和速度有效地改变身体的空间位置。

运动素质的各项能力是运动训练内容计划的重要组成部分，结合专项需要并通过合理负荷的动作练习，可以改善运动员身体形态，提高运动员机体各器官系统的机能状态，进而充分发展运动素质，促进运动能力的提高。运动素质也是提高足球运动员技术训练和战术训练的基础，对掌握专项技战术，承担大负荷的训练和激烈的比赛，促进运动员身体健康，预防伤病及延长寿命均有作用，对影响和促进运动员身体形态和机能的改善，专项运动成绩和技术水平的不断发展也具有重要意义。

在足球运动实践中往往是两种或两种以上运动素质同时发挥作用，力量与速度的组合就产生爆发力或速度力量，力量与耐力的组合就产生力量耐力，耐力与速度的组合就构成速度耐力，当灵敏与柔韧组合时则表现出高度的灵活性。人体是一个有机整体，也是一个完整系统。因此，足球运动员的一般运动素质和专项运动素质是密切相关的，各种运动素质更是相互影响、相互依赖的，运动素质之间存在着大量的正向或是负向的迁移现象，这主要是由机体的整体性、动作结构的相似性、能量供应来源的同一性决定的。因此，促使运动素质转移的内在机制也是人体生理变化的基础。

第三章 足球体能研究现状、热点与趋势

第一节 国际足球体能研究现状

众所周知，国外足球水平相较国内而言要高，特别是英国、德国等国家，因此，他们关于足球项目中体能方面的研究也较早。国外专家学者提倡的足球体能训练原则与理念大多基于降低常规田径场上的跑步训练强度，同时强化足球运动员在足球场中的专项核心内容的训练强度。此外，足球体能的训练必须基于人体生理学、生物力学、解剖学、康复学等多个学科的专业知识，将足球体能训练计划设置得更为科学、合理、紧凑，同时符合专项运动项目的特点。

一、国际关于足球体能的研究中对球员运动素质的研究

史蒂文（Stevens T G）与德·瑞特（De Ruiter C J）等人（2016）在 *Validity and Reliability of 6-A-Side Small-sided Game Locomotor Performance in Assessing Physical Fitness in Football Players* 中通过对足球运动员的体能围绕速度、灵活度与快速起动这三方面进行分析，同时借助栏架、软梯、障碍物等辅助训练器械，设计出针对足球运动员体能训练的综合方案，并经过为期一个月的针对性训练，发现研究对象在体能方面均有所提升。布伊诺夫斯基（Bujnovky）与大卫（David）等在 *Physical Fitness Characteristics of High-level Youth Football Players* 中通过对足球运动员的速度、敏捷性、有氧和无氧能力是否因位置不同而体能不同进行研究，他们把123名年龄在15.7±0.5岁的青少年足球运动员作为研究对象，通过对守门员、后卫、中后卫、中场等运动员的冲刺速度、敏捷度等进行分析后，得出的结论为教练员和行业从业者提供了有洞察力的策略，以制订针对特定位置的调节方案。迪克斯（Dirx M J M）与沃利普斯（Voorrips L E）等（2015）在 *Baseline Recreational Physical Activity, History of Sports Participation, and Postmenopausal Breast Carcinoma Risk in the Netherlands Cohort Study* 一文中从内与外两个方面

对足球体能进行了研究，内为心肺功能，外为肌肉功能。他们指出足球体能是身体各方面素质的综合表现，主要表现在肌肉、力量、柔韧性、心肺功能与技能等方面。雷德（Reid R M）（1974）在 *A Concept of Fitness and Its Measure Mentin Relation to Rugby Football* 中对足球运动员的爆发力进行了相关研究，他认为足球运动员需要良好的爆发力，尤其是前锋，并且发现足球运动员主要在额状面和矢状面内发挥快速力量。足球专家哈扎尔·法提赫（Hazars Fatih）（2009）在 *The Relationship of Jumping and Agility Performance in Football* 一文中对不同位置足球运动员的素质特征进行了研究，结果显示，在慢动作下守门员力量明显大于前锋，中场球员位于两者之间，但当快速完成动作时，守门员与前锋之间的差异就消失了。

伯吉斯（Burgess D J）（2006）在 *Profile of Movement Demands of National Players in Australia* 中认为，足球运动员的上肢力量缺乏训练，他提出了力量平衡发展的观点。比恩布卢姆（BienBloom）在 *Comparation the Morphology between European and American Football Player* 一文中对20世纪80年代欧美的足球运动员进行了形态学的研究，发现该年代运动员的身高和体重变化较大，运动员的形态会影响教练员对比赛阵型的设计，教练员会根据球队运动员形态特点选择适合本队优势的阵型打法，从而形成独特的比赛风格。拉文（Raven）等（1976）在 *Physiological Evalution of Professional Soccer Players* 中对足球运动员的体重进行相关研究发现，球队中后卫的体重最高，前锋的体重最小，同时还对多伦多俱乐部职业运动的体成分进行研究得出他们的平均体脂率为 9.6%。威尔莫尔（Wilmore）（1972）在 *Body Composition and Endurance Capacity of Professional Football Players* 中对美洲足球运动员形态进行研究，提出不同位置运动员的体成分有所区别，体脂率也不同，基本情况是守门员大于中场，中场大于后卫，后卫大于前锋其中前锋和后卫的体脂率较低，约为 8.3%。

二、国际关于足球体能的研究中对供能系统的研究

哈特曼（Hartmann）（2006）在 *Periodization of Training for Team Sports Athletes* 中认为，体能是以三大供能系统的物质能量代谢为基础，具体表现为运动系统的效能。运动员体能水平取决于运动时人体的三大供能系统对于能量的供给、转移和利用的效率。他认为体能分为内外两方面：心肺功能和肌肉机能，具体表现为力量、柔韧性、心肺耐力、身体组成、技术能力等。他的这个观点把机能水平和运动素质的表述互相混淆，而且也没有提及身体形态的内容。希尔文萨洛（Hirvensalo M）与林图宁（Lintunen T）（2011）在 *Life-course Perspective for Physical Activity and Sports Participation* 中认为：足球体能训练是否有效还受教练员对每个足球运

动员的生理机能、个体形态与不同年龄阶段的发育特点的知晓程度的影响。杰弗里（Jeffrey M）（2007）在 Core Stability Training：Applications to Sports Conditioning Programs 中从生理学角度对足球运动员的专项耐力做了相关研究，运动员在起动速度时，腹横肌会优先其他肌肉发力，从现代体能的研究热点分析，腹横肌属于核心区肌肉范畴。哈里森（Harrison）与克雷格（Craig B）等（2015）在 Development of Aerobic Fitness in Young Team Sport athletes 中认为耐力训练要以青春期为时间界限，同时兼顾有氧耐力和无氧耐力。青春期前由于年龄、生理特征的要求不适合进行无氧耐力训练，耐力训练应以有氧耐力训练为主，这样能为运动员未来耐力素质的全面发展打下良好的基础。青春期以后可以进行无氧耐力训练，但负荷量和负荷强度要渐进式提高。实践证明，男子开始专项耐力训练的年龄在 14~16 岁最适宜。

三、国际关于足球体能的研究中对功能性训练的研究

格雷·库克（Gray Cook）（2011）在 Movement：Functional Movement Systems：Screening，Assessment，Corrective Strategies 一书中认为人体可以看作由多个关节组合而成，其中每个关节或者每组关节都具有特定的功能。在一次功能性动作筛查的讨论中，当谈及人体不同关节的功能性需求以及关节的功能和训练的关系时，他提出了关节功能的训练理念。桑托纳（J C Santana）（2015）在 Functional Training Exercises and Programming for Training & Coaches 一书中提出了选择功能性训练的原因，功能性训练所占用的空间更小、需要使用的器材更少、花费的时间更短以及场地限制更松，减少了单块肌肉的疲劳、增加了全身肌肉的协调性，并且关注了运动技能的改进。他在功能性训练的基础理论中将人体运动划分为四大支柱：旋转、位移、水平改变以及推拉。第一类是位移，是最基本的运动技能；第二类是水平改变；涉及一个人的重心在水平上的变化；第三类是推拉，是人体反射以及生物力学中的一部分；最后一类也是最重要的一类——旋转，在运动中许多肢体运动的核心肌肉都呈斜对角线。德国国家队聘请美国 EXOS 体能团队将功能性训练应用到实践训练中，起到了非常显著的效果。

第二节 国内足球体能研究现状

我国从 2009 年开始实施并发展校园足球计划，旨在提升我国足球在国际运动中的竞争力，教育部联合国家体育总局共同发布了《全国青少年校园足球活动

实施方案》与《关于开展全国青少年校园足球活动的通知》，说明我国开始着重培养足球项目的后备力量，同时也能够看出校园足球项目肩负着重要的任务。对于运动员而言，无论参与体育运动还是进行相关体育锻炼，都需要有较好的身体素质，因此，身体素质是参与体育运动的基本保障，身体素质的强弱需要通过具体的体能测试进行精准衡量，体育锻炼的主要内容就是努力提升身体素质，参与任何一项体育运动的专业运动员都需要掌握合适的方法或者技巧，并且通过长期训练逐步提升自身的身体素质。运动员拥有较强的身体素质，才能更好满足具体运动项目的要求。

《体育大辞典》中对运动员的体能做出了十分明确的定义。体能主要是指从事某项活动的人为了能够较好完成相应的活动，所需要具备的相应身体素质。身体素质主要是指人在参与具体活动时，体内各个器官相互协调所发挥和体现出来的身体能力。从这个角度来看，它主要包括耐力、力量、协调和灵敏以及柔韧性等方面的素质，日常生活中的走路、跑步、跳远和攀爬等活动体现出来的能力也可视为身体素质的一方面，身体素质的强弱是决定人们能否从事具体体育活动的重要依据。

一、国内关于足球体能的研究中对青少年足球体能训练的研究

龚波（2015）在《我国职业足球运动员体能训练研究》一文中，对我国足球运动员体能水平进行了研究，讨论了我国现阶段的足球整体体能水平远远落后于足球强国的水平，甚至在亚洲都不能处于一个较高的水平上，并表明解决青少年足球体能训练问题是解决我国足球体能问题的根本。刘丹（2006）在《足球体能训练（高水平足球体能训练理论与实证）》一书中认为：在国际赛场上我国足球代表队经常表现出顶不住的弱势，其根本原因在于运动员体能水平低跟不上国际足球竞赛的节奏。在国内的体育训练中，传统的训练理念往往只重视技术的发展，而把体能训练和心理训练搁置遗忘，为了充分解决这一问题，教练员首先要转变思想，从运动员少年时期开始，重视技能训练和体能训练以及心理训练相结合，为其以后的竞技道路打下坚实的体能基础。孙灿江和林晓辉（2015）在《浅析中学生足球运动训练中体能训练的各种方法——以郑州市中原区为例》提及中学足球训练中的体能训练是一项不可忽略的重要环节，在学校中进行体能训练不仅可以直接增强中学生的体质、提高国民素质，还可以快速发展少年足球运动，缩短和强国之间的差距。黄文宾等人（2005）在《对我国青少年足球运动员伸、屈膝等动力量及下肢爆发力特点研究》中通过测试青少年足球运动员下肢爆发力发现，在日常的训练中下肢爆发力并没有得到足够的重视。

二、国内关于足球体能的研究中对运动素质的研究

部义峰（2012）在《优秀女子足球运动员体能训练体系的理论与实践》中分析在高水平比赛中，运动员需要根据比赛的需要进行高强度跑动、快速移动和运球，这些因素都会较大程度地影响比赛的结果。由于不同位置对运动员的体能的要求不同，因此训练时要根据不同位置的不同要求设置不同的训练计划。吕楷（2010）在《我国少年足球教练员对体能训练认知与实施的研究》中阐述，欧美发达国家的体能训练和足球体能训练都有较完善的训练体系，在运用科学训练手段和方法时都会与其他学科相结合进行综合应用，这样不仅为体能训练提供理论基础，还为实际操作奠定基础，更为国家体能训练的发展提供支持。因此，我们可以结合我国的具体情况并借鉴别国的训练体系来发展和完善我国的体能训练。

张廷安（2006）在《现代足球训练方法》一书中认为：足球运动的特殊性决定了足球运动员需要拥有较强的身体体能素质以及足球运动技巧，只有在足球运动员拥有较强身体素质的基础上，努力去提升足球技战术水平，才能帮助其快速提升足球运动的技能和水平，并且通过多次体能训练和相互配合，使足球运动更加具有实战性和观赏效果。武伟（2014）在《提升身体素质对于足球运动快速发展的相关研究》中明确指出，拥有较强的身体素质是从事现代化足球运动的最基础保障，并且只有运动员拥有良好的身体素质，才能使得各种足球技战术得到充分地发挥。近年来随着足球技战术水平的快速发展，足球运动对运动员的技战术和身体素质提出了更高要求，田雨普（2000）在《体能及相关概念辨析》一文中明确指出，体能也就是常说的身体素质，是每个人十分重要的机体能力，也是每个人在工作和生活中所体现出来的具体能力。由于每个人在生活和运动中的力量、速度、耐力以及柔韧性等身体技能或身体素质各有不同，因此，对运动员身体素质的培养和提升不应仅限于体育运动和竞赛中，还应拓展到生活和娱乐中，并通过多方面对运动员的身体素质进行综合评估和考核。张春辉与金红杰（2017）在《青少年足球体能训练实施路径研究》主要通过专家访谈法进行研究，分析后认为，提升青少年足球体能训练效果的基本方法包括：完整与分解训练法、持续与间歇训练法及游戏与协作训练法。赵硕（2018）在《不同结合球足球训练的负荷比较及其对专项耐力影响的研究——以山东鲁能 U16 队为例》的研究中，以山东鲁能 U16 队的足球运动员为研究对象，通过对 16 名运动员进行每周两次，共计八周的专项耐力训练测试后发现：在小范围的传/抢球训练过程中，减少运动员数量能够有效增加训练强度与负荷量，但增加转移区域控球规则后，则会降低训练负荷，此训练方案仅适合于低心率运动员的训练。

田志琦（2007）在《天津市普通高校男子高水平足球运动员身体素质训练的现状研究》中通过对天津市普通高校中足球运动专业学生的下肢爆发力和有氧运动能力等方面身体素质的研究和分析能够看出，高校足球专业学生的身体素质和我国职业足球运动员所应具备的身体素质之间存在较大的差距。孙奇（2016）在《身体功能训练对足球运动员身体素质影响的相关研究》中以北京体育大学的 12 名体育专项生为研究对象，通过实验研究法与数理统计法进行分析后得出：足球专项生的肩部灵活性虽然较好，但下肢稳定性普遍较差，特别是在臀肌、大腿后侧肌等部位力量普遍较弱。对于足球专项生身体稳定性差、下肢力量弱与灵活性不高等问题，他同时提出了针对性的训练方案。

足球运动员的体能水平由运动员的身体机能和身体素质（运动素质）构成，其中身体素质包括专项力量、专项耐力、专项速度、灵敏柔韧素质等。足球界认为足球运动具有以有氧供能为基础，以有氧和无氧混合供能为特点，突出非乳酸速度耐力的生理变化规律。因此，足球运动员必须具备良好的能量供应系统，特别有氧和无氧的混合供能形式。足球运动员主要的身体素质具体包括：①专项力量。力量素质是各项素质的基础，也是运动员专项能力发挥的保证，对于足球运动而言，力量素质是运动员一切活动的枢纽。在训练的实践中，应根据专项的特点，尽可能权衡发展身体各方面的力量，从而更好地提高运动员体能水平。②专项速度。速度对足球运动有着特殊的意义，特别是在全攻全守战术打法的今天，速度对技战术的实施、控制时局起着迁移的作用，它已经成为对运动员的基本要求。体能训练应尽可能模拟比赛情形、满足比赛的需求。③专项耐力。在一场比赛中，足球运动员跑动距离长，活动时间久，攻防转换迅速，不时地争抢对抗。因此，在专项体能耐力训练中应尽量采用多种多样与专项结合的训练手段和方法。④灵敏、柔韧素质。足球比赛中，运动员经常做一些不规则动作，如接不同高度的空中球、倒钩射门、倒地铲球等，这对踝、膝、髋关节的柔韧性提出了很高的要求。因此，灵敏、柔韧素质在技战术效果上不容忽视，运动员应该加强这方面素质的训练。

第三节　足球体能研究热点与趋势

足球是进行同场高强度对抗并具有间歇性特点的一项运动。足球出现并发展至今，现代足球单项技术已经基本成型，运动员对技术的掌握和运用十分重要，要在运动比赛中取得胜利，取得优异的运动成绩，体能就成为极为关键的因素，决定着足球未来的发展。国际足球体能的研究快速发展，欧洲国家处于领先的位置，不少国际上的高校也作为足球体能训练研究的重要参与者。对比国内的研究，发文量低于国外，对发表的文献的中心性进行分析，可以总结出现在研究中的热点与趋势。利用 Cite space 得到的聚类视图可以呈现不同研究领域的研究节点，聚类视图中的节点代表分析的对象，出现频次越多，节点也就越大。节点圈中的颜色及厚薄度表示不同时间段出现或被引的频次。节点之间的连线表示共现或共引的关系，其粗细程度表明共现或共引的强度。颜色则表示对应节点第一次共现或共引的时间，颜色从蓝色的冷色调到红色的暖色调表示时间从早期到近期的变化。

通过知网空间中远见功能对"足球体能"一词进行学术研究指数分析，选取时间范围为 2000—2019 年，我们发现 2000 年关于"足球体能"一词的发文数量最少，为 80 篇；2017 年关于该词的发文数量则最多，为 1120 篇。从 2000—2019 年的学术研究指数分析图能够发现：在 2017 年以前，关于"足球体能"一词研究呈整体上升的趋势，从 2017 年之后，发文数呈整体下降趋势。具体的学术研究指数分析图如图 3-1 所示。

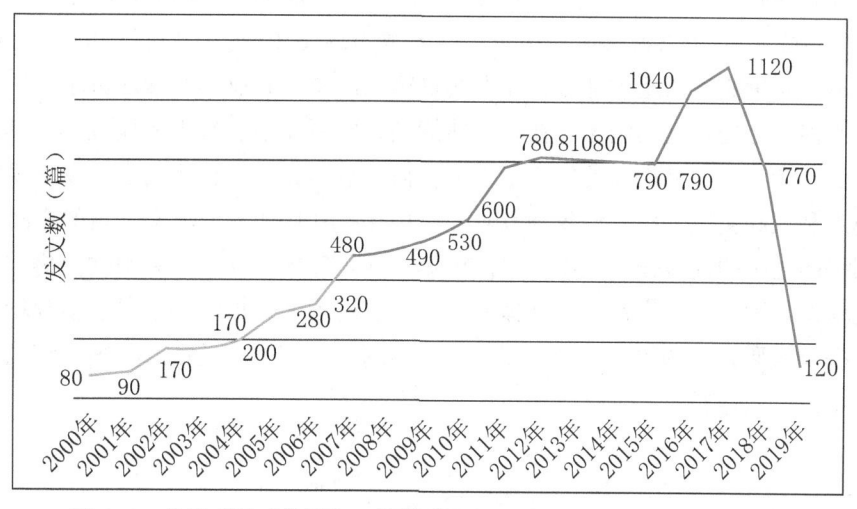

图 3-1　关于"足球体能"一词的学术研究 2000—2019 年指数分析图

一、国家与机构分布现状

足球体能训练研究的国家与机构分布，在 Cite Space Ⅱ（文献计量学中的知识图谱工具）分析软件中选择参数"Country"（国家）"Institute"（机构），能够看出不同地区和国家的人的身体素质以及对足球技能的了解程度各有不同。该软件每个节点分别代表一个国家，并且通过不同深度的圆圈和大小代表该国家足球事业的发展状况，不同圆圈之间的线条表示不同国家之间足球相互交往和联系的程度，因此通过线条粗细和线条数量就能看出不同国家之间足球运动相互联系的紧密程度，圆圈最外层的圆环代表中心性（centrality），中心性主要是指决定不同知识图谱之间连接强度的依据，如果圆环的宽度越大，则意味着该圆圈的中心性越强，越容易成为沟通其他圆圈和节点的中心枢纽。

(一) 国际上国家和机构、作者分布现状

以 1999—2019 年近 20 年的研究为基础，如图 3-2 所示，从整体上分析，足球体能训练研究的国外发文量，英国的发文量最多，为 128 篇，澳大利亚的发文量紧随其后，为 90 篇，西班牙、意大利、瑞士、巴西、丹麦、美国、法国、卡塔尔分列其后发文量各为 89、73、52、51、49、45、42 和 39。从文章的中心性来看，从 1999—2019 年，英国以 0.33 位居第一，而发文量第三的西班牙以中心性 0.21 位居第二，超过了澳大利亚的 0.04，其中，意大利为 0.03 的中心性，瑞士为 0.04 的中心性，巴西为 0.03 的中心性，丹麦为 0.04 的中心性，美国为 0.01 的中心性，法国为 0.06 的中心性，卡塔尔为 0.08 的中心性，其中，英国的发文量以及中心性占绝大部分，而发文量第二的澳大利亚中心性却偏小。综上所述，这些中心性较高的国家，在足球体能训练的研究中占有重要地位，尤其像英国、西班牙。虽然卡塔尔的发文量不多，但影响力较大，相比之下，发文量较高的澳大利亚和美国，中心性仅为 0.04 和 0.01，说明这两个国家发表的文献在国际网络图谱中的连接作用较小。由此可见，在足球体能训练研究中欧美仍然处于领先地位。因此，加大足球运动体能训练研究的力度，加快多学科、多领域的合作，提升科研人员的语言水平、创新思维与国际交流能力是提高我国在该领域研究水平的有效途径。

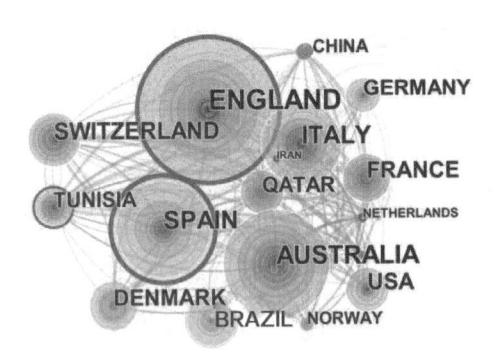

图 3-2　国际足球体能训练国家分布图

其实，对发文量研究机构进行统计后发现，高校是足球体能训练研究的主要力量，如丹麦的哥本哈根大学（Univ Copenhagen）、埃克塞特大学（Univ Exeter）、意大利的罗马大学（Univ Roma TOr Vergata）、巴斯克地区大学（Univ Basque Country）、英格兰的利物浦约翰摩尔大学（Liverpool John Mores Univ）、南丹麦大学（Univ Southern Denmark）、维多利亚大学（Victoria Univ）、悉尼科技大学（Univ Technol Sydney）。其中，丹麦的哥本哈根大学发文频次最高，而在文章的中心性中，意大利的罗马大学最高为0.54，发文量最高的哥本哈根大学仅为0.16。

对于作者分布情况的分析是深刻把握某一学科研究领域及科研动态的前提，对在相关领域有深入见解和科研成果的作者进行研究，可以有效地掌握本领域科研活动的发展进程，这对科研主题现状分析、总结提炼和前瞻性研究都有积极的意义，作者CASTAGNA C与作者KRUSTRUP P，发文量都为43篇，中心性分别为0.52和0.31，是最为突出的两位作者，作者YNACI J的中心性为0.24，位居第三位，其余作者中心性均偏低（图3-3）。

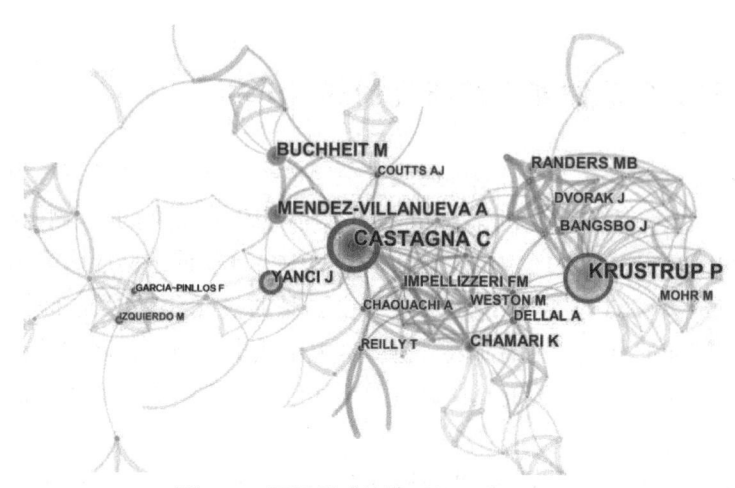

图3-3　国际足球体能训练作者分布图

（二）国内机构与作者分布现状

对发文量研究机构进行统计后发现，国内高校同样是足球体能训练研究的主要力量，从发文的频次上分析，北京体育大学、首都体育学院、上海体育学院、东北大学秦皇岛分校、广州体育学院、河北体育学院、武汉体育学院都是国内发文频次较高的，发文量分别为5、5、4、2、2、2和2。体育类院校体现出了专业性强的特点，但发文量相对于国外还是有一定的差距。

对于国内作者分布情况进行分析，作者刘丹的发文量为 5 篇，作者李静与作者龚波的发文量为 4 篇，其中心性都为 0.00，其余作者发文量均少于 4 篇，且中心性为 0.00（图 3-4）。

图 3-4　国内足球体能训练研究作者分布图

二、国际足球体能训练研究的热点分析

通常来讲，学术论文中的关键词或者主题词大多都是由文章核心内容深度提炼和总结而成，并且关键词和主题词能够较好代表学术论文的核心观点。因此文章的关键词或者主题词会经常出现在学术论文中，这些词也会成为本篇学术论文的研究重点或者热点内容。Cite Space Ⅱ 主要是通过充分运用统计学相关原理，对语句中不同词汇出现频率的深入分析，努力寻找出现频率较高的关键词之间的相互联系，再通过对关键词的具体分析，再详细了解学术论文主要的研究方向或者研究重点内容。

我们将数据导入 Cite Space Ⅱ 分析软件后，还需要将研究主题中意义相同或重叠的关键词进行合并处理，因为同一个关键词在不同的研究成果中，可能有着不同的表达方式，因此对关键词进行规范与统一，计算出各个关键词出现的频次，对最终数据结果的科学化处理有着重要意义。例如 Football（非美式足球）和 Soccer 是表达同一个关键词，Youth 与 Adolescence 的概念基本相同，在得出的数据表中，Football 作为关键词，频次为 240，中心性为 0.15。Performance 频次紧随其后为 203，且中心性为 0.16。Fitness 的频次为 180，中心性为 0.12。Soccer 的频次为 139，中心性为 0.16。Exercise 的频次为 117，中心性为 0.10。Soccer player 的频次为 98，中心性为 0.06。Sport 的频次为 89，中心性为 0.09。

Strength 的频次为 86，中心性为 0.12。Reliability 的频次为 73，中心性为 0.09。Elite soccer 的频次为 72，中心性为 0.09。其中 Football 与 Fitness 与 Strength，中心性都较高，可以看出，"精英运动员"作为研究对象日益受到重视。

表 3-1　国外体能训练研究高频及中心性关键词一览表（前十位）

序号	高频关键词名称	频次	高中心性关键词名称	中心性
1	Football（足球）	240	Performance（竞技表现）	0.16
2	Performance（竞技表现）	203	Soccer（足球）	0.16
3	Fitness（体能）	180	Football（足球）	0.15
4	Soccer（足球）	139	Fitness（体能）	0.12
5	Exercise（运动）	117	Strength（力量）	0.12
6	Soccer player（足球运动员）	98	Exercise（运动）	0.10
7	Sport（体育）	89	Sport（体育）	0.09
8	Strength（力量）	86	Reliability（可靠性）	0.09
9	Reliability（可靠性）	73	Elite soccer（精英足球运动）	0.09
10	Elite soccer（精英足球运动）	72	Soccer player（足球运动员）	0.06

由表 3-1 可知，国外体能训练研究的热点主要体现在 Performance（竞技表现）、Elite soccer（精英足球运动）、Reliability（可靠性）的研究上，不难看出未来足球的研究也一定会向着更丰富、更多样的方向发展。可见，足球体能研究将是推动足球运动发展必不可少的重要因素。

三、现代足球运动的发展趋势

（一）足球运动中攻守对抗强度越发明显

任何一个对体育赛事有简单了解的人都知道，体育运动是通过身体或者相互配合并与对方进行攻守对抗所开展的相应活动，而足球运动的集体攻守对抗行为更为明显。随着近年来足球运动的快速发展，球员身体素质以及球员的技战术还有攻守技能等方面的能力都有了明显的不同。由于足球比赛中不同球队有不同的队形，在攻守方面体现出的优势和特点也各有不同，因此攻守对抗的激烈程度也不尽相同。由于足球运动是一项集体运动，只有每个球员充分发挥在球场中的作用，才能使足球比赛中的激烈和对抗得以呈现。虽然足球运动的激烈和对抗程度只能在球场中体现出来，但随着近年来全球足球运动的快速发展，足球运动的强大生命力及人们对足球运动的喜爱也逐渐显现，这使足球运动在快速发展过程中，球员的身体素质和足球技战术水平得到较快的发展，无论球队采用哪种阵型参与比赛，都能在比赛过程中体现出较好的对抗性。具体来讲，足球运动中的对抗主要体现在以下几个方面：首先体现在球员和守门员之间的对抗，也就是说，进攻方球员需要相互配合，并且阻止对方球员的破坏，以便将球顺利射入对方球门这一期间的对抗。其次体现在攻守双方的球员的接球和传球以及相互配合过程中产生的对抗。还有，攻守双方球员在传球和接球以及射门时，如果足球没有成功射中球门，或者守门员脱手时，足球被对方球员抢到，在较短时间内快速射门，双方争夺控球权时产生的对抗。最后，球场其他球员在没有得到足球期间与对方球员进行跑位或者填补空位期间产生的各种对抗。随着近年来现代足球的快速发展，足球比赛的时间和对抗程度还有比赛激烈程度都在持续提升，这使现代足球比赛具有较高的观赏性，也使足球成为全球人们最为喜爱的运动。一直以来，球队对技战术打法的配合及进攻和防守的整体配合拥有较高的要求。在进攻时的技战术主要包括中路进攻和后卫参与进攻及中边配合等，并且随着足球技战术的快速发展，后卫参与进攻的次数和频率也在逐步提升，在后卫的帮助下，球队能够更好发挥进攻的势头，为快速破门得分营造良好时机。通过对进攻技战术的研究能够看出，边路配合进攻主要包括二过一的配合战术打法和高压防守的技战术打法，当本方球场遭遇对方球员的进攻威胁时，后卫人员需要迅速回撤拦截对方球员的进攻势头，并且通过争抢和围截等方式，最大限度地破坏对方球员的传球配合。

（二）足球运动中攻守对抗逐渐平衡

20世纪50年代以前，足球比赛基本以双方进攻为主，因此防守能力相对较弱，每场进球数量相对较多。60年代起，足球比赛中逐渐加强对防守能力的培养，使每场比赛中的进球数量逐渐减少。70年代以来，足球比赛中的攻击和防守逐渐趋于平衡，每场比赛的进球数量也整体保持在一个较为稳定的范围内。赵琰在《第三十一届奥运会女子足球比赛攻守转换特征分析》中指出，现代足球比赛中的攻守转换体现出高强度、强对抗、多变性的特点，攻守之间的转换频率变得更快，并且对体能有更高的要求。现代足球比赛中的攻守转换是技巧、球场意识、心理素质、个人能力的综合体现。石挺荣认为，现代足球运动中直接传球运用愈发明显，快速地处理来球可以提高比赛的节奏。刘桦楠在《现代足球比赛由守转攻处理球技术的分析》中指出，现代比赛中运用一元短传技术进行简单安全的传球进而控制球权。在足球比赛中，时间和空间的把握与利用对比赛具有导向作用，足球比赛是对时间、空间的争夺，现代足球的攻守转换就是在时间上制造空间上的优势并加以利用来发动进攻。

(三) 足球运动中攻守对抗速度逐渐加快

足球运动是全球各国人们广泛喜爱的体育运动，为了使足球运动具有较强的观赏性，有必要适度提升足球比赛中的对抗次数和频率。通过频繁对抗和身体接触帮助自己球队争取更多的控球时间，也通过更多的主动进攻减少对方球员的进攻而形成被动防守，并且通过激烈的对抗最大限度压制对方的控球权，以便让自身球队在球场上拥有更多的主动权。随着近年来足球运动的快速发展，足球比赛的节奏也在逐步加快，比赛过程中拼抢和身体对抗程度也在逐步提升。因此，足球运动员在比赛中的灵活应变能力及快速奔跑能力，对于比赛的节奏都会起到十分重要的作用。在球场中参与足球比赛的运动员，不仅需要拥有较快的奔跑速度，还要拥有较强的技战术水平。具体来讲，足球运动员较快的奔跑速度能使足球比赛的激烈对抗程度与节奏程度快速提升，此外，足球运动员较好的耐力使其能在长达90分钟的足球比赛中持续奔跑，在临近比赛终结时不会由于体力不支，严重影响最终的比赛结果。国内知名学者刘丹在其提出的体能训练方法中明确指出，随着近年来足球事业的快速发展，足球运动为了努力提升观众对于观赏性等方面的要求，在足球比赛中各种对抗也在快速提升，并且比赛节奏和过去相比也明显加快，因此这对足球运动员也提出更高的要求。足球运动员只有努力提升自身的身体素质和柔韧性及其他方面的能力，才能逐渐提升个人综合能力，从而帮助我国足球整体水平逐步提升。

(四) 足球运动员的身体技能得到快速发展

足球运动员的身体技能，也就是常说的竞技能力，主要由技术、战术、身体素质、技能、心态、技能心理、智力七个方面共同构成，足球运动员只有全面发展上述七个方面的能力，才能使自身的足球事业拥有较长的发展时间。足球技术需要拥有较快的奔跑速度才能较好发挥，因此这对球员的身体素质要求越来越高。足球技术需要全面发展，这样才能快速应对各种突发情况，并且还要与精准性及实用性和柔韧性等身体素质较好结合。足球技术的发展过程是由单一技术到组合技术，简单动作到复杂动作，由缓慢地发展到快速地完成的伟大历程。足球技术未来的发展方向必将是越来越快速、简练、准确，并越来越个性化。

(五) 球星的作用和价值推动足球运动发展

由于足球运动的快速发展，很容易产生人们熟知的知名球员，也就是人们常说的"球星"。球星的存在对于足球运动的快速发展起到十分重要的作用，因此球队俱乐部都不惜花费重金引进高质量的优秀球员。比如在96/97赛事中，英超在引进球员方面花费的资金就多达1亿英镑，法国知名球星齐达内在2001年的转会费就高达6440万美元，切尔西足球俱乐部仅在2003年在购买优秀球员方面花费的金额就多达1亿英镑。通过以上的数据可以看出，俱乐部花费天价购买优秀球员，不仅是想提升球迷对球员的关注度，还希望球员在足球场中产生更大的价值，因此球员的商业价值逐渐受到各个俱乐部的广泛关注和重视。为了进一步提升球员的商业价值，1995年波斯曼法正式实施，球员在转会方面更加自由。据不完全统计，仅在1990—1996年间，英国就有1350名球员成功转会，仅在2001年巴西就向国外输送733名优秀足球运动员，这也创造了巴西对外输送优秀球员数量的历史之最。这一数字比前一年巴西对外输送球员数量的最高纪录还提升了4.51个百分点。随着近年来全球足球运动的快速发展，亚洲足球事业也取得较快的发展势头。截至目前，据不完全统计，日本足球运动员已经先后在21个国家和地区参与不同等级的职业足球联赛，加盟海外足球俱乐部的数量多达50支，加盟国际知名足球俱乐部的球员数量就多达54人。从改革开放开始，我国也逐渐提升对足球运动的重视程度，仅在1978—2003年，已有16名国内足球运动员成功转会到欧洲俱乐部，并且随着足球运动的快速发展，球队中外援球员的数量正在逐步提升。据不完全统计，德国职业足球俱乐部中外援的数量就高达52.5%，而英格兰足球俱乐部中外援球员的数量高达53.65%。通过以上数据能够看出，各国优秀球员加快融入优秀足球俱乐部，这对于优秀足球俱乐部的快速发展都起到了十分重要的推动作用。球员的相互配合和快速流动，能够逐步构建更为强大和理想的足球阵容。通过对意大利足协的分析和研究能够看出，意大利球员每三年成功转会的概率为75%~80%。与此同时，大量优秀球员涌入同一俱乐部，会对球队的比赛成绩造成一定的影响，因此，各个优秀足球俱乐部都在为了提升自身的经济效益而引入优秀球员，这也成为近年来全球足球运动快速发展的一大特点。足球是一项集体运动，虽然球星具有较高的知名度，但依然需要与球员相互配合，才能充分发挥其球队的特色，可见，以球星为主带领整个球队取得胜利的模式正在逐渐淡化。

(六) 体能是比赛最终取胜的关键

足球出现并发展至今，无数的教练员、运动员和科研工作者，对技术动作的研究已经较为完善。现代足球单项技术发展已经基本成型，区别在于运动员对技术的掌握和运用，要在运动比赛中取得胜利，取得优异的运动成绩，体能就成了极为突出的因素。可见，体能不单单是普通状态下耐力的体现，而是在一种高强度下的体能展现，作用于激烈的比赛当中。在国际足联的相关统计中，一名职业足球运动员的全场累计跑动距离平均为 10000 米，最少也在 6000 米，而更优秀的高达 12000 米，因此，拥有出色的体能是运动员在适当的情况下做出相应的技术动作的前提。

通过运动比赛的实践可以看出，比赛取胜的关键是体能，并不是单纯依靠技战术的优势，而那些技、战术高超最后却没能赢得比赛，往往是因为体能难以支撑，尤其在两只球队水平相近时，这一点表现得更为明显。因此体能作为比赛中的关键因素之一，教练员也把它当作训练中的一项核心内容。

足球运动中，技术与体能的训练既相互联系、相互促进，又相互矛盾。训练应科学分配，不可偏废。体能训练要从发展运动员技术出发；而技术训练要以体能训练为基础。足球体能训练要结合足球比赛中的情景，一切向比赛靠拢，要利用比赛来进行效果检验，因此，足球的体能训练应围绕足球技术训练和比赛来进行。由此可见，足球的运动特性决定了技术与体能两大方面的训练的重要性及不可分割性。

（七）足球体能训练与战术训练相结合

现代足球体能的训练设计越来越向比赛契合，符合为比赛服务的需求，教练员在比赛中的情境中将其截取出来进行训练，使训练目的更加明确，小范围内的 3v3、4v4 通过增加和减少人数来控制训练的强度，并结合变向、加速、摆脱防守等多种动作，有效结合运球，这种训练模式可以提高 8%的能量消耗，使运动员的心率达到最大心率的 90%以上。因此，不断地依靠科学化的训练，并借助高科技手段，可以达到有效提升运动员体能的目的。

现代足球正朝着全攻全守，进攻和防守转换比赛节奏越来越快的方向发展，需要运动员同时具备综合的技术水平，还要有更好的耐力水平。耐力水平会影响技战术的发挥，因此，要把耐力训练融入足球意识训练之中，因为没有有意识地跑动，就很难出现在有利的位置，跑动也是无意义的。耐力训练并不是指跑动的时间长就可以，而是在比赛中能够保持做出正确的足球行为，减少犯错。

（八）小场地训练模式的合理利用

根据江苏师范大学体育学院部义峰在《足球小场地训练：一种简洁有效的训

练模式》一文中，相对于大型场地，进行小型地面训练或比赛的运动员具有无与伦比的优势：①在小型场地中，运动员拥有更多触碰球的机会，有助于提高他们的技术应用能力，磨炼实战技术。②在小场地比赛中，运动员必须做出更加简单有效的决定，有助于提高他们的决策能力，增强比赛附加效果。③通过改变场地的大小，调整训练规则，可以更好地调动运动员的积极性，有效提高他们的体能水平。④较少的球队数量和较小的地面比赛，可以确保运动员获得更多的个人指导，让他们的技术得到快速地提升。⑤在小场地比赛中，运动员有更多的纯粹比赛时间，可以发现比赛中的不足之处，为制订训练计划提供依据。⑥通过小型场地，运动员可以更加意识到充分利用空间的重要性，通过更多的攻守转换，提高训练的质量。⑦在规定的狭小空间内，运动员将获得更多的得分机会，使比赛更加有趣。

(九) 合理采用小场地训练来提高足球意识

在设计的小场地训练中，主要是发展个人技巧、局部战术和整体战术，并将身体耐力素质融入其中，小场地具有11人制的相同功能，但所用空间得到了简化，指挥操纵更加便利。小场地足球比赛来源于巴西特有的5人制足球比赛，是许多巴西球员都经历过的训练模式。小场地需要更好地利用速度、技巧以及思维的快速转变，是大场地局部表现的一个缩影。往往最后的进球，都是通过处于局部球员的快速处理配合来完成的，他们把比赛中的情况截取出来，即采用合理的小场地训练来进行还原和模拟，将某一点的问题进行处理和还原，最终解决问题。小场地训练的效果也可以运用于大场地比赛中，是培养意识的最佳环境，小场地训练形式多种多样，有人数对等和不对等的分组，如1v1，2v2，3v3，4v4，3v2，4v2，5v5，5v3，6v6，6v5，6v4，7v7，8v8，9v9等；也有场地大小不一的设定，如1/8、1/6、1/4、1/2、2/3区域等。小场地训练是设计各种不同的场地场景和参与方式，让球员的各种能力，让他们满足足球比赛各种要求，提高他们对足球的理解和认识。

(十) 通过有意识的小场地训练形式来提高足球耐力水平

根据我国足球科学人员的数据可知，国外足球发达国家采取训练形式（即简化比赛要求）占总体训练的80%，但我国的训练形式是分解的，分项训练占70%~80%，比赛对抗形式的训练只有20%~30%。相对国外的训练，我国对抗性训练比例太小，训练内容多是脱离比赛单纯的技术锻炼和常规的长时间跑耐力训练，而比赛中的情况是多变的，一旦遇到激烈的比赛情况，不断变化的比赛场景，运动员不能对所面临的局面进行正确的判断，那么，比赛的效果和球员的能力均达不到预期。目前常用"多组、间歇、轮换的 1v1 盯抢、2v2、3v3、4v4、6v6 小场地攻防，使足球耐力都可以在小型比赛中得到训练"。

世界室内五人制足球专家张展维先生，他提供了足球耐力结合小场地比赛训练的几种方法及要点：1v1 功能：提升个人运球能力，个人突破能力及无氧耐力。2v2 功能：提升个人技术，二人的配合进攻及掩护防守能力，无氧耐力。4v4 功能：提升小组进攻及防守能力，有氧耐力，无氧耐力。6v6 功能：提升球队的整体进攻及防守能力、有氧耐力、无氧耐力。

（十一）现代足球要求球员全面发展

现代足球追求全攻全守的打法，同时也要求运动员一专多能，即前卫、后卫同时要拥有前锋传球、控球等出色的脚法。在 1990 年意大利世界杯上，卫线球员共攻入 58 球，占总进球的 50.4%。在整队处于防守状态时，前锋面临最前线的防守任务，但同时也要兼备各种抢、断、堵、铲的防守技术。现代足球技术发展的主要趋势大体有四个方面：①技术既全面又有特长。②技术与速度融为一体。③技术熟练且技巧性高。④技术表现了高度的合理性、准确性、力量性和实用性。

（十二）高强度下的节奏转换是现代足球比赛的观念

在比赛的队伍中，各队伍的技战术、体能都趋于平衡，在双方的攻守转换中，一般也不会出现大幅度的水平差距。运动员不能在比赛中放松，因为每一次进攻都有可能出现进球。足球比赛表现为对抗激烈、强度大、速度快，因此，优良的体能储备是后期决定比赛走向的关键，战术安排的原则是根据球员的能力安排阵型、确定职责。现代足球的战术是多维立体的，在高速的运动中能很好地去接应球，提高进攻时的速度及效率，是现代足球中进攻战术的重要体现。

之前，阿根廷和法国的思想是对中场的控制，在对足球的控制中获得时间来组织进攻，以此来获得进攻次数的最大值，从而创造更多的进球机会，提高进球的概率，这是一种"概率足球"的思想，它强调的是得到中场的控制权，而世界足坛战术发展趋势是防守反击的打法占据主流，强调进攻效率，效率逐渐代替概率，而且进球是机会的把握，球员在有限的控球时间内，利用进攻将球踢进，往往是在少部分人的参与下取得。林上湖《从边路战术析足球战术的发展趋势》一文中我们可以看到"参与攻防的球员越少，进球可能性越大"这一理论。在现代足球战术体系快速高强度的对抗中，提高对球的传控能力是进攻质量和进攻效率的保障，不断地进行攻防的转换，并形成机动、灵活、多变的比赛阵型，也是现代战术发展变化的体现。现代足球战术发展的主要趋势：①严密的快速整体的攻守战术兴起。②攻守转换战术倍受重视，且快速。③位置排列尚未消失，但阵型更加灵活。④二、三线队员进攻战术发展迅速。

四、体能科学化训练主要发展趋势

训练来自比赛，训练贴近比赛。现代运动训练呈现出：人们不再满足于仅按照师徒相传的经验进行训练，而是朝着新的理念、理论、思想、科学技术、仪器器材、方法和手段等更科学的方向去探索。那么，体能训练作为现代运动训练学的一部分，也经历着同样的发展变化。

（一）注重把握规律

规律来源于实践，而又反作用于实践，任何事物都具有自身的发展规律，是不以人们的意志为转移的。足球运动有其自身的运动规律，在实践中认识、发现和把握这些规律，才能提高我们的训练水平。因此，体能训练不能千篇一律，一定要根据竞技运动专项规律有序展开，合理地安排有氧训练，不一味追求乳酸能系统训练。足球是一项时间长、强度高的体育运动，需要运动员具有较好的有氧代谢能力。有研究表明，一场高水平的比赛结束后，运动员身体内的乳酸堆积 6~7mmol/L，并且不是慢慢就会分解，因为运动员在比赛中往往会有冲刺和爆发性动作，发生非常快速，且足球比赛中快速的爆发性的动作时间间隔不会太长，所以要采取间歇性训练，合理安排训练时间。

（二）注重系统性、全面性和针对性

实践表明，系统性训练是遵循事物发展规律的，能有效地提高运动训练效果。运用多种研究方法和手段，从不同角度对运动员的训练进行科学辅助支持和深入研究，是当前科学化训练的一个重要特征。所以，体能训练要根据运动项目和运动员的特点，结合技战术的要求展开，要有针对性。比如磷酸原系统供能重视速度和力量训练，只有良好的速度和力量才能在对抗中占据优势。足球运动员在速度素质的训练上应提高反应速度、位移速度及动作速度。反应速度是一切运动的开始，因此，在进行反应速度训练时要高度集中精神，进行位移速度及动作速度训练时，练习时间不宜偏长，控制在 3~7s 最为合适。

(三) 注重训练负荷量化与营养恢复

超量恢复原则是展开一切运动训练的基准，负荷的量化指标是其中重要的变量，量化的负荷强度刺激既能保证训练的整体质量，又具有科学性、针对性。国际体坛认为，训练、比赛成效的50%取决于恢复。所以，负荷强度的量化和运动后的营养恢复是运动训练全过程的重要环节，必须引起高度的重视。科学有效地补充营养元素和水，可以较好地影响运动员的体能训练效果及足球比赛中的竞技表现。因此职业运动员要在营养方面更加重视，做好能量的及时补充与营养恢复。

(四) 注重不同位置的体能个性化训练

不同位置球员年龄、身高、体重结构呈现出位置特征，这种位置分布特征与球员的位置职责息息相关，所以每个位置都要进行有针对性的训练，比如中锋作为进攻的桥头堡，要求个子高大，在前场起到进攻支点的作用；前锋速度不能太慢，对抗能力要强；后卫身材不能太矮，选位意识要好，对抗能力要强，转身要快，头球路线要判断准确；边后卫要偏向速度耐力、灵敏、柔韧、力量素质方面；门将要身材高大，弹跳好，反应神速，对高空球判断准确，敢于出击等。因此，训练向比赛靠拢，使不同位置球员进行相应个性化发展，才能更好地用于比赛中。

五、国内外体能训练发展对比

随着近年来体育事业的快速发展，各项体育赛事逐步朝着更加精彩和刺激的方向快速发展。体育运动员的训练强度和训练负荷也在快速提升，尤其近年来以奥运为主的体育赛事，逐渐朝着全面性和技战术相统一的数字化训练模式靠拢，较强的体能训练以及严苛的评比方法，促使运动员持续转型和训练强度升级，以便能在比赛中取得优异的成绩。

美国能够成为全球第一体育强国，这与美国国内注重体育赛事和体育训练的创新方法具有很大关系，由于美国在体育训练中采用较为先进的训练方法，使美国运动员一直能够保持全球领先的比赛成绩。通过对美国体能训练的分析和研究能够看出，美国政府自从"二战"之后就逐渐加大对运动员体能训练的重视程度。美国总统艾森豪威尔于1956年在体育专家的建议下，成立了"美国青少年体育训练委员会"，旨在通过委员会的努力帮助，全面提升全国青少年的身体素质和体能训练水平。之后，肯尼迪和约翰逊等多位总统先后将"美国青少年体育训练委员会"更名为"体能训练总统委员会"和"体能与竞技训练总统委员会",后来布什总统还将 2006 年 5 月作为"美国国家体能竞技月",他希望全体国民积极参与到体能与身体素质训练等相关活动中来,通过参与体育锻炼,快速提升每个人的身体素质,缓解由于较强工作压力引发的各种紧张情绪。

成立于 1978 年的"美国体能协会(NSCA)"是全球首个国家级体能协会,在体能协会的帮助下,美国先后创建并发展出较为完善的"体能教练培养体系"。截至目前,美国体能协会已在全球 80 多个国家和地区培养出将近 4 万名体能教练,仅在美国本土就拥有超过 29000 名教练。不同体能教练分布在各个中小学校、大学和职业俱乐部,职业俱乐部十分注重体能教练,希望在体能教练的帮助下,快速提升俱乐部运动员的身体素质和相关体育技能。

在美国的带动和倡导下,澳大利亚、英国、加拿大及日本等国家先后成立本国的体能协会,并逐步建立较为完善的体能教练培养体系,通过此体系,帮助足球和网球及高尔夫球等相关体育运动的运动员的身体素质和体能训练得到快速发展,并帮助他们多次在奥运会等重要国际赛事中获得优异的比赛成绩。

通过以上阐述能够看出,随着近年来体育赛事的快速发展,体能训练已经逐步成为帮助运动员快速提升身体素质及运动技能的重要环节,并且在体能教练的帮助下,运动员的体育竞技水平得到了显著提升。但国内体能训练在快速发展过程中依然存在着许多不足。由于我国社会经济发展时间相对较短,国内体能训练仍处于较为传统的训练阶段,与国际较为通用的体能训练之间存在较大的差距。因此,国内运动员在进行体能训练时,相关的训练方法较为保守和落后,缺乏有效的创新,加之体能教练的数量十分稀少,而且针对体能教练的培训体系十分薄弱,这就很难较好满足我国体育运动快速发展的需求。

(一)国家相关部门对体能训练的战略意义和价值认识不足

随着近年来全球体育赛事的快速发展,每个从事体育训练的运动员都以获取金牌为最高的荣誉和奋斗目标,因此每届奥运会我国体育健儿都能荣获多项奥运金牌,尽管我国的体育健儿在技能类体育赛事和个体类体育赛事中能够发挥较多优势,但在团体类的体育赛事中却很少获得荣誉,这与我国长期缺乏对体能训练的重视,并且与体能训练的方法较为传统和保守有关。为此,要想改变我国团体赛事一直被动和不利的局面,需要努力提升对体能训练的重视程度。

(二)体能教练培养制度未统一和完善

我国虽然是体育强国,但在体能教练的人才培养方面依然没有较为统一和完善的政策制度，而且针对体能教练的相关激励计划也较为缺乏。国家专业训练团队也是在近两年才逐渐提升对体能训练的重视程度，聘请国外的体能教练帮助我国体育健儿通过科学规范的体能训练快速提升身体素质和比赛技能。由于我国缺乏较为规范和完善的体能教练培训机制，在体能教练培养方面，经常出现人才大幅流失或者待遇较低等诸多严重问题。为此，国家级体育项目在赛事准备时，只能通过聘请国外的体能教练帮助我国解决体能教练严重缺乏等相关问题，而且国外的体能教练对于国内运动员的身体素质及体能训练方法也存在一个长期磨合的过程。

（三）体能教练的培养机制不健全

西方欧美等国经过长期发展，已经逐渐形成较为完善的体能教练培训和认证体系，并且西方各国培养出来的体能教练都具有较高的认可度，能够快速帮助运动员提升运动技能。虽然美国、澳大利亚和德国等体能教练培训机构逐渐在我国开展体能教练的相关培训认证，但由于每个国家培养体能教练的方法和课程各不相同，培训质量很难得到较高的保障。因此，当务之急是快速建立符合我国国情的体能教练培训认证体系，才能真正从源头解决我国体能教练严重不足的困境。

（四）我国尚未制订针对奥运比赛项目相关规则的体能训练方法

体能训练是一项长期和系统的工作，运动员需要通过较长时间的训练，才能逐渐发挥体能训练的效果。因此，只有尽快建立针对奥运比赛项目的具体体能训练方法，才能帮助国内体育健儿有针对性地开展相关的体能训练，使运动员通过体能训练尽快符合不同赛事的比赛规则，从而帮助我国获取更多的奥运金牌。

（五）体能训练发展速度十分缓慢

随着近年来社会经济的快速发展，信息技术也取得较为明显的成绩，最为明显的特点就是任何一个行业都在逐渐提升与其他相关行业的融合发展速度。针对体能训练而言，它在快速发展过程中也逐渐加强与神经生物学、功能解剖学、生物力学和运动医学等不同学科的深入融合发展，通过各个学科的综合快速发展，有效推动体能训练的科学快速发展，并且随着近年来人们对体育赛事的重视程度快速提升，体能训练已经逐渐成为支撑体育教学和体育科学及健康教育的重要综合性学科。

因此，现代意义的体能训练更加注重对运动员综合功能的测试与评价，通过对运动员的神经中枢的控制，深入了解运动员在运动时的不足和缺陷，通过对运动员运动时的大数据分析和研究，有针对性地帮助运动员快速改进自身在运动中的不足和缺陷，从而提升比赛成绩。随着体能训练的快速发展，体能训练已经逐步细分为体能训练师、物理治疗师、运动防护师、营养师、按摩师等不同行业，通过多个行业的细分，全面帮助运动员提升身体素质和技战术水平。

然而，我国的体能训练依然处于较为初级和传统的起步阶段，并且国家对体能训练的重视程度有所不足，因此，国内的体能训练理论和具体方法都较为传统和滞后，很难帮助运动员尽快改进自身在运动中存在的不足和缺陷，这也是影响我国体育运动快速发展的重要原因。

第四章 足球体能理论平台的构建

第一节 足球体能相关理论体系

一、足球体能理论前期研究

"体能"从字面角度来说，指的是足球运动员身体所能具备的最大限度的运动能力，也可称之为运动员所能表现出的竞技能力上限。在竞技类比赛中，尤其是足球比赛中体能是至关重要的。在足球竞技活动中，足球运动员身体对抗和团队协同是赛事活动的运动能力水平的表现方式，主要涉及球员自身的运动素质、身体形态及身体机能等方面。

运动素质是体能最主要的体现方式，而身体机能则是体能训练的基础，身体形态是二者相结合的外在表现。对于运动员而言，拥有一个较为良好的身体机能，才能在此基础上进行更加严格的技术训练，这是一种明显的正向关系。如果体能可以得到良好的提升，那么相应的技术水平也会有一定的提升。在体能训练的过程中，要随时注意自身的身体能力且保持积极的训练心态，这是保障运动员体能水平和技术水平的重要基础。刘丹将足球训练项目中体能相关素质的表现概括为：第一，足球训练项目的体能相关素质指足球运动员在比赛活动与运动训练中所体现出的为适应足球赛事所需的长时间的耐力和持续高强度间歇活动的表现能力；第二，足球训练项目的体能相关素质指为了满足足球运动活动需要及项目特点要求运动员自身的身体形态、生理机能、运动素质、心理能力等的表现能力[24]。

如今，随着我国足球运动队伍整体水平的不断进步与提高，其训练方式也开始逐渐变得多元化和多样化，这些改变都代表了我国运动训练水平的积极发展态势，也是我国运动员运动素质提升的重要体现[50]。足球运动员作为整个队伍的核心部分，自身的训练目标、计划内容和评判标准也成为衡量他们在训练后是否获得较好训练效果的准则和标准，当前我国在传统体能训练基础上忽略了关于运动员自身动作模式的训练而只注重运动强度和负荷的提高与发展，为了提高足球运动员四肢或者身体局部运动素质，忽视了运动过程中把运动员看作是一个整体的运动对象，也忽视了运动员躯干稳定力量及整体力量传递效率的基本情况。因此，在给足球运动员制订的训练计划和内容中，运动员在训练过程中不能只是单纯地追求更高的训练强度，而忽视训练的动作模式、动作技术及身体对于力量的传递效率和自身力量有效的控制程度，这样会导致自身综合体能水平的发展受到限制，在日常训练的过程中身体也会出现一定的问题。因此，在针对我国足球运动员训练过程中出现的问题上，体能教练应给予更高的重视，要根据具体训练的问题考虑该如何改善纠正运动员的体态动作及怎样提高运动员动作表现时的力量传递效率。

事实上，在提升运动竞技能力的过程中，动作模式的纠正及强化训练不仅可以在运动员日常的体能训练中加入，并且也可以在日常的技战术训练过程中加入，良好的体能训练是运动员在激烈比赛中发挥出良好技战术的基础。当前，我国足球运动正在向高强度、快节奏的方向发展，在此基础上，对于足球运动员自身的体能也提出了更加严格的要求。但是对于许多水平较高的运动员来说，提升自身竞技能力的空间相对较小，所以体能训练对于他们运动水平的提升难度会加大，而在训练手段和方法的选择上也会有更多的局限性。因此，对于足球运动员的体能训练而言，其训练内容中如何提高自身的运动效率和整体技术水平是非常重要的，运动员要依据足球运动在赛事中的运动特点的需要来平衡全面的训练原则，使体能有效发展，将各类运动素质训练的因素相互协调组合在一起，而在协调因素构成的结构体系中，各个专项训练的组成部分要有相关动作模式训练的环节，以帮助运动员在训练过程中能够获得更为有效的训练效益。

足球体能训练涉及多个学科，包括运动训练学、运动生理学、运动生物化学、运动生物力学、运动心理学和运动解剖学等多门学科的知识。因此，如何选择合理的训练手段有效地提高足球运动员的运动水平，对于竞技能力的提升有着关键性的作用。虽然我国的足球运动员技术和体能水平已经得到了相当程度的发展，但是要达到当前世界足球强国的一流水准，还需要不懈地努力，而这些不仅仅依靠在竞技对抗中获得充足的经验经历，还需要在完整的训练计划中去体现，需要运动员去改掉自身出现的一些问题与不足。

二、功能性足球体能理论

西方先进国家不断更新相关体育运动的基础学科研究，例如，解剖学、生理学及生物力学等，通过相关运动训练方式的测试和评价，他们将起源于康复领域的功能性训练（Functional training）逐渐融入于当代的体能训练理论体系之中，为了明显区分开康复领域中的功能性训练，竞技体育中功能性训练的工作方式是依据固有的人体结构所需要完成的动作任务而设计的，它需要肌肉以一种符合自然的方式去工作，它对常有的训练方法、内容和人群进行了更新和完善，使之所发展出来的训练更贴近人日常活动中的动作。通过此体系中的新方法针对人体在各类的运动项目过程中所出现的薄弱环节可以进行合理分析并及时制订有效的训练计划。

功能性训练的特征在于使人体在运动过程中发挥出稳定的控制能力并且针对运动员身体部位的薄弱问题进行强化完善，它是基于身体运动作为功能性质的运动能力，以灵活多样的方式去克服自身体重，进行符合生物学特征的多平面、多维度的持续性身体练习。

足球体能中功能性训练部位包括训练运动员上肢、下肢和躯干，其最终目的是提升整体的速度、力量和爆发力。而速度、力量和爆发力与体能水平之间又存在着密不可分的联系，这些是足球运动员训练的基础，是提高运动表现的关键所在，也是机体在体育活动中为完成某项运动技能的综合体现。所以，功能性训练项目应用于足球体能训练当中，可以明显减少运动损伤的发生率，并且可以有效地提高运动员的运动表现能力。人体所发生的身体活动多形成了闭链运动（CKC），这对关节和肌肉组织的训练有更加积极的效果。一般功能性训练里面的活动，都是在一种自身身体运动的模式下以四肢的远端为固定点，以近端为运动点，产生肌肉收缩运动，功能性训练可以有效地提高足球运动员身体体能水平。

在足球项目中，足球运动员的体能表现出明显的位置特征，它具体由位置形态、位置机能和位置素质三个要素构成，并在竞技活动中加以体现。通过对足球比赛的分析及足球体能训练对运动员运动素质的影响因素，我们可以看出不同位置运动员体能训练的发展方向。例如，守门员体能训练的重点为反应速度、起动速度、爆发力、无氧耐力、灵敏协调和柔韧素质；后卫体能训练的重点为爆发力、绝对速度、无氧耐力；前卫体能训练的重点为加速跑速度、力量耐力、有氧耐力；前锋体能训练的重点为起动速度、爆发力、无氧耐力等素质[51]。李颖川主要依据体能训练结构的要素及人体训练中的机能系统的相关方面对球类运动员如何进行体能训练进行了详尽地阐述，并说明了在球类运动中运动员的体能水平主要是依靠团体之间的体能表现能力，因此，球类运动员的体能训练都应围绕球类项目体能结构特征制订相应的训练方案[52]。

功能性训练在不同的训练环节和训练目标中可以有效改善运动员完成技术动作的模式，从而提升体能素质水平。通过功能性训练，足球运动员的体能水平提高，主要表现在动作准备环节、核心躯干力量环节、能量代谢训练环节、超等长训练环节、自重情况下不同形式的力量训练环节等。因此，足球运动员是否能够快速、准确和协调地掌握足球技战术和训练手段，是否能够将已有的身体体能发展到最大程度，以及是否能够将更为高效的动作技术运用到比赛和训练实践中去，这对功能性足球体能训练计划的科学设计、对改善和提高球员体能水平的发展提出了更高的要求。

三、动作模式足球体能理论

动作模式理念是由美国权威体能专家迈克·博伊尔（Mike Boyle）提出的，以灵活性和稳定性为最基础的能力。体能训练时首先要进行灵活性和稳定性的训练，然后过渡到专项素质的训练[53]（图4-1）。

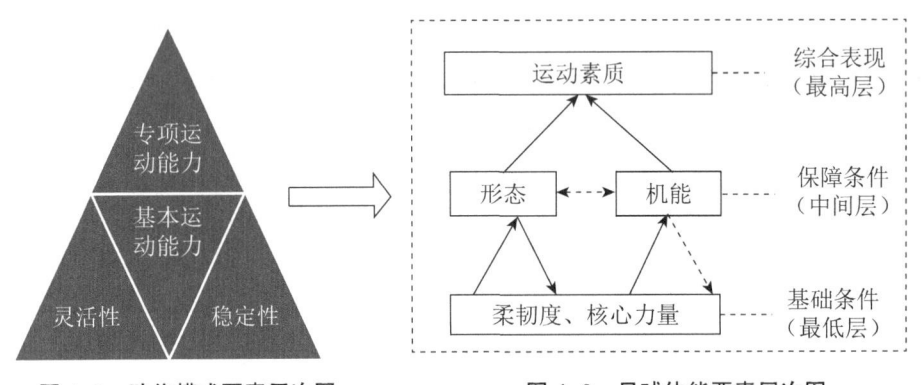

图 4-1 动作模式要素层次图　　图 4-2 足球体能要素层次图

在足球体能结构要素中，柔韧素质和核心力量构成了足球运动员的根基，运动素质是最高层表现，形态和机能是体能的保障条件（图4-2）。这与本研究足球体能结构要素的构建是吻合的。《足球运动员身体素质训练》主要从力量、速度、柔韧、灵敏性和协调性训练，有氧耐力训练和无氧耐力训练等方面详细说明了足球运动员的体能训练[50]。《现代足球》主要从力量、速度、耐力、灵敏和柔韧等五个方面介绍足球运动员身体体能训练的相关基本原理和方法[54]。《球类运动员体能水平的构成因素及训练的基本理论与原则》一文中将足球体能训练分为有氧活动训练、无氧活动训练及特定肌肉活动训练三个方面[52]。

四、足球体能训练理论

近年来，我国足球体育运动行业快速发展，对运动员的要求也在不断提升。

随着足球比赛的关注度不断提升，我国足球运动员必须尽可能地提升自身的身体素质水平，这样才能在比赛中取得更加良好的成绩。经过探讨研究发现，训练活动主要是通过无氧训练和有氧训练去积极发展运动员的力量素质、耐力素质、速度素质、柔韧素质和灵敏素质，最终来提升运动员的体能[25]。

《现代足球运动高级教程》也是将足球体能训练分为有氧训练、无氧训练及特定肌肉训练三个方面，但是在这三个训练方面更加细化[55]。足球体能训练是足球体育项目中的重要组成部分，它与足球竞技项目联系十分密切，根据具体的特点和要求并通过合理训练负荷来完善足球运动员的身体形态，强化运动员各个身体器官系统的有效机能状态，进而提高足球运动员运动表现能力，促进足球竞技能力发展。同时，体能也是足球技战术训练发展的基础，它对足球运动员提高技战术能力，完成各种负荷强度的训练和比赛，具有非常重要的实践意义。

在足球运动员的日常训练过程中，可以根据实际的训练情况，从运动员已有的基础上对其自身的体能进行优化和锻炼，从而收获全面发展体能训练水平的效果。另外，根据体能训练和竞技比赛之间的联系，足球体能训练有一定的周期性，科学训练周期的制订可以起到较好的训练效果，所以，运动员必须在有限的训练周期内，持续进行某项针对性的体能训练计划。例如，在进行训练的过程中，训练方法可以简单的分为持续训练、重复训练和间歇训练，各种方法有其独特的科学性。如采用重复训练的方式来进行体能训练，可以使某项运动素质得以发展和巩固。在一定的实践训练周期内，足球运动员要尽可能地维持训练的负荷量和负荷强度，并且根据其自身情况来进行两者之间的比例分配来调节负荷密度，根据不同的情况和实际需求来调整训练强度和时间周期，保障训练的实效性，在提升运动员自身的体能上限的同时，加强其战术和技能水平，最终达到预期的训练目标。

体能是运动员的基本运动能力，是人体形态结构、机体能力、运动素质三大部分有机协调组合和相互作用形成的综合表现，足球运动员体能训练可以从如下六个方面来进行。

（一）身体形态训练

身体形态训练是通过对足球运动员不同位置特征而划分出的训练方式，制订训练计划时主要考虑运动员身体的高度、围度、充实度这几项指标，通过重点分析不同位置足球运动员这几项指标的特征和差异，设计出有关身体形态训练的计划内容，可见在一定的程度上，足球运动员不同位置特征与自身运动表现的发挥有着密不可分的关系。在当前足球运动竞技项目及其他各类体育运动当中，不同种类的训练活动项目内容都可以直接或者间接地影响到一名运动员身体形态的变化，也就是说运动员的身体形态是依据自身所从事的训练活动项目而不断变化的，而且运动员自身的日常饮食及生活习惯也会对其身体形态产生积极或者消极的影响；还有就是在平常进行训练和比赛任务活动时，自身的发力习惯或惯用身体一侧某一肢体部位也会逐渐影响到身体的发展变化，这些都属于运动后天训练对身体形态的影响。

(二) 身体机能训练

身体机能训练是指通过不断加强外界的训练强度使身体受到更多的训练负荷的刺激，进而对不同类型的训练强度产生适应性的活动，它可以在很大程度上提高人体内部生理等方面的耐受值范围，使人的整体及其组成的各器官、系统的生命活动得以体现。身体机能训练可以帮助足球运动员体能水平进行合理有效的发展，是足球运动日常训练的重要组成部分。良好的机能能力可以维持足球运动员在比赛中保持长时间的走、跑、制动及反复进行短距离冲刺，在长时间比赛中完成不同技战术动作。由于在足球比赛的过程中运动员要进行多次的加速、变向、急停、变速，还要完成接运传等各项技术动作，如果没有良好的身体机能做基础，一切技战术的发挥都不能完全地展现出来。从运动生理学的角度来看，最大摄氧量、无氧功和乳酸阈均是反映足球运动员机能能力的重要指标，这些指标也都是有氧能力的评定指标，有些专家提出与最大摄氧量相比乳酸阈更适合评定足球运动员的有氧能力。发展足球运动员的心肺功能中的最大摄氧量，不仅可以有效增强身体机能中的三大能量代谢功能的表现，还可以提高运动员整体的运动表现能力。

(三) 运动素质训练

在足球比赛及训练中，运动员运动素质的表现可以有效提高其技战术水平，使运动员之间更为有效地完成战术配合。运动素质训练内容主要包括力量、速度、耐力、灵敏和柔韧五个方面，这是依据足球活动项目的特点来划分的。

力量素质是一切运动能力的基础，它可以形容人体的产力能力，从生理学角度阐述，力量是肌肉收缩时以对抗外界阻力的能力。力量有着不同的表现形式，比如最大力量、快速力量和力量耐力。最大力量是人体对外的最大产力能力，或者说肌肉收缩所能对抗的最大阻力。不同动作下人体的最大力量表现是不一样的。与此同时，最大力量还可以分化为两个概念：绝对力量、相对力量。快速力量是肌肉快速完成抗组的能力，它包括起动力量，爆发力，反应力量。在力量素质中最大力量强调产力大小，快速力量强调产力快慢，而力量耐力则是人体产力能力的另一种表现，它趋向于产力的持续时间，或者说持续产力的能力。因此，在进行力量素质训练的过程中，要注重足球运动员的训练内容兼顾最大力量、快速力量和力量耐力。

速度素质是人体快速移动的能力。同样，它存在着不同的表现形式，包括反应速度、动作速度和位移速度。足球项目是一种速度对抗性项目，尤其比赛竞争日益激烈，快速、有效的进攻成为当今足坛主流发展趋势，速度特征也体现更加明显。在进行速度素质训练过程中，要注重足球运动员的反应速度、动作速度和位移速度，以及在位移速度中的起动速度、最大速度和速度耐力，要把不同的跑动训练作为速度素质训练环节中的基本动作模式。由于动作速度和位移速度对足球运动员非常重要，采用不同距离的跑动可以用来评价足球运动员的位移速度特征。动作速度的评价需要从完成动作的频率入手。速度素质在足球运动员的身体素质中占有特殊重要地位，良好的速度是比赛中取得成绩和空间优势的重要因素，往往能体现出个人和整队进攻的威胁性和防守的可靠程度。

耐力素质是指人体保持长时间运动的能力，或叫作抗疲劳和疲劳后迅速消除的能力，耐力训练是足球运动员训练计划中非常重要的环节之一，是确保运动员能否顺利完成训练和比赛的前提，并与其他方面的素质有着紧密联系，是一个多因素的能力。影响耐力素质因素，除先天的身体组织结构，还有运动员的个性心理特征、有机体活动时能量获得和交换的能力、有机体机能的稳定性、有机体的机能节省化、协调的完善和力量合理地分配[34]。因此，对足球运动员的耐力素质的训练要通过有氧及无氧等训练活动不断发展，使之自身机体的有氧及无氧的耐受能力的需求增加，这对发展心血管系统和呼吸系统都起到了更好的促进作用。

柔韧素质是指人体关节、软组织活动幅度大小的能力，也可以简单地理解为关节活动度。对于足球运动员的柔韧素质训练，可以在一定程度上防止运动员在运动过程中运动损伤的发生，科学有效的柔韧训练可以在一定程度上降低损伤率。因此，在日常的柔韧素质训练过程中，要让运动员明确被动关节活动度是主动关节活动度的基础，要合理区分关节灵活性和稳定性的概念，还要不断提高他们自身不同部位肌群之间的主动肌和拮抗肌的力量。

灵敏素质在运动生理学上来看是人体在收到外界信号的刺激而做出快速反应的能力，而在运动训练学上来看是在静止或者运动状态时身体所要完成的变换身体空间位置及运动方向的能力表现。由于灵敏素质训练在对足球运动员身体加速、减速和稳定性练习等方面都能起到积极的作用，通过不断强化灵敏素质可以提升足球运动员在训练中持续遇到的不稳定状态的身体控制能力。因此，灵敏素质训练是足球运动员训练计划中所必须具备的重要专项训练。

（四）专项技能训练

足球比赛中专项技能训练主要指完成技术动作的能力和对抗状态下完成技术动作的能力，主要由有球动作技能和无球动作技能组成。在一定范围内，任何一种构成要素明显降低或提高都会对此技能的表现产生消极或者积极的影响。专项技能训练是体能训练中不可缺少的一部分，在具体比赛中具有非常重要的作用。专项技能一般包括球性训练、运球训练、定位球训练、头球训练、运动中各种射门技能训练等。足球运动专项技能训练有助于足球运动员在比赛与实战当中有效掌握和完成技术动作，但是由于在足球运动中包含了许多有球及无球时的运动技术，根据其专项特点以及比赛特征，运动员需要在比赛中频繁做出无球和有球技术动作的交替来完成技战术等动作。因此，足球比赛与实战技能特点之间存在一定的促进或者制约效应，这需要根据当时在赛场上的技战术的需求从整体上进行合理调整。

（五）心理素质培养

体能训练中心理素质培养可以培养运动员在进行足球运动时个人或者团队的抗压能力，在某一程度上，它能够提高运动员对于当前球场上出现突发事件的观察、判断、决策和行动的效率。足球是团队比赛项目且运动时间较长，运动员要在遵循比赛规则的前提下完成事先计划好的战略战术，并且充分发挥出团队精神。在足球比赛中，赛场上情况变幻莫测，运动员在应对情况时要根据技战术的要求，迅速地做出急停、躲闪、变向等身体位置变换来完成有球或者无球的摆脱、进攻和防守。由于在足球比赛过程中情况较为复杂，队员位置和攻防位置的变换会使队员的心理适应能力降低，这就要求运动员提高自身的心理适应能力，来应对突如其来的赛事变化。所以，在日常的体能训练中，结合有球的技战术训练，组织进行有时间限制或者有进攻次数限制的 1v1 对抗及 2v2 加两个自由人的对抗赛事，能够有效提高足球运动员的心理素质。当前的足球比赛人与人和队伍与队伍之间竞争激烈，要求足球运动员不仅要有较好的综合体能素质，还要拥有良好的心理素质，这样才能在赛场上更好地发挥出他们已有的竞技状态。

（六）动作模式训练

动作模式是指人体各部位的肌肉关节在执行动作时处于正确的位置上，保证自身的身体形态及力的产生和传导都按照人体运动规律进行，且符合人体运动的力学特性，最终使力量的产生和传导更为高效、合理。由于人体运动中的动作具有一定的复杂性，特别是进行全身性运动时，身体各个肌肉关节都会随着自身的运动而发生相应的动作变化。因此，为了更好地观察和评价动作，将人体在活动时的发力顺序称为动力链，它可以对人体的动作进行有效评估并分析其在整个动力链中不足环节。动作模式训练的关键在于保证动力链的各个参与关节都在正确的位置上，在实际应用中，以动力链上的主要关节为检查点。检查的目的是为了找到位置和形态不正确的关节，从而识别代偿模式，明确过度紧张和松弛的肌肉。检查结束也是调整的开始，对过度紧张的肌肉进行放松拉伸训练，对过度松弛的肌肉进行激活训练，从而使肌肉之间形成动态平衡，保证动力链的高效和完整以建立正确的动作模式。

五、训练方法

当前的足球体能训练中，训练方法可以变化多样，以满足训练原则或要求，其中包括自主力量训练、身体功能训练、悬吊训练、抗阻训练、振动训练和核心力量训练。

自主力量训练指的是依靠自身体重为负荷，为达到某种训练任务和要求所进行一系列合理动作的训练，它使自身拥有身体运动能力，以自重训练方式表现出来，因为它更强调复合动作，运动的肌肉比较多，需要多个肌肉群系统共同作用。

悬吊训练可以针对任何人群、针对任何运动表现目标做训练。将身体看成一个整体，用悬吊绳的方式改变身体的重心，强迫身体在动作过程中激活深层肌肉群，其原理能增加全身肌群的平衡、协调与稳定，此方法对于强化肌力、核心肌群有极佳效果。

抗阻训练的锻炼原理也很简单，它通过对抗运动器械阻力的方式来提升力量训练。从训练目的来看，抗阻主要是针对肌肉力量，增加肌肉的爆发力，通过改变训练组数、次数、休息间隔的方式来提升运动效果。从训练标准来看，自身所做的动作质量也要符合运动的正确标准。

振动训练是一种新兴的非传统的训练方法，它必须借助专用的振动训练设备——振动训练器。振动训练器可以产生稳定的振动谐波，通过三维平面振动，在机体所有的功能平面上产生三维刺激：矢状面（前和后）、冠状面（上和下）、水平面（左和右），并提供精准谐波振动，25~50Hz 范围内的振动频率限制可以避免人体的内脏器官产生共振。

核心力量训练是一种力量训练的形式，通过一定的训练对人体的核心肌肉群进行有效的锻炼，强化其中的深层肌肉以提高内在活动水平。在一定情况下，核心力量训练可以帮助运动员或者受试人群在自身体重之内有效地发挥肌肉力量，这对日常生活中的身体姿势、运动技能和专项技术动作的提升起稳定和支持作用。

足球体能训练中还包括了许多实效性、经济性较高的训练方法，具体如下。

金字塔：开始负荷强度较低，逐渐增大；重复次数逐渐减少，最后增加到最高负荷强度。起始时像塔基，最后类似塔尖。

循环训练：根据训练的具体任务，将练习手段设置为若干个练习站，运动员按照既定的顺序和路线，依次完成每站的练习任务。

组合组：在力量训练中将原本较多的组数分为若干个组进行训练。

超级组：对同一目标肌群采用多个不同动作的训练。

复合训练：先进行最大力量训练再进行超等长训练。

聚组训练：在一组练习内重复次数不同的聚合方式。

超负荷手段：采用超出 1RM 的强度进行训练的方法。

变阻训练：负荷随着完成动作角度的变化而变化的训练。最常见的变阻训练是使用链条或阻力带的非全幅度训练，即在某一或多个肌群的抗阻训练中采用一定幅度的抗阻。

预先疲劳：对目标肌群先进行单关节练习使其产生疲劳，再进行多关节练习。

同期训练：指力量素质和耐力素质的任务被安排在相同训练时期的一种训练方法。

第二节　足球体能测评内容及分类

足球体能是运动员机体运动表现出来的力量、速度、耐力、协调、柔韧等人体基本的运动能力，是运动员竞技能力的重要构成因素。体能水平的高低与足球训练和比赛等有着密切的关系。依据体能在足球训练中的表现和作用，可将体能分为健康体能和竞技体能两个层次。健康体能是指合理发展足球运动员自身必需的器官系统的机能能力。竞技体能是在健康体能的基础上，进一步发展竞技比赛所需的身体机能能力。足球体能教练通过不同的训练方法和手段来发展足球运动员的竞技体能，以此来制订相应的训练计划。

足球体能内容主要从形态学、运动素质和机能这三个方面进行研究，体能测评的内容及分类亦是如此。体能测试指标是测评的核心环节,指标的代表性和有效性决定测评数据的可靠性和实用性,筛选和确定指标是测评的首要任务,也是整个测评成果的重要影响因素。

一、体质测评的相关内容及分类研究

欧洲青少年体质测试工作,经过多年的研究形成一整套实用的青少年体质测量指标体系,主要有20米耐力往返跑、单脚平衡测试、坐立体前屈、立定跳远、握力、仰卧起坐、10米跑、20米跑,涉及耐力、柔韧、力量、速度和灵敏等多项内容。Cooper研究所于1982年研究并推出青少年的体质测试体系,1994年被AAHPERD在全球范围内推广,该体质测试曾被认为是最佳的测试体系,被很多国家接受并运用,其测试指标体系主要有20米的加速往返跑、体脂百分比、BMI、仰卧起坐、俯卧撑、坐立体前屈、肱四头肌测试等,体质测试系统主要包括体成分、力量、速度、耐力、柔韧方面的内容。美国体能协会(NSCA)于1988年制订并提出了《最佳健康计划》,其主要指标有体成分、坐立体前屈、引体向上、仰卧起坐、10分钟跑,从形态、柔韧、力量、耐力方面对国民体质进行测评。日本是拥有对青少年体质调研资料最全的国家,他们把体质称为体力,自1898年以来已经积累了100多年的体质测评经验。目前,日本的体质测试指标体系主要有:体成分、胸围、腰围、立定跳远、俯卧撑、仰卧起坐、坐立体前屈、大腿前侧柔韧度、20米往返跑、30米跑,测试涉及形态、力量、速度、耐力、柔韧和灵敏等内容。为贯彻落实"健康第一"的指导思想,我国切实加强了学校体育工作,制定了学生体质健康标准,对青少年学生也进行了体质测量和评价。测试指标体系包括BMI、肺活量、50米跑、坐立体前屈、1分钟跳绳、1分钟仰卧起坐、立定跳远、1000米跑,涉及体成分、速度、柔韧、灵敏、耐力等内容。

有关青少年的体质测试,主要涉及体成分、肺活量、力量、速度、耐力、柔韧和灵敏方面,对青少年进行测量和评价也主要从形态、机能和运动素质几个方面下手。对U17男子足球运动员进行体能评价时,在借鉴国内外青少年体质测试的基础上,我们只有结合足球专项和青少年的身心发展特点,才能设计出具有针对性、专项化、科学化和可操作化的体能评价指标体系。

二、形态学测评的相关内容及分类研究

运动训练学将身体形态定义为人体外部和内部的形状特征。有关足球运动员

身体形态的研究主要集中在体成分、身高、体重、胸围方面。不同位置的球员形态指标均存在显著性差异，因此，形态学对于足球运动员影响是非常重要的。

拉文（Raven）[56]等人对足球运动员的体重进行相关研究发现，球队中后卫的体重最高，前锋的体重最小；此外，他还对多伦多俱乐部职业运动的体成分进行了研究，得出运动员的平均体脂率为9.6%；德罗斯（De Rose）[57]研究表明，巴西足球运动员的体脂率的平均值为10.7%，而巴西国家队的足球运动员的平均体脂率都低于10%。威尔莫（Wilmore）[58]对美洲足球运动员形态进行研究，提出不同位置的运动员的体成分有所区别，其中前锋和后卫的平均体脂率较低，约为8.3%；不同位置的体脂率是不同的，基本情况是守门员大于中场，中场大于后卫，后卫大于前锋。

安特邦（Antbony C）[59]对欧洲足球运动员的胸围和腰围做了相关研究，他通过对意甲运动员的胸围和腰围测量分析发现，意甲足球运动员的平均胸围为86cm，平均腰围为74cm。不同位置的足球运动员呈现出不同的围度特点，其中围度最大的是后卫，最小的是前锋。王景波[47]认为我国足球运动员的躯干围度处于中等水平，与欧洲运动员比起来差异显著。西伊（Siei.j）[60]研究认为足球运动员的上半身围度对运动员在高强对抗中的优势有影响，围度大的运动员身体骨骼和肌肉比较结实，在足球比赛中具有一定的身体优势，即在对抗中处于上风，受对方身体干扰程度较小，有利于规范地完成技战术水平。可见，运动员的围度是一项重要测试指标。田剑[61]对2008—2010年三届中超运动员的身体形态特征进行了综合的评价和分析，他筛选了身高、体重、年龄和克托莱指数作为中超足球运动员身体形态的评价指标。通过统计得出，运动员的平均身高为180cm，并有逐年增高的趋势。守门员身高最高，前卫的身高最矮。其平均体重为74.99kg，后卫最高，前锋最低；其平均年龄为24.41岁，前卫最大，守门员最小；其平均克托莱指数为417.93，守门员最高，前锋最低。与世界杯参赛队伍相比，中超球员在身高、体重、克托莱指数方面均有所不同。有学者于2003年对中国国家队的男子足球运动员进行身体形态的测试发现，我国男子足球运动员的平均体脂率为12.74%，与国外运动员相比，我国男子足球运动员的体脂率较高。金川江[62]对2006年德国世界杯的运动员研究发现，不同位置运动员的BMI是不同的。可见，BMI是研究足球运动员形态特征的指标。我国学者对足球运动员的体型研究指出，不同的位置队员体型也不一样，呈现出不同的位置特点。

综上所述，现阶段对于足球运动员的形态学研究，主要集中在高度、围度、充实度这几项指标，重点分析不同位置足球运动员身高、体重、体成分、围度等指标的特征和差异。

三、运动素质测评的相关内容及分类研究

运动素质的概念出现得较早,人们对运动素质的研究是一个系统的发展过程,刘爱杰[63]在对运动素质的研究中提出了整合运动素质的概念,认为运动素质中的各项素质并非孤立存在,而是相互影响相互制约的。这种现象在体育项目中普遍存在,同时由于专项特点和项目不同,各项素质对运动员的作用又是不同的。学者根据专项需求的程度和作用的不同将运动素质分为基础运动素质和专项运动素质,基础运动素质是指在训练中采用多种非专项的身体训练手段和方法改善运动员的身体形态,增进运动员的健康,提高运动员各器官系统的机能和全面发展力量、速度、耐力、灵敏和柔韧等素质;而专项运动素质是指在运动训练中根据专项特点和专项竞技能力重点需求,采用与专项有密切关系的专门性身体训练手段和方法,以充分发展和改善与竞技能力有直接关系的专项能力,也可以称为专项素质。各个项目的运动素质都包含力量、速度、耐力、柔韧和灵敏这5个方面,但各个方面对于专项的贡献是不一样的,足球也不例外。国际足联网站做了一项足球运动员专项素质的比例调查,专家经过统计学和对足球项目特点的分析,认为灵敏素质和耐力素质是足球运动员最重要的体能能力,灵敏素质和耐力素质在对足球运动员进行体能评价时应该占据较高的比例。其中,YOYO间歇性耐力跑是反映足球运动员综合体能的一项重要指标,与足球运动员有氧能力相关,也可以作为机能指标的代表[42]。

日本的研究学者对日本国家队运动员的最大力量做过相关性的研究,结果发现:日本国家队后卫的下肢力量约为148.8千克。M.赖斯[64]使用重复卧推作为测试足球运动员力量素质的方法,让运动员重复做最大卧推力量测试,测试结果平均值是73千克。研究表明:不同水平的足球运动员力量水平差距较大,优秀的足球运动员的下肢力量要远远大于低水平的运动员。龚波提出,力量素质是足球运动员的主要素质,人们对力量素质的研究侧重在数量上,如绝对力量、相对力量,但是这些内容并不能反映出足球运动员的专项力量素质特征。因此,龚波试图从质的方面(整体性和专项化)对足球运动员的力量素质进行深入研究,探索足球项目的专项力量特征。兰德尔(B. Randers)[65]研究认为核心力量训练对足球运动员非常重要,不仅可以降低损伤的发生率,而且可以帮助他们出色地完成快跑、铲球、弹跳等技术动作。功能性力量训练也是解决力量均衡发展的训练方法,国外专家开始侧重对足球运动员功能性力量的研究,认为力量不仅要考虑全面发展,更要结合比赛的情况,在专项动作中发挥力量效率是最关键的。足球专项力量指标研究方面,西班牙足球专家苏莱曼克(Sleamaker R)[66]等曾经用

1分钟的俯卧撑和1分钟的仰卧起坐评估足球运动员的力量耐力，这主要解决了两方面问题：①注重上肢肌肉力量的发展；②设计间歇性的力量耐力方法。1分钟俯卧撑和仰卧起坐对运动员的肌肉耐力提出了很高的要求，同时还要求运动员注意动作完成的节奏，间歇性的肌肉耐力训练符合足球比赛中运动员肌肉耐力要求，其中仰卧起坐和俯卧撑这两项指标可以真实反映运动员核心肌肉耐力和上肢肌肉耐力。杰弗里（Jeffrey M）[67]从生理学角度对足球运动员的专项耐力做了相关研究，运动员起动时，腹横肌会优先其他肌肉最先发力，从现代体能的研究热点分析，腹横肌属于核心区肌肉范畴。ReidR M[68]对足球运动员的爆发力进行了相关研究，他认为足球运动员需要良好的爆发力，尤其是前锋。足球运动员很多时候是在额状面和矢状面内发挥快速力量，而在比赛中则靠单腿完成爆发力动作，因此单腿爆发力测试既能够有效评估运动员左右侧的力量差异，又能够起到单侧爆发力训练的目的。此外，很多足球专家在对运动员体能测试中运用了投掷界外球，这一项也是反映爆发力的重要指标，研究发现：投掷界外球有时可以作为进攻的重要手段，很多优秀的足球运动员能够完成从边线将界外球投掷到球门区，从而有效地发动进攻，从体能角度分析，投掷界外球就属于核心爆发力范畴。

关于不同位置足球运动员的素质特征，足球专家 Hazars Fatih[7]曾经通过研究揭示，在慢动作下守门员力量明显大于前锋，中场球员位于两者之间，但当快速完成动作时，他们之间的差异就消失了。

足球运动员较少进行最大力量训练，但是需要发展爆发力和力量耐力。跳跃和投掷比较符合足球运动员上下肢爆发力的训练，仰卧起坐和俯卧撑可以作为评估足球运动员力量耐力的两项指标。同时，我们也要注重足球运动员整体力量的提高，将单侧力量和核心区力量作为足球运动员力量素质评价的主要内容。

研究表明，动作速度和位移速度是足球运动员较为重要的两类速度素质，足球比赛要求运动员具备良好的起动速度，能够快速地移动身体，获得主动权，完成传球和射门动作，同时运动员的快速跑位和补位也非常重要。青少年阶段是速度素质发展的敏感期，需要运动员全面发展速度素质。有学者对足球运动员的反应速度做了研究，足球运动员在绿色草地的反应速度比一般人快。主力队员与替补队员有显著性差异，但守门员与场上其他位置的运动员之间没有差异（表4-1）。

表4-1 不同位置的运动员反应时

	守门员/s	前锋/s	前卫/s	后卫/s	平均/s
反应时	0.264	0.271	0.271	0.272	0.270
排序	1	2	3	4	

速度素质的内容分类为反应速度、动作速度和位移速度，位移速度又分为起动速度、最大速度和速度耐力。

托马斯（Tomas G）认为跑动是足球运动员的基本动作要求，因此，短距离起动速度常用来评价足球运动员的反应速度。他在对青少年足球运动员体能测试中采用5~40米的冲刺跑分别测试运动员的反应速度和位移速度。5米、10米的起动跑要求运动员具备较好的反应速度，即对信号的瞬间应答能力。研究表明，足球运动员在比赛中最长的奔跑距离不会超过40米，20~40米的冲刺跑可以有效地反映足球运动员的最大速度。最大速度是位移速度中的一种，是指人体在特定的方向上位移的最快速度。国外研究将不同位置的运动员30米冲刺跑的能力作为最大速度的评价指标，结果显示前锋的30米冲刺速度最好。

柔韧素质是指人体各关节幅度大小和肌肉及韧带的伸展能力，它是足球运动员必不可少的，柔韧素质好的运动员可以较好地完成技术动作，以较大的动作幅度，降低运动损伤。斯特林（Stirling）研究证实，足球运动员的股后肌肉柔韧性受限会影响运动员的活动能力，造成运动损伤。哈尔托里（Haltori）[69]研究发现，日本足球运动员柔韧性较差，主要表现在踝关节做背屈、内外翻等动作时灵活度不够，这是训练对关节和肌肉造成的影响，足球运动员要增加踝关节的柔韧性。坐立体前屈是国民体质监测的重要测试指标，用于评价腰椎和股后肌肉群的柔韧性，这些部位肌肉的柔韧性对于人们的正常生活是非常必要的。此外，足球运动员也需要增加腰部和股后的柔韧性，来完成头顶球、射门、防守等基本技术动作。

踢球技术是足球运动最基本也是最核心的技术动作，上述分析表明良好的柔韧素质有利于踢球技术的学习和踢球效率的提高，围绕踢球动作的发力结构，设计和测试相关肌肉和韧带的柔韧度对于足球运动员非常必要。股四头肌和小腿三头肌的柔韧度正是反映踢球动作专项柔韧度的代表指标。从踢球动作分析足球运动员应该具有的重要柔韧度，这样我们才可以科学地设计柔韧度的测试指标，有效地进行足球运动员的专项柔韧度测试。

在足球比赛中，运动员需要对比赛中的场景和变化快速地做出动作，例如过人时身体的躲闪、争抢时控制身体的能力、铲球动作的迅速完成。良好的灵敏素质是成为优秀足球运动员的重要条件之一。很多足球专家非常重视运动员的灵敏素质，认为良好的灵敏素质既要求运动员具备较好的速度素质、具备肌肉内部和肌肉之间的协调性，又能够快速地完成姿势调整来适应比赛的环境。很多专家把足球运动员的灵敏素质归结为专项能力，由此可见灵敏素质对于足球运动员是非常重要的。

本研究通过查阅相关的文献书籍，总结出足球运动员的灵敏素质主要有两个特点：①突然的变向、变速；②在运动中能够较好地维持身体平衡的能力。较成熟的灵敏素质测试方法有：

（1）T型测试

T型测试方法（图4-3）：运动员从A标志桶出发，开始计时。正向跑到B、C标志桶中间，紧接着快速向右侧滑步到达C标志桶后，再快速向左侧滑步到B标志桶，然后向右侧滑步到B、C标志桶中间，最后快速转体正向冲过A标志桶，记录时间。Skank J[70]对60名19岁的足球运动员运用T型测试，平均成绩为5秒89。他认为T型测试可以很好地评估运动员的变向能力，60名运动员中最好成绩为5秒03，这说明其侧向移动能力很强。

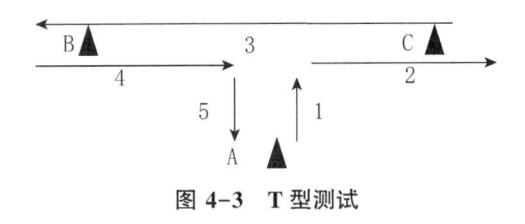

图4-3 T型测试

（2）Illinois测试

Illinois测试方法（图4-4）：运动员在起点俯卧趴在地上，腹部着地，双手与胸部齐平，双腿伸直，脚掌朝上，鞋钉不能着地。听到开始口令，运动员快速爬起，向A号标志桶冲刺，触摸A桶后，按照图4-4所示路线绕1号标志桶内侧快速冲刺回来；然后在中间区域做蛇形往返跑；再向前冲刺触摸B桶后从2号标志桶外侧冲到终点，停表，记录时间。

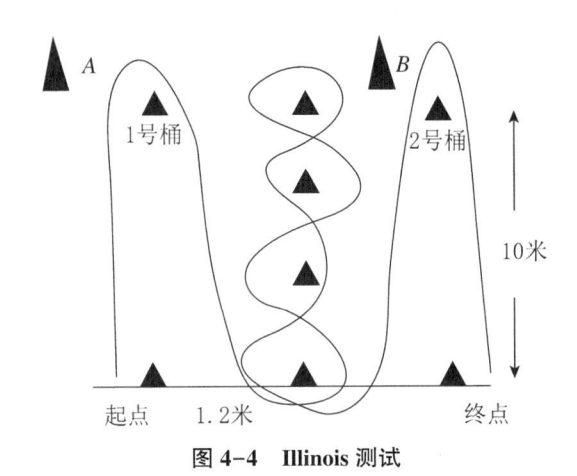

图4-4 Illinois测试

Keli Sting[71]在体能测试中选择了Illinois测试作为足球运动员灵敏素质的测

试指标，结果显示，12 名足球运动员测试的平均成绩为 18 秒 42。陈翀对足球运动员进行 Illinois 测试时，把 U17 年龄段的足球运动员作为实验对象，测试的平均的成绩为 17 秒 58。他认为 Illinois 测试可以反映足球运动员变速变向的能力。

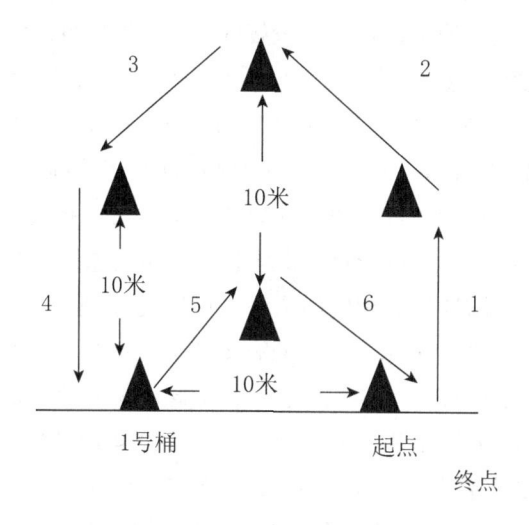

（3）Nebraska 测试

Nebraska 测试方法（图 4-5）：运动员以站立式起跑姿势站在起跑线后，听到"开始"口令，快速加速，沿 1 号路线冲刺；然后从 2 号路线开始，面朝外侧，侧向滑步跑动；到达 3 号路线后转身，面部朝向内侧，侧向滑步跑动；紧接着从 4 号路线开始，背朝前行路线，倒着跑；最后绕过 1 号标志桶，正向沿 5、6 号路线冲过终点，记录时间。

图 4-5　Nebraska 测试

陈翀[72]在对 U17 男子足球运动员测试中选用了 Nebraska 测试作为灵敏素质的另一项评价指标，测试的平均成绩为 12 秒 90。这项测试主要体现足球运动员体位和方向的快速转换及变速的能力。

灵敏素质对于足球运动员非常重要，属于足球专项能力指标，在足球运动员的体能评价中应当占据较高的比重。足球灵敏素质的特点主要是下肢完成的变速、变向和冲刺，并且在运动中能够较好地维持身体的平衡。

在体能测试中国际足联选用曲线跑和四线往返跑作为评价足球运动员灵敏素质的两项指标，其中曲线跑主要反映足球运动员快速变向、变速和躲闪的能力；四线往返跑则反映足球运动员冲刺和变速变向的能力。

四、机能测评的相关内容及分类研究

运动生理学认为，最大摄氧量、无氧功和乳酸阈是反映足球运动员机能能力的重要指标，这些指标都是有氧能力的评定指标，也有些专家提出与最大摄氧量相比，乳酸阈更适合评定足球运动员的有氧能力。足球运动员的最大摄氧量一般在 $55\sim77\text{mL/kg}\cdot\text{min}^{-1}$，呈现出阶段性的特征。Gerisch G 认为，足球运动员的有氧与比赛名次有较大的相关性（$r=0.71$）。HagermanF 也证明最大摄氧量与比赛中的跑动距离存在高度相关（$r=0.67$）。运动过程中，能量代谢基本是由磷酸原系统供能，很多专家对此提出了质疑，认为比赛中没有乳酸的堆积并不能说明足球运动员在比赛中是磷酸原系统供能，较好的有氧条件也可以将产生的乳酸分解，即使比赛中球员的乳酸产量可能很高，但是清除速度也快。据此，Bangsbo[73]根据折返跑的概念设计出了适合于足球专项有氧能力的 YOYO 间歇性耐力测试方法（YOYO Intermittent Endurance Test），主要测试运动员在持续进行加速、减速、急停、转身时的耐力。同时，YOYO 间歇性耐力训练法可以提高足球运动员专项有氧能力。马成全[41]利用 YOYO 间歇性耐力跑测试在足球运动员体能评价的应用研究中指出，YOYO 间歇性耐力跑应用了间歇训练的原理，与足球运动比赛的节奏相吻合，更加合理地评价足球运动员的有氧能力。此项测试指标不仅可以反映足球运动员有氧能力的好坏，还可以反映无氧能力水平的高低。我国学者周俊飞[42]对足球运动员12分钟跑和YOYO测试做了为期4周的实验，结果发现，12分钟跑和YOYO测试实验后，运动员的心率和跑动距离这两项指标并无显著性差异，但是YOYO测试组的乳酸阈跑速与12分钟跑相比有显著性差异，YOYO测试组的运动员乳酸阈跑速显著高于12分钟跑。英超得出结论：YOYO间歇性耐力跑的运动模式和能量代谢相比12分钟跑更加符合足球专项有氧能力的特点。

综上可知，有氧能力是足球运动员机能能力的重要组成部分，YOYO间歇性耐力跑是足球运动有氧能力的科学评价指标，可以代表足球运动员的机能指标，对于足球运动员的训练和比赛非常重要。

第三节 足球体能评价指标体系

为了能够准确诊断出足球运动员在体能训练上存在的缺陷及问题，有关足球体能评价理论体系的构建是非常重要的。从动作模式的理念分析，柔韧素质和核心力量构成了足球运动员的根基，形态学和机能是体能的保障条件，运动素质是最高层表现。足球体能评价指标体系有助于找到运动员自身体能的优点和不足环节，根据评价结果制订更加有效的体能训练计划，为教练更科学地指导提供前提与保障。由于 U17 青少年足球运动员的体能评价方式目前没有统一的界定，无法建立起系统性、规范性和科学性的体能评价指标体系。因此，为了帮助教练员监测体能训练中的问题，实时有效地去调整运动员的训练计划，足球体能评价指标系的建立势在必行。

一、足球体能评价指标体系的评价原则

科学性原则：建立足球体能评价指标体系要坚持数据准确并且能客观地反映足球运动员的实际体能水平。每个步骤评价要有科学依据，能够有效地评价足球运动员体能的真实状况。

专项化原则：建立足球体能评价指标体系要符合青少年足球运动员体能专项化训练构成的特点，客观地反映出足球运动体能的本质，在确定专项化评价指标后，还要符合足球运动员身心发展规律的特点。

差异性原则：建立足球体能评价指标体系要始终根据每位运动员个体差异性和体能不足之处来进行量化测评，足球运动员体能呈现的状态不同，所得到的测试结果也不相同；在场位置的不同，自身体能也有所不同。

可操作原则：建立足球体能评价指标体系要操作简单，能够在大范围内运用并被人们接受。评价指标数据要获取便捷，能够体现自由整合和便利化。

二、建立足球体能评价指标体系时应该注意的各个方面

足球运动员的体能是指以灵活性和稳定性为基础，以形态和身体功能保障条件，以运动素质为核心要素，维持足球运动员训练和比赛所需的一种能力。

从足球项目特征分析，足球运动员比赛的体能是以灵敏和耐力为专项能力，同时兼顾良好的形态、力量、速度等综合体能能力；从运动生理学分析，有氧耐力是足球运动员运动的生理基础，良好的速度耐力是足球运动员成功的关键，而形态学的指标和关节的灵活度是影响足球运动员竞技能力水平的重要因素。

足球体能评价指标体系的建立要积极结合足球的专项特点，根据足球训练和比赛需要，从足球训练实践出发，运用相关的理论知识，对足球运动员在训练和比赛中表现出来的身体综合能力做出诊断和评价，从而达到科学化训练的目的。评价标准是开展评价活动的前提条件，而评价结果是客观事实的真实反映。

三、U17 足球体能评价指标体系范例

根据作者前期研究成果，从足球运动员体能训练的相关理论出发，并结合足球运动项目特征和评价指标的基本原则，针对 U17 足球运动员体能评价指标体系建立的选择可以从形态学测试分析与评价、运动素质测试分析与评价和机能测试分析与评价三个方面来进行。

(一) 形态学测试分析与评价

形态学测试分析与评价，采用诊断性评价类型对 U17 男子足球运动员的形态进行评价。通过对我国 U17 男子足球运动员形态学指标测量，建立我国 U17 男子足球运动员形态学各项指标的数据库；通过对我国 U17 男子足球运动员的形态学指标进行描述统计和分析，了解我国 U17 男子足球运动员的形态现状，为科学的体能训练提供借鉴。形态学评价指标体系可以归为高度、围度和充实度三个维度的指标体系，对三个维度的指标进行具体指标的补充和完善，其中包括原始指标 6 项：身高、臂伸直高、胸围、腰围、体重、体脂百分比；派生指标 3 项：BMI、脂肪含量、瘦体重。

(二) 运动素质测试分析与评价

运动素质测试分析与评价方面归为力量、速度、柔韧和灵敏四个维度的指标体系，对四个维度的指标进行补充和完善，具体包括如下内容。

力量素质指标：左侧核心力量、右侧核心力量、立定跳远、左腿三级跳、右腿三级跳、纵跳、投掷界外球、30 秒俯卧撑、1 分钟仰卧起坐。

速度素质指标：5 米、10 米、20 米、30 米、40 米、快速高抬腿。

柔韧素质指标：腰椎和股后肌群柔韧度、股四头肌柔韧度、小腿三头肌柔韧度。

灵敏素质指标：曲线跑、四线往返跑。

(三) 机能测试分析与评价

机能测试分析与评价，采用诊断性评价类型对 U17 男子足球运动员的机能进行评价，通过对全国 U17 男子足球运动员机能指标测试，建立全国 U17 男子足球运动员机能指标的数据库，通过对目前我国 U17 男子足球运动员的机能指标进行描述统计和分析，探讨我国 U17 男子足球运动员机能特征，并建立我国 U17 机能评价标准，为科学的体能训练提供借鉴。

在90分钟的比赛中，足球运动员需要长时间走、慢跑、完成多次的加减速、快速起动和高速跑及频繁地变速变向，如果没有良好的有氧能力就会影响运动员比赛的发挥。研究表明，有氧能力是反映足球运动员机能水平的重要指标，对足球运动员非常重要。而YOYO间歇性耐力测试符合足球比赛中专项有氧供能的特点和形式。

第四节 足球体能评价的发展现状及问题揭示

足球运动从诞生至今，已经走过了百年历史，经历从低级参与到高级竞技的发展历程，近年来，全新的训练理念与竞技方法也为足球体能评价注入了新的内涵。

一、足球体能评价发展现状

足球体能评价是训练理论与实践的核心问题，也是提高运动成绩的关键所在。我国现代足球体能评价的发展可以分为四个阶段：理论引进阶段、学习消化阶段、吸收应用阶段和发展创新阶段。

（一）足球体能评价的引进阶段

从20世纪90年代，足球体能评价引进，在一线竞技体育训练中我国逐渐认识到体能训练及体能评价对运动员竞技能力等方面发展的重要性，尽管在认识上是模糊的，没有理论支撑，也没有充分的实践应用。但是，当时我国体育总局组织了优秀的教练员及专业人才赴国外学习，将体能训练的新理念包括康复体能训练、运动训练的生物学基础、动作与能量代谢和自主力量训练等应用到我国的运动员人才培养上，因此触发了当时体育训练方式新的思考方向。可见，此阶段对足球运动员体能训练与评价产生了很大的影响。

（二）足球体能评价的学习消化阶段

2004—2008年是足球体能评价的学习消化阶段，当体能训练的理论和评价实践工作步入人们视野的同时，北京奥运会的备战工作也在进一步推进，这对我国竞技体育的发展做出了巨大贡献。在此期间，我国对体能训练感兴趣的教练员赴美参加培训，获得了最新的训练理念，他们带动我国现代体能训练从注重抗阻训练向训练手段多样化、实用化发展，包括核心力量训练和功能性训练等。此阶段更多的是对相关足球体能训练与评价进行多次实践总结，是对过时训练理念的摒弃和对新理念的学习接受。

(三) 足球体能评价的吸收应用阶段

2008—2012 年是足球体能评价的吸收应用阶段，2008 年北京奥运会圆满落幕，更多地体现出在此期间我国这批不留余力的体育科研人员和教练员在背后的默默付出。但是大量国外体能训练实践与评价的先进知识内容的引进，却暴露出很多问题，其中包括对知识内容理解吸收程度低；相关体能训练的专业人员稀缺；训练实践应用能力很低。针对以上问题，国家体育总局提出的解决路径有：派遣大量优秀教练员赴美交流学习，以提高整体人员的素质水平和认识程度；成立体能训练中心，从体能训练形式上完善其内部结构；与外国先进的体能训练机构进行长期合作。通过一系列不懈努力和实践，现代体能评价体系不断发展，不仅成立了体能教练员培训班，还使得竞技体能训练全面开展并逐步步入科学化和系统化的训练道路，促进了各个体能与评价事业的发展。此阶段我国足球体能评价实践经验已经有所改变。

(四) 足球体能评价的发展与创新阶段

2012 年至今是足球体能评价的发展创新阶段，现代体能评价的概念已被我国广大体育工作者所认可和应用，并在一定程度上取得了丰硕的成果。依靠我国体育发展的本土多元化并结合我国当前的人民群众体育锻炼的热切需求，相关竞技体育训练的方式方法已经逐步过渡到体育教学、全民健康、少儿体适能、老年康复和特殊教育等各个行业领域中，这不仅改变了人民群众的生活方式，还带动了当前社会经济的稳步发展。此阶段是以多位一体的形式进行，从理论依据到学科建设、从体能培训到人才培养、从对国外专著的翻译到教程编写和从方法移植到创新。此阶段，足球体能评价受到了很大程度上的重视，并且在训练方式当中有很大的改变和创新。

二、足球体能训练与评价的问题

现代体能训练与评价来源于职业体育，而我国的体能训练与评价主要来源于苏联的训练体系，其存在的问题表现在以下几个方面。

(一) 体能训练实施设计不合理

体能训练实施设计未能合理满足足球运动员日常的训练要求，也就无法体现出应有的综合性、先进性和专项化。在体能训练实施设计中，如果没有充分认识体能训练活动所具有的导向作用，那么通过体能训练提高运动员的综合运动素质和运动表现能力的目标就无法实现，因此体能训练实施设计的好坏一定程度上能体现出体能训练应用的综合性和训练的先进性，还能体现出人体运动规律的合理性。

运动员是每一次训练过程中最大的受益者，相关体能训练各项内容、方法、手段的选择，以及训练负荷与节奏的设计，都要充分依据当前运动员的状态。对运动项目特点及运动竞技能力结构实行划分，这对于运动员的训练行为所起到的导向作用十分重要。这就要求在整个体能训练过程中，体能训练实施设计的专项化要求要更加突出表现在每一次合理的训练负荷当中。当前运动训练负荷划分出的负荷量和负荷强度，如果片面地去追求"三从一大"原则，没有将运动员体能训练的负荷控制在一个合理的训练范围内，运动员在训练的过程中存在着一定的安全隐患，容易产生运动损伤。在体能训练实施设计中，训练负荷量和强度二者是相互影响和共生的关系，负荷量的大小一般标志着训练过程中的次数、重量、距离和时间，反映了对运动员的刺激量；负荷的强度大小是通过在训练过程中速度、远度、高度和训练的难易程度等，反映了对运动员的刺激深度。

（二）医务与康复的治疗环节缺失

医务与康复的治疗环节的缺失、导致不能完全照顾每一位伤病运动员或者是针对性地治疗某一运动损伤。在某一程度上，由于我国早期的训练问题缺乏针对性、实效性和及时性，已导致大量优秀运动员出现运动损伤和伤病复发。随着现代运动竞技和运动训练的体系制度的不断完善，要求在运动员整个的训练过程中有对预防运动损伤或伤病复发的医务与康复保障，但是目前在各个训练队中这一环节并不受教练员或教练团队的重视，导致运动员产生生理和心理疲劳，自身运动寿命严重缩短。

在比赛或者训练过程中，不同运动项目的不同运动特点所展现的动作结构也各不相同，运动员如果运动素质中的某一方面缺失或者某一部位的肌肉正常功能和关节正常活动幅度发生异变，就可能导致另一项较为优势的运动素质或者较为优势的肌肉和关节做出代偿，以帮助运动员完成正常的动作技术需要，而在这种情况下很大程度上会增加运动损伤的发病风险。所以在医务与康复的治疗环节要重视对运动员发病部位的针对性治疗。

运动训练过程存在着多变性和不稳定性，又受到多方面因素的影响，包括教练员的专业素质水平、运动员当前的精神状态和场地设施等。运动员进行训练的过程中受伤的概率很大，在运动训练这种动态变化的情况下要重视对受伤运动员实效和及时地治疗。例如，脚踝外侧关节扭伤要及时对损伤部位进行冷敷、加压和包扎，以免伤情加重。

(三) 教练安排体能训练不明确

在体能训练的过程中，存在着体能教练团队分工不明确，训练细节上问题解决不及时，责任落实不到位等问题。体能训练在整个运动训练过程中具有非常重要的地位，体能训练的内容在一定程度上决定了运动员的运动成绩和运动素质的发展走向，而当前体能教练团队中所存在的分工不明确，就是没有充分地认识到在不同项目的训练过程中要突出其运动特点和运动节奏的规律，只是单纯地去加大训练强度而忽视了细化训练分类。在整个训练过程中体能教练员应将体能的训练、技能的训练、战术能力的训练、心理调控能力的训练和运动智能的训练充分有效地进行区分并加以联系，通过各种动作训练手段和方法，来改造运动员的身体形态、运动素质和神经过程。

在整个运动训练过程中，针对运动员的一般体能训练和专项体能训练，体能教练员的责任一定要落实到位，一般体能训练是采用多种有效且符合某项运动项目非专项的身体训练，是改造运动员的身体形态、增强身体健康和全面发展身体素质的重要手段，是为顺利实施专项体能训练的基础和前提；而专项体能训练是将运动员的专项结合充分发展符合此项目运动特点而进行的有效训练方法，与提高运动员的运动成绩有着直接的关系。

(四) 体能训练与评价体系理论知识呈现"碎片化"状态

足球运动员进行训练过程中，缺乏对体能评价的认识。在体能训练当中有太多的训练方法和手段，如自主力量训练手段、身体功能训练、悬吊训练、康复性体能训练、抗阻训练、振动训练及核心力量训练等，这些训练方式由于缺乏产生训练效应的基础理论依据，导致我国足球体能评价的发展没有可靠的依据，直接影响了足球体能评价的实施情况。由于我国足球体能评价中也缺少对体能训练的系统认识，在足球体能训练和评价方面并没有统一的整合和解读，导致在应用此训练方法过程上会存在一定差异性，所得到的训练效果也是未知的。

目前，我国足球体能评价的问题揭示出体能训练与评价体系有待由"碎片化"向"系统化"进行整合，这为以后体能训练与评价体系的发展打下了坚实基础。针对系统化整合的问题要从基础发展阶段、发展途径阶段和核心阶段三个方面进行完善处理：

基础发展阶段是以足球运动员训练中的正确动作模式和机体能量代谢为基础，主要包括依据生物学特征不断优化完善其动作模式的建立，有氧和无氧代谢能力的搭配使用，以提高足球运动员的机体能量代谢活动及整体运动链的能量利用效率。

发展途径阶段是以具体的方式方法为训练内容，将自主力量训练手段、身体功能训练、悬吊训练、康复性体能训练、抗阻训练、振动训练及核心力量训练等进行统一整合，并按照科学化的训练顺序进行热身、训练和放松。

核心阶段是为了控制训练质量和提高评价水准，主要包括训练过程的评价与分析、训练效果的评价与分析、训练计划的制订评价与分析、教练员能力与水平的评价。

（五）足球体能教练培养体系尚未形成

我国现代有关足球体能中教练培养体系尚未形成，导致国内相关体能训练发展落后，足球体能训练有明确的发展的目标，但没有具体的规划内容及行动措施，也没有统一的培训系统，这样做是不行的。另外，体能从训人员不够专业，部分高校所开设的课程专业程度不够高，想成为足球教练员的人多受限于求学难且没有好的学习平台，也缺少体能训练相关课程。

建立足球体能教练培训系统，重视体能教练在训练设计和实施过程中的地位，使足球体能教练趋向专业化，应从以下两个层面揭示：

竞技体育方面，极力重视国家队足球体能教练的地位并培养专职教练员以备战重大比赛，让体能教练成为训练组织结构中的重要组成部分。大众体育方面，要求规范各个体育项目中体能教练的认证资格，力求提高自身的专业能力，实行分类管理和考核。

在培养路径上，高校方面只重视足球基础知识及相关综合能力的体现，尽管系统性知识很强，突出了足球体能与评价方面的基础知识水平，但缺乏相关专业实践的应用能力。行业协会方面相关足球专业知识，行业技能系统性知识一般但相关专业实践的应用能力很强。市场体系方面重视相关专业的部分知识及行业专业技能，虽然系统性较差，但相关专业实践的应用能力很强，突出了足球体能训练与评价方面的应用能力。

我国目前还没有属于自身专业的足球体能教练培训系统及足球体能训练与评价理论实践体系，仅做到了有专业不专业和有培训无规范。建立适应我国足球事业发展体能训练和评价理论体系，在政府方面应做到具体规划并详细指导对培训内容进行特定授权，以便有效地进行组织管理。在市场运行方面，合理开发培训市场，使足球体能与评价体系的相关知识完全整合在一起。在各类高校方面，对相关专业进行深度研发，完善师资开发与指导培训，制定行业标准，以形成专业的知识理论支撑。

（六）缺少对青少年运动员足球体能评价的关注

体能是运动员竞技能力的基础，体能训练是运动训练的重要组成部分，体能评价不仅可以了解运动员的体能状态，还可以准确地评估体能训练计划的科学性。

目前，我国足球体能评价的问题揭示出当前我国体能训练与评价体系有待向青少年运动员体能评价倾斜。青少年对于我国足球运动事业的发展起到承上启下的作用，并且也为我国足球运动项目优秀人才的提供起到了一定的保障作用。当前缺少对青少年运动员足球体能评价的关注主要表现在：

第一，在进行体能训练的过程中，忽略青少年足球运动员发展自身体能运动素质的最佳时期，会导致在制订训练计划时忽略发展青少年足球运动员群体的针对性运动素质训练内容，在一定程度上没有掌握好发展相对应年龄段的最佳运动素质时期，致使体能教练无法对青少年足球运动员作出科学合理的体能评价。

第二，青少年足球运动员的训练计划及训练周期没有进行合理的编排和调整，使得在对青少年足球运动员进行设计相关的体能评价指标时没有较为科学的实验数据，进而导致得到的体能评价数据结果不具有科学性和客观性。

第三，青少年足球运动员综合体能水平的提高程度没有受到重视，进而导致针对此阶段足球运动员体能评价关注的缺失。在日常的体能训练环节中，青少年足球运动员体能评价的管理缺失会使改善球员自身的体能训练计划也困难重重，而缺少对于青少年足球运动员体能评价的方法及手段，会导致教练员无法及时地了解青少年足球运动员在各个训练期间及训练环节中体能训练的水平。

以上问题对我国青少年足球运动员体能评价产生了比较大的影响，其一是缺乏基础的理论，导致我国足球体能训练与评价的发展没有可靠依据，并且相关理论的不完善也直接影响到从事足球体能评价的实施情况；其二是足球体能评价理论体系不完整、不统一会直接影响此领域理论与实践的发展情况；其三是相关足球体能评价的教练员没有充足的知识储备，无法正常开展培训活动，导致相关培训人才产业链停滞不前；其四是我国的竞技体育与大众体育发展结构不平衡。

所以，针对我国足球体能评价的问题提出如下解决措施：一是要求系统整合，以推进足球体能评价体系的理论与实践由"碎片化"向"系统化"转变；二是重视体能教练在训练中的地位，逐步建立足球体能教练的培养系统；三是建立适合我国国情的足球体能评价理论与实践及相关专业的培训与认证体系；四是加大对青少年运动员足球体能评价的关注，科学的体能评价和体能训练是高水平运动员专项能力的基础，也是提高技战术和运动成绩的保障。

青少年阶段处于生长发育的关键时期，系统训练越科学，运动寿命越长，敏感素质的训练和发展对青少年运动员后期的提高非常重要，体能训练对青少年运动员的发展意义深远。有针对性地对青少年运动员在适龄的阶段进行科学的体能训练，不仅可以改造青少年运动员的身体形态，提高机能水平，改善运动素质，增进健康，更能够让青少年运动员为以后高水平的运动训练打下坚实而全面的基础。

足球运动的可持续发展主要取决于能否找到优秀的体育人才，较为充裕的体育人才是决定一个国家足球运动能否快速发展的重要前提。近年来我国体育竞技能够取得快速发展主要得益于举国体制，在举国体制的帮助下，国内体育健儿为我国体育竞技的快速发展做出很多重要贡献，让我国体育竞技一直保持世界领先水平。中国作为经济和人口大国，被全世界人民广泛关注，但足球运动却一直没有发展起来，并且我国足球运动在全球范围内竞争力十分有限，在亚洲也很难拥有较强的竞争优势，这与我国足球竞技运动在长期发展过程中对青少年足球训练的严重缺失存在很大关系。

我国足球青少年训练体系还处于比较落后的状态，很多问题尚未解决。我们应该从发展校园足球、校园足球与职业足球相结合等方面入手，提高我国的足球竞技水平。

第五章 测量与评价理论平台的构建

测量与评价是指从人体外部形态学测量到人体内部的机能测量，再到人体运动能力和运动技术的测验。其目的在于比较不同教学及训练方法对受试人员的体质增强的效果。测量与评价的作用包括为制订科学训练计划制定依据；对不同人员进行合理的能力分组；积极改进教学训练计划及过程等。

第一节 测　量

在体育实践中，测量是一种手段，如用计时表计量跑的时间，用身高坐高计测量人体身高、坐高，用钢尺丈量立定跳远的距离等，通过测量可以把各种事物或现象定量化，以便人们进行比较、分析和评价。

体育是一种复杂的社会现象，体育测量具有广泛的含义，不仅包括物理量的测量，如身高、体重、跳高高度、跳远长度、血压等，而且还包括非物理量的测量，如技战术水平、疲劳程度、心理素质、身体素质等。

体育测量是指依照一定的法则，对体育领域中事物的属性或特征赋予数量的过程。由于体育现象的复杂性，体育测量的内容和形式多种多样，有些测量需要借助仪器，而有些测量则需要通过观察；有些测量指标是现成的，而有些测量指标则需要筛选；有些待测属性或特征一次测量就可以完成，而有些则需要多次甚至重复测量才能完成。例如，测量血压需要借助血压计，而在体操和武术比赛中，裁判员是通过观察测量来给运动员评分；测量某人的肺活量，测量指标是现成的，而测量某人的心肺功能，肺活量只能作为一项简易指标，但不是最有效的指标，因为研究表明肺活量只能在一定程度上反映心肺功能；在田径比赛中，100米跑一次测量就可以完成，而跳远则是多次重复测量取最好成绩。体育测量评价内容分为理论、方法技术和实践三部分。理论部分是体育测量评价的基础，具体包括体育测量评价的释义、本质、特点、发展阶段、功能、模式和主要事项等；方法技术部分主要内容有观察、访问、调查、测试、统计；实践部分主要是对测量结果的分析和评价。

一、基本概念

测量是指对所研究事物或现象特性的定量过程，评定则是对测量结果做出判断的过程。测试、测定、测验等与测量概念相近，但意义却大不相同。

测量是依据一定的法则，用数字的方法对事物或现象的属性、规模进行描述的过程。任何一种测量都必定包含 3 个要素：测量的对象——事物或现象的属性、规模等；测量的工具——某种将事物的属性数字化时所遵循的程序和规则；测量的结果——某个确定的数字表达式。测量是获取社会定量信息的基本手段，测量的结果可以使人们精确地把握有关社会事物或现象的特征及相互间的数量关系。

测试：测验的过程为测试，测试所得数据为测试结果。

测验：以确定测量对象的身体状态和各种能力为目的而进行的测量或实验。测验需满足的条件包括标准化，即在任何情况下测验时都要保证程序和条件的一致性。除此之外，还要有可靠性和有效性。

测定：包括测量和评定，测量是指对整体的某种特性进行定量的过程，评定是指对测量结果进行判断的过程。

二、测量的分类

测量的分类方法较多，按照不同的分类标准，就有不同的分类。常见的测量类型如下。

（一）按测量方法分类

直接测量：是指能直接获取数据，反映某种属性或特征的测量，如身高、体重、跳远距离等。

间接测量：是指获取间接数据，反映某种属性或特征的测量，如下肢爆发力可通过立定跳远获取间接数据来反映。

（二）按测量属性分类

物理量测量：是指直接测量物质的实体，获得其物理特性的定量数据。如身高、跑速、血压等属性的测量。

非物理量测量：是指测量抽象、复杂的属性，获取非物理特性的数据。如疲劳程度、技战术水平、心理素质等的测量。

(三) 按测量的组织形式分类

连续性测量：是指在连续的一段时间内，对固定对象的某种属性或特征所进行的定期性测量。它可获取连续、系统的数据，反映纵向发展变化的规律。连续性测量延续时间长、工作量大、见效慢、不易坚持，但测量资料十分宝贵。体育教学、训练中有较稳定的对象，是开展连续性测量的有利条件。

横断面测量：是指在规定的时间内，对各个年龄组的某种或某些指标所进行的一次性测量。它可获取系统的数据以代替连续性测量结果，显示发展变化规律。横断面测量虽有一定的误差，却是一种省时间、见效快的好方法。

三、测量误差

误差是指测得值与真实值之间的差距。任何测量都是由测量者取部分物质作为样品，利用其中被测组分的某种物理或化学性质，如重量、体积、吸光度、pH 等是通过某种仪器进行测量的。由于受分析方法、测量仪器、试剂和分析工作者的主观因素等方面限制，测量结果不可能与真实值完全一致。即使技术娴熟的分析工作者，用最精密的仪器，用同一种方法对同一样品进行多次测量，也不可能得到完全一致的结果，这说明误差是客观存在且难于避免的，任何测量都不可能绝对准确。在一定条件下，测量结果只能接近真实值，而达不到真实值。

有关测量误差的研究（基本误差、补偿误差、绝对误差、相对误差、系统误差）在实际测量工作中很常见，由于种种原因测量误差不可避免，要想避免这种误差就要降低系统误差，杜绝人为误差。

基本误差是指在标准使用条件下，测量方法和测量仪器本身具有的误差。任何一种标准化的测量方法，都不可避免会出现误差。因此，为某一测量方法规定的允许误差范围可视为该测量方法的基本误差。

补偿误差是指测量仪器在非标准情况下工作所产生的误差；另外，由于测量仪器惰性引起的误差，以及因被测量量值的波动而产生的误差称为动态误差，这种误差也属于补偿误差的范畴。

绝对误差是指测量值与真实值之差。绝对误差以测量值的单位为单位，可以是正值，也可以是负值。测量越接近真实值，绝对误差越小；反之，则越大。

相对误差是以真实值的大小为基础表示的误差值，没有单位，通常百分数表示。相对误差永远为正，是绝对误差与被测量的真值之比。

系统误差又称可定误差，它是由于某种确定的原因引起的，一般有固定的方向（正或负）和大小，在重复测定时会出现。根据误差的来源，系统误差可分为方法误差、仪器或试剂误差和操作误差三种。方法误差是由于不适当的实验设计或所选方法不恰当所引起的，通常影响较大。例如，重量分析中沉淀的溶解度较大或有共沉淀，滴定分析中终点与化学计量点不相符等，都会产生这种误差，方法误差总是偏高或偏低。仪器或试剂误差是由于仪器未经校准或试剂不合规格所引起的。例如，天平砝码不准，容量仪器刻度不准以及试剂不纯等，均会产生这种误差。操作误差是由于分析者操作不当或因某些自身客观因素所造成的。例如，分析者对滴定终点颜色改变的判断能力不够高，便会产生这种误差。

四、测定量表

测定量表包括名称量表、有序量表、区间量表、比例量表。名称量表是指将具备相同属性的物质或人，归入不同组别，且仅起标识符的作用，也称为类别量表。用数字标记代表事物或对事物分类，如用"1"代表男性，"2"代表女性。这里的数字，只作标记，并不表示大小或者多少，名称量表适用于统计事物的频数和百分数。

有序量表，又称等级量表或无单位量表，是为了比较研究对象在某一维度上的数量程度而设计的，通常以排序的形式呈现出来。由等级量表获得的数据是等级变量，既没有相等的单位，又没有绝对零点，不能进行加减和乘除的运算，数字大小只表示顺序。如品德行为表现可分为优、良、中、差不同等级，对等级变量的统计分析常用中数、百分位数、等级相关系数、秩次检验等方法。

区间量表具有次序和距离两个实数序列的基本特性，其零点可以任意选择。

比例量表亦称比率量表、等比量表，是最高级和最精确的量表，也是科学家的理想量表。它既有相等单位，又有绝对零点，不仅可以知道事物之间的某种特点上相差多少，而且也可以得出其间的比例关系，还可以进行加、减、乘、除四则运算。除适用其他几种低级量表所适用的统计外，还可以计算几何均数和变异系数。比例量表同时具有实数序列的3个特性，即次序、距离和原点，还具有绝对零点。

五、信度与效度

（一）测量的信度

测量的信度：又称为测量可靠性，是指采用同样的方法对同一对象重复测量时所取得结果的一致性程度，表现为多次测量结果的稳定性和一致性。测量信度是反映测量结果受到误差影响程度的指标，是评价测量质量最基本的指标。

在体育科研中，测量误差是存在的，也是不可避免的。所有的测量结果都不是必然正确的。体育科研结果的正确性与客观性，首先取决于测量所获取信息的真实性、可靠性的程度，高信度是高效度的前提，没有信度更谈不上效度。

测量的可靠性与误差的区别在于对量的理解，误差理论中量是不变的，而在测量可靠性中认为量是有变化的。影响可靠性的因素主要有受试者本身状态、测试人员状态、测试仪器功能的变化、测量方法和程序的完善程度、外部环境的变化、样本的大小。

1. 受试者本身状态

受试者对测量方法和手段理解的多少；受试者对测量的感兴趣程度，以及测量时身心（包括机能状况和健康状况）是否疲劳、注意力是否集中、意志是否坚定等；受试者对测量是否有足够的身心准备；受试者能否与测试人员积极的配合；测量时，是否有非同质受试对象混入。

以上因素都直接关系到受试者实际能力的充分发挥，以及测量结果是否准确可靠。

2. 测试人员状态的变化

测试人员对测量方法、要求的理解和掌握的熟练程度；测试人员是否熟练地掌握了各种测量细节的技巧和要领；测试人员的责任感及对测量工作的准备是否充分；测试人员能否按照测量程序的规范化和标准化要求进行测量；测试人员对组织实施测量的经验是否足够；测试人员是否是统一。

3. 测量仪器功能状态的变化

测量仪器是否在测量前进行过严格的校准和标定，测量仪器的精密度是否已达到要求；测量仪器型号是否统一，如不统一，使用前是否已经校准；测量仪器使用前，是否已经严格按照其使用要求进行处理，如电压、照度、温度等。

4. 测量方法和程序的完善程度

测量方法要求是否统一、规范；测量方法的设计对被测量的特性是否有效鉴别；实施处理的程序是否标准化（测量次数、顺序、时间、难易度、指标的排列顺序等）；测量时，对受试者和测试人员的要求是否明确。

5. 外部环境的变化

测量时气温、湿度、风力等气候条件的变化；测量场所的周围环境是否安静，有无较大干扰；测量场地是否符合要求，丈量是否准确。

6. 样本的大小

样本大，抽样误差小；样本小，则抽样误差大。因此，测量必须有足够大的样本。总之，在实施测量前和组织实施测量的过程中，有效地控制上述因素的变化，将会提高测量结果的可靠性。

（二）测量的效度

测量效度（有效性）：一项测验在测量某一种事物特性的准确程度。效度越高，就表示测量结果越接近于测量对象的特征。测量的效度，就是对测量本身进行测验。效度常用相关系数来表示，称为效度系数。一般说，效度系数在 0.3 以上就可以认为该项调查基本上是有效的、合格的，效度检验的类型主要有：①内容效度，指测量内容能够代表它所要测量目标的程度。也就是说，测量项目是否与要测量的特征相关。检验内容效度的常用办法是邀请专家来对调查项目和调查目标进行评判。②效标关联效度。如果一个测量存在着其他客观基准，称此基准为效标。一般用测量结果与效标作相关分析来确定效标关联效度。能否找到真实、客观的效标，是进行效度分析的关键。

信度与效度的关系为：一定的信度是效度检验的先决条件，无信度便无效度；但信度高不等于效度也高。因此，对于测量结果除信度检验外，还必须做效度检验。可以说，调查的准确程度归根到底取决于效度检验。

六、有效性及影响因素

根据测验的性质和目的，有效性可分为内容有效性、结构有效性和相合有效性三个类型。

（一）内容有效性

内容有效性是指测量内容与拟测属性的一致性程度。例如，测量腹肌力量，若选用屈仰卧起坐指标，是无效的。因为屈仰卧起坐是一种固定负荷的重复动作，只能表现腹肌耐力水平，而腹肌力量是腹部肌肉能承受的最大负荷，所以测量腹肌力量选用负重仰卧起坐指标比较有效。又如测量身体素质全面发展水平，选用 50 米跑、引体向上、1000 米跑、10 米×4 往返跑、立位体前等指标，从专业知识和经验上来判断，这组指标包含了拟测属性（身体素质）的各个部分，即速度、力量、耐力、灵活性、柔韧性，从中可以获得反映身体素质全面发展水平的信息，因此，其内容的有效性是显而易见的。

所以，在编制测验或分析内容有效性时，应重视测量目的，拟测事物的总体属性与所选择测量内容特征的一致性程度，它们的一致性程度越高，说明内容有效性越高。我们不妨把全部内容视作一个总体，把选择出来的几个或一些认为对总体具有代表性的内容视作一个样本，如果这个样本对总体的代表性程度高，而且我们所抽取的样本数量也足够，那么就可以说这项测量的内容有效性也高。

（二）结构有效性

结构有效性是指一组测量所包含的各种属性与总体属性各种拟测成分在结构上的一致性程度。例如，假设篮球运动技能由投篮、传球、运球组成，有一套测验正好是由这三种技术测验构成，就可以说，该测验具有结构有效性。因为从逻辑上分析，该套测验中每一种技术测验都能够测量篮球运动技能的一个方面，只有包含这三种技术的一套测验才是篮球运动技能的有效测量。不难理解，结构有效性的拟测属性是一种综合的、整体的属性，而实际测量出来的只是构成总体属性的各个成分或特征，故所选择测量指标代表的属性与总体属性的理论结构方面的一致性程度越高，这项测量的结构有效性也就越高。体育测量中，对于成套测验，特别是运动技术的测量，常采用结构有效性来分析所编制测验的有效性。

结构有效性与内容有效性有时容易混淆，它们在要求达到测量目的这一点上是相同的，但是在使用时是有区别的。结构有效性常用于心理测量与运动能力成套测验，特别是编制运动技术测验时，而内容有效性则常用于理论知识测验。

（三）相合有效性

相合有效性是指运用一种测量手段所获得的测量结果与一个已被证明有效的效标的相关程度。所谓效标是目前大家公认的最能反映测量属性的客观标准。某些测量指标虽然非常有效，但需在实验室条件下进行。尽管这项指标测量有效性很高，但限于经济性、实用性、可行性因素，不宜选来用作大面积群体的测量指标使用。在实践中，有时只能采用一种新指标代替效标进行间接测量，那么对新指标而言，就产生了一个与效标一致性的问题，即要看该新指标与效标是否相关，要进行相合有效性检验。如果相关程度很高，说明该新指标是可以替代效标进行测量的。例如，最大吸氧量为测量心血管机能的最有效的测量手段（效标），然而这种测量需要昂贵的设备和复杂的技术操作，还需要受试者承受精疲力竭的负荷，且很难进行群体测量，因此我们要选择另外简易可行的测量手段替代。据报道，12 分钟跑与最大吸氧量测量结果之间的相关系数为 0.94，相合有效性较高，可见，用 12 分钟跑测量心血管机能是可行的。

在所有的指标中，影响有效性的因素主要包括：

1. 测量的可靠性

可靠性是有效性的必要条件，有效性系数的上限等于可性系数的平方根。可以说，测量的有效性受其可靠性限制。如果某项测量的可靠性不够理想，则势必影响其有效性。所以，在检验测量的有效性之前，检验指标本身的可靠性，这一点非常关键。

2. 效标有效性

一个测验如使用不同效标，可能会有不同的结果。效标有效性是以所选择的测量指标与效标之间的相关程度来检验其是否有效及有效性程度的高低，因此，效标的选择极为重要。若采用的效标本身有效性低，则不能评定测量指标的有效性。作为效标，其有效性必须是被证明过和检验过的。所以，根据指标特点及测量目的，选用适宜且可靠性高的效标，可以提高测量的有效性。

3. 受试者总体特征

任何一种测量方法都有其适用范围（即测验的总体），总体不一样，其有效性程度也不同。任何一种测验都是为特定的目的、对象和时间而设计的，没有一种测验适合于所有情况。因此，在选用某种测验时，要考虑到受试者的年龄、性别、能力、水平等因素。因为一项测验对某一性别、年龄组有效，可能对另一性别、年龄组则不一定有效；对初学者有效，对掌握该项测验技能者可能不一定有效，即使有效，有效性程度也会有所不同。例如，引体向上对于测验高中及高中以上男生的上肢力量是有效的，但对于女生和小学生则是无效的。

4. 测量指标的数量

通常适当增加测量指标的数量，有利于提高测量的有效性。例如，欲测学生的灵敏素质，可根据灵敏素质的定义，选择若干测量指标组织测验。假定选择了简单反应时、10 米往返跑、十字象限跳、立卧撑 10 秒这 4 项指标，有效性分别为：①简单反应时（0.66）；②10 米往返跑（0.74）；③十字象限跳（0.78）；

④立卧撑10秒（0.72）。任意一项指标的有效性系数均未达到0.80，若使用两三个指标组合成一套测验，则有效性系数可提高到0.80，甚至0.90以上。这样做使灵敏素质测验更加合理、结果更加准确。增加测验指标，不仅要考虑实施条件等其他客观因素，同时还要考虑指标之间的相关因素，不能盲目地将有效性系数大的几项指标组合成一个测验内容，这样可能会降低测验的有效性。当然，影响有效性的因素还有很多，如样本大小、样本的代表性、测量的难度和区分度等。在实际应用中，我们应综合考虑减少测量的误差，提高测量的有效性。

第二节 评 价

评价是指评定事物的属性或特征的价值，在正确地解释事物现状的基础上，为改善现状和实现理想的目标而制定的决策提供判断依据。所谓体育评价是指依据一定的标准，判断体育测量结果并赋予其价值或意义的过程。例如，某15岁男学生的跳高成绩是1.29米，另一同龄男学生的跳高成绩是1.15米，参照《国家体育锻炼标准》，判断前者得分是90分，后者得分是55分，这就属于体育评价。在现代体育活动中，评价已成为体育活动过程中的一个重要环节。

事物的价值标准不是唯一的，而是多层次的。如评定青少年健康水平的标准，从最理想状态至病态是一个连续的状态序列，因而可以自上而下或自下而上划分若干不同的标准。若评价的目的仅仅是区分健康人与病人，我们可以把评价标准定到最低的健康水平上，达到这一标准就意味着身体健康，但不能判断是否达到了理想的目标，即最佳健康水平。

评价标准，可分为两大类，即具有理想值（标准值）性质的评价标准及只具有现状平均值（中位数）性质的评价标准。有人将前者称为绝对评价标准（参照标准），将后者称为相对评价标准（常模标准）。近年来有人提出动态评价标准（进步度评价标准），即不参照绝对评价标准，也不参照所属群体的成绩，而是同自己的原成绩相比较去判断进步程度。

总之，在实际工作中，我们应根据评价的目的、指标和对象，选择适宜的评价标准，进行科学的评价。

一、评价的概念、形式

评价是指对照标准对测量结果赋予一定的意义和价值。

体育评价的形式分为三种，分别是诊断评价、形成性评价和终结期评价。所谓诊断评价是对参评者在从事体育活动之前的测量，了解参评者的事前状态，以便在后期体育活动的参与中做出合理的安排。所谓形成性评价又叫阶段性评价，体育实践活动是由几个阶段组成的，在每个体育实践阶段后，对参评者进行测量和评价，了解参评者完成阶段目标的情况。所谓终结期评价是在体育实践活动结束后对参评者进行的评价，通过终结期评价可以获得全面的信息，以便检查参评者体育实践活动的效果，总结经验和不足，为以后提供借鉴。

二、评价的类型

评价是参照特定的评价标准确定测量数据的价值。根据参照标准的不同，评价可分为以下几种类型。

（一）相对评价

相对评价以被评价对象所在的总体为参照标准，判断被评价对象在总体中成绩的优劣。例如，湖南省 12 岁城市男孩的胸围数（cm）比较标准：61.4 以下为下等，61.5~63.1 为中下等，63.2~68.4 为中等，68.5~71.4 为中上等，71.5 以上为上等。相对评价标准的制定，只能适用于特定总体中的个体或群体之间的评价。例如，在上例中，"湖南省 12 岁城市男孩的胸围数（cm）比较标准"只能适用于"湖南省，12 岁，城市，男孩的胸围"这一总体，超出这一总体，均不能使用。另外，相对评价标准还受时间的影响，如果使用时间过长，则参照标准需要修订。

（二）绝对评价

绝对评价是利用绝对评价标准，对个体或群体进行评价。绝对评价标准客观反映人体特定领域的正常与异常水平，并经实践检验而得到社会公认。以身体发育为例，所谓具有理想值性质的标准，是指假定在没有任何身心障碍的情况下，人体应该发育的理想水平或标准水平，能够满足社会需要的各种机能水平。显然，除了部分用以判断正常与异常的绝对标准（血压、脉搏）外，要确定上述标准是十分困难的，况且制定评价标准时，也无法回避实际上存在着的个体发育的差异。例如，某人的篮球投篮命中率为 70%，我们说他的水平并不高，这就是绝对评价，因为绝对评价标准是命中率 100%；如果我们说他在队中是最好的，这就是相对评价了。绝对评价在实际应用中并不多，因为绝对评价标准不易制定。通常我们说的评价，大多是相对评价。

(三) 进步度评价

进步度评价，又称个体评价，是以被评对象历史水平为评价标准，判断个体或群体在测量前后进步幅度的评价。个体标准是对同一个体不同时期、不同状态下的指标进行对比的一种评价标准。它能相对客观地反映个体情况前后的变化。个体评价是根据个体成绩按时间序列变化的大小予以评定，所以在制定评价标准时要注意进步的幅度，同时还要考虑进步的难度。例如，100 米跑成绩从 16 秒提高到 15 秒 5，与从 11 秒提高到 10 秒 5，尽管进步幅度是一样的，但后者进步的难度比前者大得多。

三、评价量表与方法

(一) 评价量表

量表是对某一事物或现象的某种特性赋予数字的一种规则，评价量表主要包括名称量表、有序量表、区间量表、比例量表。

1. 名称量表

名称量表：又称类别量表（categorical scales），分类别进行观察或测量的量表（scales of measurement）。类别可以命名（如男孩和女孩；全日制、夜校和函授学生），也可以编号（如男孩为 1，女孩为 2），但编号没有顺序先后。尤其用计算机进行分析，使用类别编号就较为方便，但这类编号数字只能用来查询，不能用于计算。

2. 有序量表

有序量表：又称顺序量表、等级量表。是为了比较研究对象在某一维度上的程度而设计的，通常以排序的形式呈现出来。由等级量表获得的数据是等级变量，既没有相等的单位，又没有绝对零点，不能进行加减和乘除的运算，数字大小只表示顺序。如品德行为表现可分为优、良、中、差不同等级。等级变量的统计分析常用中数、百分位数、等级相关系数、秩次检验等来表示。

3. 区间量表

区间量表：又称等距量表，区间量表不仅能描述事物的秩序，而且还能判断事物之间的距离。在区间量表中，数量单位之间的差异是等距的。虽然量表的所有单位都是等差的，但并不要求零点与所测变量的"零"相对应。

4. 比例量表

比例量表：又称比率量表、等比量表，是最高级和最精确的量表，科学家的理想量表。它既有相等单位，又有绝对零点，不仅可以知道事物之间的某种特点上相差多少，而且也可以得出其间的比例关系，还可以进行加、减、乘、除四则运算。除适用其他几种低级量表所适用的统计外，比例量表还可以计算几何均数和变异系数。

（二）评价方法

评价方法是在评价理论的基础上，根据评价的目的和任务，结合评价对象的特点，依据测量数据运用相关的统计方法建立的评价标准。评价方法也是体育实践活动评估的核心内容，应该具备以下几点：

评价参照点，即在评价标准建立前要对评价数据建立参照点，找出相对零点；评价单位，即评价量表中分值之间的距离。评价全距，即评价数据的范围，也称数据的极差。

评价方法主要包括以下三种。

1. 离差法

离差法是以测量原始数据的平均数为参照点，以标准差为计算单位来制定标准。离差法的评分分为 Z 分、T 分和标准百分三种。运用离差法的条件是数据要符合正态分布，Z 分是以测量数据的平均数为 0 分参照点，计分间距以一个标准差为 1 分；T 分以 50 分为参照点，计分间距以一个标准差为 10 分；标准百分是由标准分演变出来的评价方法，评分范围为 0~100 分。

2. 百分位数法

百分位数评价标准以中位数为参照点，以百分位数为单位制定。百分位数既适合于正态分布也适合于非正态分布的观测值。

3. 累进计分法

累进计分法是根据正态分布理论建立起来的抛物线方程，是对评价对象进步幅度的评价，也可以评价对象提高的难度。例如，100 米项目中，随着竞技水平的提高，运动员成绩提高的幅度降低，但是进步的含金量较高，这种情况就会用累计积分法进行评价。

四、体育评价的本质

所谓评价是指对照某些标准判断结果，并对结果赋予一定意义的过程。袁尽州[74]通过研究，认为评价是对主观或者客观的测量信息进行的分析和价值判断的过程，评价的目的就是对测量事物的行为变化动态做出科学的、合理的判断和解释。陆大江认为，评价是参照一定的规范标准对研究对象进行测量后，对测量结果进行整理、分析和判断，从而赋予其一定的价值和意义的过程。体育评价则是从事体育实践的工作人员对体育活动中的各种因素进行价值判断的过程。

体育评价不是体育测量，它是在体育测量完成的基础上进行的。体育测量与评价是一个过程的两个方面，是紧密联系不可分割的。体育测量是基础和前提，体育评价是目的和结果。客观的、科学的、可靠的测量对于评价非常重要，没有科学的测量作为基础和前提，就不能够获得客观、准确的数据，通过数据来做的分析和评价便会毫无意义，即使评价方法再先进也不能够得到体育实际工作情况准确的价值判断。评价关心的是价值高低，测量关心的是数量多少。

体育评价是一门综合性的交叉学科，与体育学科中的运动生理学、运动解剖学、体育统计学、体育社会学有着非常密切的联系，这些学科的理论知识也是体育评价的基础。体育评价以体育相关学科理论为基础，结合本学科的特点，运用本学科的基本理论，借鉴先进的测试仪器、统计方法，从而完成科学的评价过程。

体育评价也是一门应用性学科，有着很高的实用价值，它为我们了解身体综合运动能力水平及有关因素提供了实用的测量和评价方法。现代科技水平的不断进步，计算机设备的不断发展和更新，也为体育测量和评价学科的发展带来了机遇。体育测量评价逐步由主观测量评价向客观测量评价转变，即由定性评价向定量评价转变。

体育测量评价的内容可以分为理论、方法技术和实践三部分。理论部分是体育测量评价的理论基础，具体包括体育测量评价的释义、本质、特点和功能，还有体育测量评价的模式、评价主要事项和发展阶段等。方法技术部分主要有观察、访问、调查、测试、统计等内容；实践部分主要是对测量结果的分析和评价，可以更好地指导实践活动。

五、体育评价的意义

评价是人类社会经济活动中最广泛、最普遍的活动之一。没有评价，人类就不能真正地进行有效的决策。当然体育学科的发展也离不开体育评价。近年来，国内外学术界对评价问题给予了持续的关注，各种评价方法被广泛地运用于体育领域，极大地推动了体育学科的发展，涌现出一大批体育评价的研究成果。体育评价的意义主要包括以下三个方面：

第一，有利于客观地反映现状。通过对体育实践活动的测量，可以用数据客观地反映现状。对现状进行描述性统计，有利于客观准确地了解现状，对现实情况也更能进行充分的说明。

第二，促进体育活动的规范化和科学化。体育测量实施过程中严格要求测量环境的统一性、测量方法的一致性、测量动作的规范性，有利于体育活动标准和模式的规范化。通过对测量数据的分析和评价，有利于归纳和总结，形成科学化的评价体系。

第三，有利于体育决策的科学化和正确性。体育决策对体育活动有重要的指导作用，体育决策的科学化和正确性是体育活动有效开展的保障。科学的测量和评价为体育决策提供借鉴和依据。

六、体育评价的功能

体育评价的产生决定其功能，体育评价的功能指引着体育评价发展的方向，体育评价的功能主要包含以下几个方面：

（一）诊断功能

体育测量评价是对体育实践的检查，通过对体育指标的测量，诊断指标的情况。训练效果要通过诊断来检验，运动员的身体机能状态、竞技能力水平也需要诊断来提升，体育测量评价通过对这些指标的诊断，更为客观地反映指标的情况。

（二）激励功能

体育测量评价是对指标的诊断，同时也是对未来发展的激励，它能激发参评者的奋斗欲望，在相比之后弥补自身的不足。

（三）选择功能

体育活动中的选材离不开教练对运动员的测量和评价，通过对测量结果评价，有助于教练员客观地了解运动员，为选材提供可靠的借鉴。

（四）监督检查功能

训练计划的实施情况、成绩目标的完成情况都可以通过测量和评价得出结论，以便监督和检查。

（五）预测功能

随着现代竞技体育对运动员投入越来越大，科学的评价对预测运动员未来发展潜力也显得越来越重要。科学的评价方法不仅可以了解运动员能力水平，还能准确预测运动员成材率。

七、体育评价的原则

体育评价的指标体系是测量评价的核心内容，选取科学有效的评价指标进行测量，得出的数据才可靠，评价结果才会有意义。如果评价指标不能够反映评价的目的和属性，测量和评价工作则没有意义。体育评价的原则主要包括以下几个方面：

（一）科学性原则

评价指标的筛选和确定要有科学的依据，能够科学地反映评价者的属性，代表评价者的各方面情况，全面反映评价目标的内涵。

（二）整体性原则

评价指标体系由具体的各项指标组成，总体的指标体系要注意完整性，能够从不同的方面反映出评价者的整体情况。指标体系不仅要有广度，还应该有深度，建立不同维度的指标体系，可以逐层剖析评价者的基本情况和特征。

（三）可操作性原则

评价指标的选择要考虑测量评价的可操作性，评价者要综合考虑测试的安排和条件，选择可操作的评价指标，才能够有效地完成研究任务。评价指标并不是越复杂越好，也不是越多越好，评价指标应该符合测试评价的目的要求，符合可操作化的流程。可操作性原则并不是简单性原则，追求简单指标，而是在符合整体性指标的基础上，选择可测量的、可操作的指标体系。

（四）目的性原则

评价指标体系的构建要紧紧围绕研究的目的进行，要做到能够按照研究的要求设计评价指标体系，以便完成研究。目的性原则对评价指标的建立和研究工作非常重要。

八、体育评价的步骤

```
          明确目的
             │
      ┌──────┴──────┐
   确定评价对象    确定评价者
      └──────┬──────┘
             │
         确定评价类型
             │
        建立评价指标体系
             │
         确定指标权重
             │
    预实验、实施测试和收集数据
             │
  选择评价方法、建立评价模型和标准
             │
         得出评价结果
```

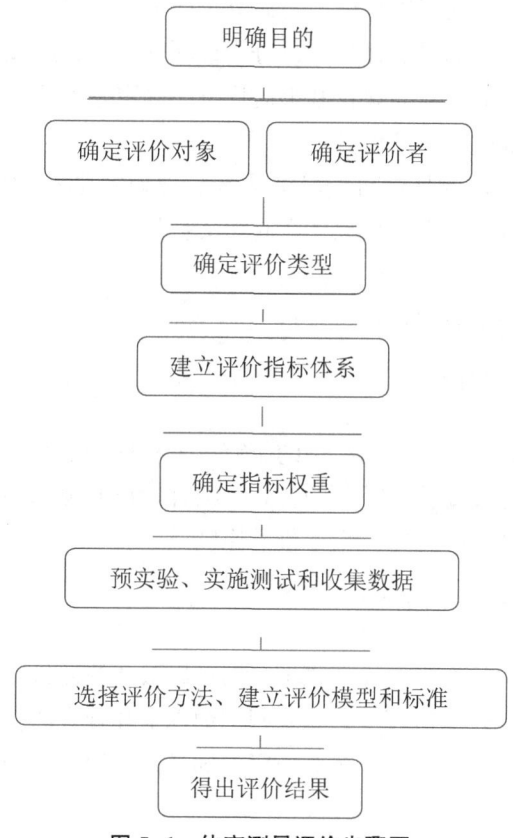

图 5-1　体育测量评价步骤图

体育测量评价共有 7 步，按照顺序是明确评价的目的，确定评价对象和评价测试者、确定评价的类型，建立评价的指标体系，确定指标权重，测试前的预实验、实施测试和收集数据，选择评价方法、建立评价模型和标准，最终分析得出评价结果，如图 5-1 所示。

确定目的是测量评价的第一步，之后才能设计测量和评价的方案。确定了目的就明确了测量评价的任务，测量目的为测量评价提出了要求，为评价对象的选择、确定评价指标等提供了依据。

评价对象是测量评价的主体。根据测量目的选择评价对象，如果是横向评价，评价对象要大于1，否则不能进行横向评价；如果是纵向评价，评价对象可以为1，即对评价对象不同时间段的内容进行评价。

评价者是测量评价的参与者，测试者的经验和素质对测量评价工作影响很大，涉及测量评价中的评价方案的制订、评价指标的筛选、权重的建立、评价结果的分析。评价者对体育测量评价研究工作至关重要，选择评价者时，要综合考虑评价者的专业知识、实践操作能力、研究工作能力、问题攻关能力等。

确定评价类型，根据目的评价可以分为诊断性评价、形成性评价和终结期评价；根据评价对象可分为横向评价和纵向评价。确定好评价的类型，才能够进行研究设计，选择正确的测量评价方法。

评价的指标体系是测量评价的核心内容，选取科学有效的评价指标进行测量，得出的数据才可靠，评价结果才会有意义；如果评价指标不能反映评价的目的和属性，测量和评价工作则没有意义。

构建评价指标的步骤包括：

（一）评价指标初选

采用文献资料法，通过查阅相关的研究成果从理论上对测试评价的目的进行指标的初选。指标选择要符合项目的特点，结合项目的规律和研究的依据，也要参考测量评价学科特点，遵循测量评价的原则。

（二）评价指标体系初建

从理论上对评价指标进行筛选整理，制订出最初的评价指标体系。前人在对构建最初的评价指标体系研究中，主要归纳为以下几种方法：

综合法：对初选的评价指标按照一定的标准进行聚类，归纳为几大类，反映出评价对象的某些属性。

分解法：对综合评价指标进一步进行细分，分成几类子指标。这是对综合评价指标的深度剖析，通过深层次的划分，利用子系统指标反映评价对象的具体问题和情况。

交叉法：相关性较高的评价指标可以交差衍生出派生指标，这些派生指标能够代表这两项指标中的某些属性，又具备这两项指标的共同特性。

（三）确定和完善评价指标体系

确定和完善评价指标体系需要进行以下几部分内容：指标初选只是根据研究的目的将理论上合理的指标选择出来，没有考虑到各个指标之间的相关性。指标初选后，要对初选评价指标体系进行深入研究，进一步筛选出合理的指标，剔除掉无用指标，完善评价指标体系，确定评价指标系统，主要采用的方法有：

因素分析法：是一种将评价指标按照评价对象本身的逻辑结构逐级进行分析，把分析出来的主要因素作为评价指标的方法。应当注意的是分析出来的因素，从高到低逐层缩小内涵，越往下，层次的指标越明确，越具体，范围越小，越可以观测。上一层次的指标应当包含下一层次的指标，而下一层次的指标绝不可包含上一层次的指标。因素分析的对象是评价目标，分析的目的是指标可测性。

理论推演法：是根据有关学科的理论推演出评价指标的方法，例如，根据心理学关于智力、能力的理论，我们便可以推演出评价社会体育指导员能力的指标，同时我们还可以借鉴这些理论对评价指标的内涵作出明确的界定，使评价指标更加严密。

典型研究法：是矛盾的普遍性和特殊性的关系原理在指标设计工作中的具体运用，通过对某些典型人物或典型事例进行研究，从而设计评价指标的方法。典型研究可分为正向研究、负向研究和正、负向结合研究三种类型。运用典型事例研究设计评价指标体系有两点必须注意：第一，选择的事件必须具有典型性和代表性，两者缺一不可，没有典型性就不能成为典型研究，没有代表性就缺乏普遍意义。第二，要与类推法结合。通过典型研究取得的典型评价指标要运用类推法，将其扩展为我们要评价对象的评价指标。一般做法是：选择体育评价对象划分为具有代表性的几类或者几个等级，作为解剖研究的对象；然后从各类或各个等级中提炼、概括出一般要素和特殊要素；通过逆向研究，概括、总结出针对性强、重点突出的要素；最后，对不同类别或等级的评价对象所得的要素进行归纳、综合，从而形成一套指标设计方案。

专家咨询法：把构成体育评价目标的要素问题进行准确地描述，明确地向有关的体育专家提出书面征询，请他们给予答复，然后集中整理，再请另一批专家对这些意见加以评论，逐渐归纳出一套较为一致的指标方案。此法可以避免召开专门会议所产生的附和权威、随大流的现象，能较好地集中大多数专家的意见，进而发挥每个人的思维力量。

头脑风暴法（Brain Storming）：组织研究领域相关的专家进行专家会议，在会议期间，请各位专家针对评级指标体系构建问题说出个人的观点和想法。讨论期间禁止批评和评论，目的是让各位专家有更多的时间进行思想上的交流和沟通，激发灵感，在大脑交流和智慧的碰撞中形成一系列的观点和意见。

列名群体决策法（Nominal Group Technique）：选择相关研究领域的专家组成专家小组（7~10位专家为宜），明确研究目的和要求，让每名专家独自思考并写出个人观点，然后公布每名专家的评价指标选择结果，接着，让各位专家集中讨论，进行思想上的交流后，各位专家再一次写出评价指标，最终对这次专家评价指标结果进行统计，选择位于前列的评价指标制定出研究指标体系。

德尔菲法：德尔菲法是一种匿名问卷调查法，将理论筛选确定的指标体系以问卷的形式发放给各位研究领域的有关专家，专家填写完成后，研究者汇总各位专家的意见，与各位专家进行沟通、交流，综合他们的意见，然后再请各位专家填写问卷，直到各位专家的意见一致，最终确定评价指标体系。

九、体育评价中的权重

（一）指标权重的本质

评价指标体系是一个体系，是由不同的评价指标组成的。依据评价的目的，评价指标对于总体的贡献率是不一样的，评价指标在总体中的贡献率就叫指标的权重。权重是一个数值，是评价指标在总体中所占的量值。评价指标的权重反映各项指标对总体的重要程度，对评价结果有较大影响，合理、科学地确定评价指标的权重是测量评价中重要解决的问题。

（二）权重的影响因素

权重的影响因素包括：①评价指标的信息量。评价指标的信息量不同，权重就不一样。评价指标的信息量越大，指标的权重就越大。②对专项的影响程度。体育测量评价要结合项目的专项特点，反映专项能力较为重要的指标，权重较大。③评价指标的信度。对于可测量的评价指标，测量可信度较高的，评价指标的权重要大一些。

（三）评价指标体系的确立

指标是目标一个方面的规定，它是具体的、可测量的、行为化和操作化的目标。所谓目标一个方面的规定，就是说任意一个指标都不可能反映全部的目标，它只能反映目标的一个方面、一个局部。目标是在目的的基础上制定出来的，用于评价，目标比较完整，具有一定的概括性，但不具有可操作性。指标是目标的细化，具有行为化、可测量的特点，是直接的、具体的评价内容。

目标的测量是通过对各指标组成的指标体系的测量来实现的。指标体系是由诸多指标和指标间的结构决定的。评价目标逐级被分解会形成一个既有层次，又相互联系的指标群。第一次分解后得到的指标称为一级指标，每个一级指标再分解后得到的指标称为二级指标，二级指标分解后得到的指标称为三级指标……直到指标具有可测性不用再分解时，则指标体系建成。将目标分解到末级指标的过程，就是指标体系建立的过程。最末一级可操作的指标称为要素。一个评价目标可以有多个不同评价指标体系反映，有的指标体系能准确地反映目标，但是有的却不能很好地反映目标，因此选好指标和确定合理的指标结构，是一项非常重要的工作。

指标体系是由若干个指标按照一定的结构形式有机组成的。从一般意义上说，指标是从质或量的方面记录和描述客观事物的某种属性的要素。社会体育评价指标是依据社会体育目标，结合评价对象实际分解出来，能反映评价对象某方面本质特征的具体化、行为化的要求，是实施评价的基本依据。按指标的特性，可将指标分为定性描述指标、定量描述指标、目标参照式指标、常模参照式指标等各种类别。在社会体育评价实践中，为了揭示评价客体的某种特质或某种价值，我们往往要设计多项指标，将其有机地联系起来后构成一个指标体系，从定性和定量两个方面完整而准确地反映评价客体及其本质属性。比如，我们可以用身高、体重、胸围、血压、心率和维尔维克指数等指标构建形态学指标体系。

评价对象不同，指标体系的内容结构也不相同。有时评价对象相同，但由于在分析指标体系结构相互关系上的侧重点不同，也会提出不同的指标体系。如果指标体系遗漏重要指标，就会使工作出现误差。可见，指标体系作为工作的指挥棒，作用十分明显。体育评价指标体系的结构不同，对体育工作的导向就不同。指标体系指向哪些内容，重视哪些内容，实际工作就会注重哪些方面。因此，分析、弄清指标体系的一般结构及关系，是提高指标体系的设计水平，提高体育工作质量和评价质量的基本保证。指标体系根据不同的划分标准可以得到不同的指标体系。

1. 按指标体系的形式

按指标体系的形式进行划分的话，指标体系可以分为不同的层级，一般指标体系分两级或三级。同时，每个前一线指标分解成下一级指标的个数也不超过六个，否则测量指标就会相对烦琐。同一个指标体系中每个指标分解的层级可以不相同，只要具有可操作性就行。在指标体系的层级间，指标与目标是相对而言的。每个前一级指标,又都是其下一级指标的评价目标,比如一级指标既是目标的下一级指标,也是二级指标的评价目标,而二级指标又可看成是三级指标的评价目标。

2. 按指标体系的内容

指标体系是由条件指标、过程指标和成果指标三者构成的。任何社会体育评价对象,无论是居民个体或者是团体,作为一个系统,都有着自身的结构,进行体育活动,就要实现社会目标,这些体现在出人才、出成果指标上。一定的条件下,条件指标作为工作的基础和前提,在社会体育实施过程和管理过程中直接影响成果指标。实现社会体育目标是结果,条件是前提,过程是保证,因此,社会体育评价指标体系的内容应包括条件、过程和结果的指标内容。

条件指标:是指反映实现评价目标所必需的物质基础的指标。如对社会体育整体评价时,社会体育指导员队伍、场馆设施等都是社会体育的条件指标。根据不同的评价目的,这类指标有时单独使用,有时列入指标体系中,有时作为参考指标。

过程指标:是指反映为实现目标的实际工作表现的指标。工作过程是影响工作目标实现的重要环节,过程指标与工作实施过程密切相关。社会体育评价中,各项管理制度计划的建立与实施,各类人员积极性的调动与发挥,体育行政部门社会体育规章制度、法律法规等都属于过程指标。在一定程度上,工作过程的状态对目标的实现起决定作用。

成果指标:是指反映评价对象水平与质量本质特征的指标。成果指标也称目标指标、效能指标,它不仅注重成果,而且重视投入产出比率,如场馆设施的数量、社会体育指导员能力水平、居民健康水平等属于成果指标。实现社会体育工作目标,是实现社会体育目的的体现,因此,成果指标是社会体育评价指标体系的重要组成部分。成果指标是社会体育评价体系的核心部分,社会体育活动的目的,主要是提高居民的身心健康,居民的健康状况是成果水平的主要表现。但是评价成果时,不能脱离基础条件和工作过程,因为基础条件和工作过程都是实现活动目标的保障。同时,脱离客观实际去看条件与成果的关系也是不客观的。

由于我国区域经济发展十分不平衡,社会体育发展也不平衡,尽管国家对各地区社会体育目标的要求是一样的,但是如果不顾条件差异,只看成果高低,显然不合理,而且也不利于调动各地区不同条件下社会体育工作的积极性。我们不能绝对化,有的地区虽然条件一般或较差,但领导重视社会体育工作,充分发挥人的积极主动性,努力提高管理水平,取得了优秀成绩。活动过程对成果有直接影响。现代社会体育评价之所以强调过程评价，是因为过程评价可以为被评对象随时提供改进工作的信息，同时能有效地提高管理水平，保持目标绩效的连续性和稳定性。因此，把条件、过程、目标评价有机地结合起来，建立评价指标体系，是全面实现评价目标的保证。当然，为了某种需要，这三个组成部分也可以相对独立。

（四）确定指标权重的方法

1. 德尔菲法

将确定的评价指标体系设计成问卷，以问卷的形式发放给专家，进行匿名填写。每项指标进行量化处理，专家依据个人观点判断指标的重要程度，指标越重要评分就越高，在不断地反馈和修改中，最终确定评价指标的权重。

2. 层次分析法（AHP 法）

将每一层次的各要素与上一层次的各要素进行两两比较，得出相对重要程度的比较权重，建立判断矩阵，计算最大特征根及相对应的特征向量，进行层次单排序，得到各层要素相对于上一层某要素的重要性排序，自上而下用上一层各要素的组合权重为权数，对本层次各要素的相对权重向量进行加权求和，进行层次总排序，得出各层次要素相对于系统总体目标的组合权重，根据最终权重的大小进行方案排序。量值时，按照两两指标相比较的程度分为极端重要、强烈重要、明显重要、稍微重要、同等重要，分别赋分 9 分、7 分、5 分、3 分、1 分，相反即赋分 1/9、1/7、1/5、1/3、1 分。

3. 主成分分析法

主成分分析也称主分量分析，旨在利用降维的思想，把多指标转化为少数几个综合指标。在数学变换中保持变量的总方差不变，使第一变量具有最大的方差，称为第一主成分，第二变量的方差次大，并且和第一变量不相关，称为第二主成分。依次类推，1 个变量就有 1 个主成分。

十、评价指标体系设计需要遵循的原则

指标体系的设计要具有反映评价目标的功能，要想设计出一个科学的评价指标体系，需要从感性认识上升到理性认识。这就要求我们必须本着科学的态度，寻求正确的思想指导实践，杜绝主观随意性。因此，在评价指标体系设计时，我

们必须遵循以下几个原则：

（一）方向性原则

设计评价指标体系必须坚决贯彻党的体育方针及社会体育的有关法规、政策，遵循科学的管理理论和丰富的实践经验。

（二）客观性原则

由于设计评价指标体系是一项政策性、科学性很强的工作，评价指标体系的优劣直接影响到评价效果的有效性，直接体现出被评目标对象的价值，所以在评价指标体系的设计时，一定要坚持从实际情况出发，坚持实事求是的科学态度，杜绝主观随意性，以确保评价指标体系的客观性。

（三）可行性原则

可行性是影响评价实施效果的重要因素。指标系统的可行性可以包括以下三层含义：一是要求指标涉及的信息应易于获取；二是指标体系要简便易行，在设计指标体系时，评价指标的数量要适中，评价标准也要适中。我们要善于抓住问题的要害，反映事物本质的因素，即抓住影响活动目标达成的主要因素，抓住主要矛盾；而对于一些虽能反映目标，但属次要矛盾的一般因素可以忽略或可适当地概括、合并，以减少指标数目，简化内容系统；三是简化量化方法，使之易懂，便于操作。

（四）可测性原则

可测性原则是对评价指标体系中末级指标的要求。末级指标要用可操作化的语言和描述加以界定，末级指标所规定的内容是可以测量的。指标应尽量用具体可操作化的语言来描述，并能通过观察或者测量得到明确的结果，以便后期形成结论。由于体育现象的测量十分复杂，人们对它的认识也有一定的局限性，片面追求可测性、追求量化反而会损失评价的有效性和准确性。因此，贯彻可测性原则，是指在设计指标时，应尽可能使指标定量化或尽可能找到定量化的途径，或者在测量中尽量使用经过检验的权威指标，尤其对于那种目的在于鉴定、比较的总结性评价中的指标。在改进工作中进行的形成性评价并不强调可测性，而是坚持描述性的评价。

（五）全面性原则

指标的全面性是指指标体系内的指标完备性。它要求指标体系不遗漏任何一个重要的指标，无论它反映的是广度还是深度，都应当包含和覆盖评价对象的全部本质属性。指标的全面性能再现和反映社会体育工作目标和管理目标。它本质上要求指标体系内的各条指标能的相互配合中，在它们所构成的评价指标体系的总和中实现目标。

（六）独立性原则

指标的独立性，就是说同一层次的各条指标必须各有明确的独立的含义，逻辑上必须是并列的关系，不可相互重叠，不可存在因果关系。

（七）一致性原则

一致性原则包括两层含义：一是要求评价指标与评价目标相一致；二是要求评价指标体系中，下一层次的指标与上一层次的指标相一致。也就是指标必须反映目标，下一层次的指标反映上一层次的指标，这是设计指标体系所应遵循的又一原则。遵循一致性原则设计评价指标体系，就要坚持评价指标体系中的一级（最高层次）指标，必须与评价目标一致，二级指标必须与一级指标一致，以此类推。评价首先是从指标体系的最末一级指标开始，而后逐级向上合成得到评价结果。如果每一级指标的评价结果，不反映上一级指标所要求的结果，最后逐级合成的结果也就不可能是评价目标的理想结果，这样的结果没有丝毫意义。

综上所述，体育中的测量与评价是一个事物变化过程的两个方面，测量是评价的依据而评价是测量的具体体现。测量是使评价指标获得相关数据资料的重要方式，测量是属于事实判断，而评价则属于价值判断，测量可以为评价提供量化信息。没有测量就不可能有评价，没有评价测量也就没有意义。

第六章 足球测评指标及方法

CHAPTER 06

第一节 形态学指标测试

一、高度

(一) 身高测量

图 6-1 身高测量

测试目的：了解受试者的身体高度，可为选材提供依据。身高应与体重配合，评定身体匀称度。该指标反映人体骨骼纵向生长水平。

测试器材与场地：身高测量计；室内测试。

测试方法：测试时，受试者立正站立在身高测量计上，脚跟、骶骨部及两肩胛间与身高计的立柱接触，双手手臂贴于身体两侧，掌心朝内，保持身体直立，头部端正，两眼目视前方。双脚站在身高测量器上，足跟靠齐，足尖分开30厘米，身体禁止晃动（图6-1）。测试者在受试者的一侧进行数据的读取。

注意事项：①把握"三点一线"、两肩平行的测量姿势要求。②女生头顶发结要打开，有头饰和帽子的要拿下。

测试记录：记录身高测量器显示的数值，以厘米为单位。

（二）臂伸直高测量

图 6-2 臂伸直高测量

测试目的：测量受试者的臂伸直高，并与核心力量测试配合评估受试者的核心力量。

测试器材与场地：皮尺1个；室内或者室外测试。

测试方法：测试时，受试者双脚站在平地上，两腿并齐，一手手臂贴于身体一侧，掌心朝内，另一只手沿体侧垂直于地面并上举，掌心朝里，手掌展开，保持身体直立，头部端正，两眼目视前方。将测量皮尺固定，"0"刻度平行贴于地面，测试者在受试者的一侧进行数据的读取，读取受试者同侧足跟底部至举起手臂中指尖的高度（图6-2）。

测试记录：记录读取皮尺所示数值，以厘米为单位。

（三）坐高测量

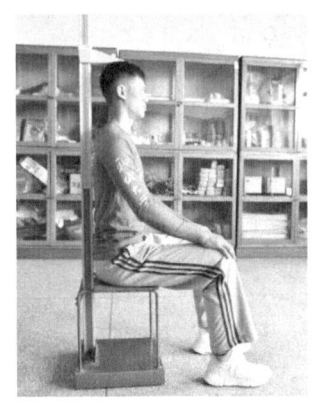

图 6-3 坐高测量

测试目的：测量受试者的坐高，并与身高测试配合评估受试者的躯干长短类型。

测试器材与场地：身高坐高计；室内或者室外测试。

测试方法：测量时受试者大腿与地面平行并与小腿间呈直角，不能直接坐在地面上。受试者坐在坐高计上，躯干自然挺直，大小腿所成角度从 180°变为 90°，左右肩胛间的脊柱和骶部保持在一条垂直线上，两处紧靠坐高计（图 6-3）。测试者在受试者的一侧进行数据的读取。

测试记录：记录身高坐高计显示的数值，以厘米为单位。

二、宽度

（一）胸廓横径测量

图 6-4 胸廓横径测量

测试目的：测量受试者的胸廓横径，评估胸廓的形态特征和发育程度。

测试器材与场地：测径规；室内或者室外测试。

测试方法：测试者站在受试者的左侧，受试者自然站立，左臂放松下垂，右臂举高并伸直，测试者将测径规一端置于胸骨与第四胸肋关节水平处，另一端水平置于背侧后正中线的对应棘突上，测量前后两点间的距离（图6-4）。

测试记录：记录读取测径规所示数值，以厘米为单位。

（二）足宽测量

图6-5 足宽测量

测试目的：测量受试者的足宽，评估足部的形态特征和发育程度。

测试器材与场地：皮尺1个；室内或者室外测试。

测试方法：受试者全足掌踏在板凳上，压实凳面，测量第五跖骨小头至第一跖骨小头之间的距离，测量误差不得超过0.2厘米。读取与皮尺"0"重合的数值，以此作为本次测试的最终结果（图6-5）。

测试记录：记录读取皮尺所示数值，以厘米为单位。

（三）髋宽测量

图6-6 髋宽测量

测试目的：测量受试者的髋宽，根据测量指标评估受试者的身体形态。

测试器材与场地：测径规，室内或者室外测试。

测试方法：受试者两脚并拢，自然站立。测试人员站其体前，用两手食指摸其左右大转子最向外突出点（髋宽），用测径规量最宽处的直线距离（图6-6）。

测试记录：记录读取测径规所示数值，以厘米为单位，误差不得超过0.2厘米。

（四）肩宽测量

图6-7 肩宽测量

测试目的：测量受试者的肩宽，根据测量指标评估受试者的身体形态。

测试器材与场地：皮尺1个，室内或者室外测试。

测试方法：受试者两脚分开与肩同宽，自然站立，两肩放松，测试者站立在受试者身后，用手指从肩胛冈向外摸到尖峰外侧缘中点，即肩峰点，再用皮尺测量两肩峰点的直线距离（图6-7）。

测试记录：记录读取皮尺所示数值，以厘米为单位。

三、长度

（一）上肢长测量

测试目的：测量受试者的上肢长，并与身高测试配合评估受试者的上肢长指数。

测试器材与场地：皮尺1个；室内或者室外测试。

测试方法：受试者手臂自然下垂，放于体侧，测试者站在受试者的一侧，测量受试者肩峰点至中指尖点之间的直线距离，即为上臂长+前臂长+手长。

测试记录：记录读取皮尺所示数值，以厘米为单位。

（二）上臂长测量

图 6-8 上臂长测量

测试目的：测量受试者的上臂长，并与身高测试配合评估受试者的上臂长指数。

测试器材与场地：皮尺 1 个；室内或者室外测试。

测试方法：受试者手臂自然下垂，放于体侧，测试者站在受试者的一侧，测量受试者肩峰点至桡骨点之间的直线距离（图 6-8）。

测试记录：记录读取皮尺所示数值，以厘米为单位。

（三）前臂长测量

图 6-9 前臂长测量

测试目的：测量受试者的前臂长，并与身高测试配合评估受试者的前臂长指数。

测试器材与场地：皮尺1个；室内或者室外测试。

测试方法：受试者手臂自然下垂，放于体侧，测试者站在受试者的一侧，测量受试者桡骨点至桡骨茎突点之间的直线距离（图6-9）。

测试记录：记录读取皮尺所示数值，以厘米为单位。

(四) 手长测量

图 6-10 手长测量

测试目的：测量受试者的手长，并与身高测试配合评估受试者的手长指数。

测试器材与场地：皮尺1个；室内或者室外测试。

测试方法：受试者手臂自然下垂，放于体侧，测试者站在受试者的一侧，测量受试者桡骨茎突与尺骨茎突点在掌侧面连线中点至指尖点之间的直线距离（图6-10）。

测试记录：记录读取皮尺所示数值，以厘米为单位。

(五) 中指间距测量

图 6-11 中指间距测量

测试目的：测量受试者的中指间距，根据测量指标评估受试者的身体形态。

测试器材与场地：指距尺或带滑板 2 米以上有刻度的钢尺（每米误差不超过 0.2 厘米）；室内或者室外测试。

测试方法：测量尺固定在平台上，受试者背对测量尺，身体直立，双脚自然分开，两臂侧平举，掌心向内紧贴指距尺或钢尺，左侧手指尖固定在测量尺的零点处，另一侧手臂紧贴测量尺，并尽量平直向远处延伸，测试者面对受试者进行数据的测量与读取，测量并记录两中指尖点之间的直线距离（图 6-11）。

测试记录：记录读取指距尺或者钢尺所测量的数值，以米为单位，测量误差不得超过 0.5 厘米。

(六) 手足间距测量

图 6-12 手足间距测量

测试目的：测量受试者的手足间距，根据测量指标评估受试者的身体形态。

测试器材与场地：皮尺，或把带尺垂直固定在垂直于地面的墙上；室内或者室外测试。

测试方法：受试者自然站立，双手下垂，指尖贴裤缝，此时双足并拢，不得提脚，量取右手中指尖至足底平面的垂直距离。测试者与受试者面对面站立进行测试数据的读取（图 6-12）。

测试记录：记录读取皮尺或带尺所示数值，以厘米为单位。

（七）下肢长测量

图 6-13 下肢长测量

测试目的：测量受试者的下肢长，根据测量指标评估受试者的身体形态。

测试器材与场地：带游标的直尺；室内或者室外测试。

测试方法：受试者直立，两臂下垂，取立正姿势。测试者在受试者一侧进行测量。下肢长测量有两种方法：①测量右下肢髂前上棘至地面的垂直距离（图 6-13）。站立时，下肢腿的肌肉要放松，保证两腿受力均衡，体重应平均落在两腿上。最后记录读取游标直尺所示数值，以厘米为单位。②测量受试者左下肢股骨大转子上缘至地面的垂直距离。站立时，下肢腿的肌肉要放松，保证两腿受力均衡，体重应平均落在两腿上，大转子要摸得准。定好后，不要移动。

测试记录：记录读取游标直尺所示数值，以厘米为单位，测量误差不得超过 0.5 厘米。

（八）小腿长测量

图 6-14 小腿长测量

测试目的：测量受试者的小腿长，并与身高配合评估受试者的身体形态和形态比例。

测试器材与场地：带滑动触角的钢板直尺；室内或者室外测试。

测试方法：受试者身体直立，抬左腿，左腿放于钢板直尺上，全脚掌压实仪器，大腿平行于仪器，小腿垂直于仪器站立。钢板尺垂直立于测量腿内侧凳面上，测量者蹲于测量腿的左侧，测量左胫骨内侧髁上缘（即膝关节内侧关节缝）至凳面的垂直距离（图 6-14）。

注意事项：胫骨内上髁上缘点要正确。测试者用左手拇指外侧，自受试者髌腱内侧沿膝关节缝向内侧触摸，即可摸准测量点。小腿要与仪器面垂直，钢板尺要与胫骨平行。

测试记录：记录读取钢板直尺所示数值，以厘米为单位，测量误差不得超过 0.5 厘米。

（九）跟腱长测量

图 6-15　跟腱长测量

测试目的：测量受试者的跟腱长，评估受试者的跳跃能力。

测试器材与场地：皮尺 1 个；室内或者室外测试。

测试方法：受试者上手扶墙，双腿自然分开，站立提踵。在腿部腓肠肌内侧肌腹下缘做一标志，记录后还原成自然站立状，测量内侧肌腹下缘至地面的距离，即跟腱的长度（图 6-15）。

注意事项：在画腓肠肌内侧下缘标志时，小腿三头肌必须充分收缩，使腓肠肌外形充分显露。此外，在画标志点时不得移动皮肤。

测试记录：记录读取皮尺所示数值，以厘米为单位。

四、围度

(一) 胸围测量

图 6-16 胸围测量

测试目的：胸围是形态学的重要指标，评估受试者的发育程度。

测试器材与场地：尼龙带尺；室内或室外测试。

测试方法：受试者自然站立，双肩放松，两臂自然下垂，双脚分开与肩同宽，保持平静呼吸。测试者面对受试者，将带尺上缘经背部肩胛下角下缘至胸前围绕一周。带尺下缘在胸前乳头上缘。测量尺的围绕需注意松紧度，不能过紧或者过松，保证皮肤没有明显勒痕或肌肉没有明显凹陷即可，在受试者呼气末时读取与测量尺上"0"点重合的数值（图6-16）。

注意事项：①测量时，注意受试者姿势是否正确。②测试者应严格控制带尺的松紧度。③如触摸不到肩胛下角，可让受试者扩胸，待触摸清楚后，受试者应恢复正确测量姿势。④如两侧肩胛下角高度不一致，以低侧为准。

测试记录：记录受试者的测试数据，以厘米为单位，精确到小数点后1位。

(二) 腰围测量

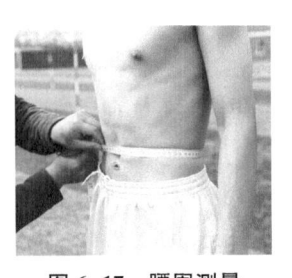

图 6-17 腰围测量

测试目的：腰围是形态学的重要指标，评估受试者的发育程度。

测试器材与场地：尼龙带尺；室内或者室外测试。

测试方法：受试者自然站立，两肩放松。测试者面对受试者，将带尺经脐上0.5~1厘米处水平环绕一周，保证带尺围绕腰部的松紧度适宜（使皮肤不产生明显凹陷），带尺与"0"点相交的数值即为测量值（图6-17）。

测试记录：记录受试者的测试数据，以厘米为单位，精确到小数点后1位。

（三）臂围测量

图 6-18 臂围测量

测试目的：臂围是形态学的重要指标，评估受试者的发育程度。

测试器材与场地：每米误差不超过0.2厘米的皮尺；室内或者室外测试。

测试方法：受试者将右上臂斜向前平举，掌心向上并用力屈肘测试者站在受试者对面进行测量。测试时，带尺与"0"点相交的数值即为测量值（图6-18）。

测试记录：记录受试者的测试数据，以厘米为单位，精确到小数点后1位。

（四）臀围测量

图 6-19 臀围测量

测试目的：臀围是形态学的重要指标，评估受试者的发育程度。

测试器材与场地：尼龙带尺；室内或者室外测试。

测试方法：受试者两腿并拢直立，两肩放松。测试者面对受试者，将带尺放于小腹下缘和背后臀大肌最凸处。测试时，带尺与"0"点相交的数值即为测量值（图6-19）。

测试记录：记录受试者的测试数据，以厘米为单位，精确到小数点后1位。

（五）膝围测量

图6-20 膝围测量

测试目的：膝围是形态学的重要指标，评估受试者的发育程度。

测试器材与场地：皮尺；室内或者室外测试。

测试方法：受试者两腿分开与肩同宽，皮尺位于膝盖处进行测量。测试时，皮尺与"0"点相交的数值即为测量值（图6-20）。

测试记录：记录受测试者的测试数据，以厘米为单位，精确到小数点后1位。

（六）踝围测量

图6-21 踝围测量

测试目的：踝围是形态学的重要指标，评估受试者的发育程度。

测试器材与场地：皮尺；室内或者室外测试。

测试方法：受试者两腿分开与肩同宽，体重均匀分布在两腿上，皮尺位于内踝上方约5厘米处测最细部位。测试时，皮尺与"0"点相交的数值即为测量值（图6-21）。

测试记录：记录受试者的测试数据，以厘米为单位，精确到小数点后1位。

五、充实度

（一）皮褶厚度测量

图 6-22　皮褶厚度测量

测试目的：通过对皮肤皮褶厚度的测量，反映受试者身体各部位的体脂含量，以此来评估人体的肥胖程度。

测试器材与场地：皮褶厚度测量计；室内测量。

测试方法：测试前，测试者向受试者说明测试目的与注意事项。选择测量部位后，将受试者受测试的部位充分裸露，当受试者处于放松状态后，测试者一只手轻轻捏起受试者受测试部位的皮肤，捏起皮褶，另外一只手拿起皮褶厚度测量计，夹住皮褶，确保皮褶夹子与皮褶呈直角，待指针停稳，读取数据并记录（图6-22）。

注意事项：受试者应处于放松状态去测试，测试者要注意皮褶厚度计与皮褶测试角度的问题，还要注意测试的安全性，不要用力划伤受试者。

测试记录：按仪器显示数据如实进行记录。

（二）体成分测量

图 6-23　体成分测试仪

测试目的：测试受试者的体脂百分比、脂肪含量、BMI、瘦体重等体成分。其结果可直接反映受试者的训练效果及训练适应性，为教练员制订训练计划提供科学依据；帮助受试者寻求合理的控制体重，保持最佳体态；指导教练员和受试者制订合理膳食计划。BMI（身体质量指数）在国际上常被用作衡量人体胖瘦程度及是否健康的指标。

测试器材与场地：体成分测试仪（生物电阻抗法）；室内测试。

测试方法：清晨空腹，受试者尽量减少着装，双脚站上体成分测试仪，再把柄和双脚站立处涂抹导液。体成分测试仪基于生物电阻抗法原理，依据人体体成分抗阻能力不同，精确测量人体体成分。其采用多频生物电阻抗分析法（MF-BIA），具有测量时间短，测量精确度高等优点，可提供肌肉质量评估、体液指标评估、腹部脂肪评估和腹部肥胖预测（图6-23）。

测试记录：按仪器显示数据如实进行记录。

第二节　运动素质指标测试

一、柔韧素质

（一）坐位体前屈测试

图 6-24　坐位体前屈测试

测试目的：评估受试者在静态时腰椎和股后肌群柔韧度，对评估受试者的动作幅度及预防运动损伤有重要作用。

测试器材与场地：电子坐位体前屈测试计；室内测试。

测试方法：受试者面向测试计的方向坐在垫子上，两腿抵住测试计向前伸直，两腿并拢，测试者调整导轨高端使受试者脚尖平齐游标下缘。测试时，受试者上身伏背尽可能地靠近自己的大腿，双手用力推测试计上的卡尺，使卡尺尽可能远地向脚尖方向移动，在自己所能承受的最大范围内进行测试。千万不要为了测试而使自己身体损伤（图6-24）。

注意事项：测试前，受试者要做好准备活动，防止在测试过程中造成拉伤等情况，保持安全第一。测试时，受试者不能身体猛地向前晃动去移动游标卡尺，需要慢慢地向前移动进行测试。有的受试者身体柔韧性较差，可能出现负值，需要正确地进行填写。

测试记录：测试计显示数值即为测试值。测试两次，记录最大值，以厘米为单位，精确到小数点后1位。正确地记录"+""-"号。

（二）改良坐位体前屈测试

测试目的：改良坐位体前屈主要测量静态时下背部、腿部和臀部的柔韧性，它能够有效减少和剔除下肢和上肢长的影响，在一定程度上提高了测量的效果。

测试器材与场地：电子坐位体前屈测试计；室内测试。

测试方法：受试者后背靠墙坐在地面上，头部、背部和臀部紧贴墙面，呈90°，膝盖伸直且与肩同宽两腿并拢伸直，脚跟贴于地面的箱子侧面。游标尺平放于箱子上面，受试者双手伸直。调整游标尺沿纵向移动，使受试者指尖刚好与"0"刻度端触碰（此时受试者的后背应贴住墙面），然后受试者躯干前倾，双手推动游标至最远距离，记录此时的游标刻度（MSR 值）。两次测试后，取最高成绩。

注意事项：测试前，受试者需要做好准备活动，以防受伤。测试过程中，受试者不能身体猛地向前晃动去移动游标卡尺，需要慢慢地向前移动进行测试。有的受试者身体柔韧性较差，切记不要为了测试结果而发狠力，使自己拉伤。

测试记录：测试计显示数值即为测试值。测试两次，记录最大值，以厘米为单位，精确到小数点后1位。

（三）单腿坐位体前屈测试

测试目的：反映受试者髋部、脊柱伸肌群及股后肌群的伸展性和柔韧性。

测试器材与场地：坐位体前屈测试计；室内或室外测量。

测试方法：受试者面向测试计的方向坐在垫子上，测试左腿柔韧时，左腿抵住测试计向前伸直，右腿弯曲，右脚脚心抵于左腿膝盖处，受试者调整导轨高端使受试者脚尖平齐游标下缘。测试时，受试者上身尽可能靠近自己的大腿，双手用力推测试计上的卡尺，使卡尺尽可能远地向脚尖方向移动。在自己所能承受的最大范围内进行测试。

注意事项：测试前，受试者需要做好准备活动，以防止受伤。测试过程中，受试者不能身体猛地向前晃动去移动游标卡尺，需要慢慢地向前移动进行测试。有的受试人员身体柔韧性较差，可能出现负值，需要正确地进行填写。

测试记录：测试计显示数值即为测试值。测试两次，记录最大值，以厘米为单位，精确到小数点后1位。

(四) 双手后勾测试

图 6-25 双手后勾测试

测试目的：反映受试者上臂、肩背部的伸展性和柔韧性。

测试器材与场地：无测试仪器，室内或室外测量。

测试方法：受试者自然站立，双腿自然分开，一只手从脑后经肩膀向后背延伸，手肘尽可能地指向天花板，另外一只手从腰部经后背，两手手掌尽可能相触（图6-25）。两手在后背成一条直线，分别用"是"或"否"来记录成绩。

注意事项：①受试者测试时，身体保持自然站立姿势，两手保持在一条直线上，且两只手均要接触后背。②如果受试者感到疼痛应立即停止测试，防止在测试中受伤。③双手碰不到的人员，后期可以借用手帕进行辅助练习，双手抓住手帕进行保持，慢慢缩短两手之间的距离。

测试记录：测试计示数值即为测试值。测试两次，记录最好成绩。

(五) 股四头肌柔韧度测试

图 6-26　股四头肌柔韧度测试

测试目的：评估受试者股四头肌的柔韧度，对评估受试者的动作幅度及预防运动损伤有重要的指导意义。

测试器材与场地：直尺1把；室内或者室外测试。

测试方法：受试者俯卧，身体展平，双手置于体侧，掌心朝下。头部中正，两腿自然分开，左腿缓慢屈膝，直到最大幅度，脚踝成背屈，测试者用直尺测试脚后跟与同侧臀部最高点的距离（如图6-26所示线段长度）；然后换右腿测试。

测试要求：受试者俯卧，脚踝成背屈。

测试记录：记录图6-26中所示线段长度。

(六) 小腿三头肌柔韧度测试

图 6-27　小腿三头肌柔韧度测试

测试目的：评估受试者的小腿三头肌柔韧度，对评估受试者的动作幅度及预防运动损伤有重要的指导意义。

测试器材与场地：直尺 1 把；室内或者室外测试。

测试方法：受试者脱去鞋子，双腿自然站立，双手置于体侧，双脚脚跟站在一条线上，身体垂直于线站立。先用直尺沿脚外侧测量脚掌长度，取中点在地面做标记。测量脚缓慢抬起前脚掌，测试者用直尺测量地面标记到抬起脚掌的距离（图 6-27 所示线段高度）。

测试记录：记录图 6-27 所示线段高度数值。

（七）立位体前屈测试

图 6-28 立位体前屈测试

测试目的：主要反映受试者的柔韧能力。

测试器材与场地：一个平面凳子或平台、立位体前屈测量计；室内或室外测量。

测量方法：受试者足跟并拢，足尖分开 30°～40°，并与平台前沿横线平齐，两腿伸直。上体尽量前屈，两臂及手指伸直，两手并拢，用两手中指尖轻轻推动标尺上的游标下滑，直到不能继续下伸时为止，不得做突然下伸动作（图 6-28）。测两次，取最佳成绩，测量计"0"点以上为负值，"0"点以下为正值。

测试记录：测量计显示数值即为测试值。测试两次，记录最大值，以厘米为单位，精确到小数点后 1 位。

（八）俯卧背伸测试

图 6-29 俯卧背伸测试

测试目的：主要反映受试者躯干和颈部的伸展能力。

测试器材与场地：测量直尺；室内或室外测量。

测试方法：测试前受试者要做好准备活动。测试时受试者俯卧于地，两腿伸直，两脚分开45厘米左右，双手互握置于脑后，另一同伴帮助固定受试者两腿，令受试者仰头、尽力背伸。测试者在其前方，当受试者后仰至最高点时，迅速测量下颌点至地面的距离（图6-29）。

测试记录：测量图6-29线段长度，测2次，以厘米为单位，记录最佳成绩。俯卧背伸的测量值越大，则受试者躯干和颈部的伸展能力就越好。

（九）后屈体造桥测试

测试目的：主要反映受试者脊柱伸展的能力。

测试器材与场地：地板测量尺；室内或室外。

测试方法：测试前受试者要做好准备活动。测量受试者的脐高（地面至脐点间的距离）后，受试者仰卧于地，两手分开与肩同宽，双手在颈部两侧反撑，屈膝，两脚分开与肩同宽。

测试记录：后屈体造桥的成绩=脐高-桥高。后屈体造桥的成绩越小（桥高越接近脐高成绩越好），则受试者脊柱伸展的能力越好。

（十）俯卧抬臂测试

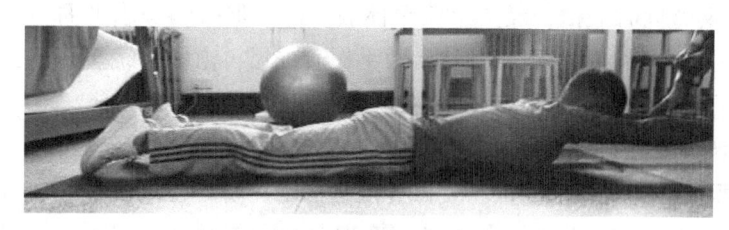

图6-30 俯卧抬臂测试

测试目的：主要反映受试者肩关节和腕关节的伸展能力。

测试器材与场地：地板、测量尺圆木棍或竹竿（直径为2厘米左右，长为1米）；室内或室外测量。

测试方法：测量受试者的臂长后，令受试者俯卧于垫子上，下颌着地，两腿伸直，双臂前伸，两手间距与肩同宽，然后两臂尽量上抬，在自己能承受范围内抬至不能抬起。当受试者两臂抬至最高点时，迅速测量两手中心点距离至垫子的距离（图6-30）。

测试要求：①测试前受试者要做好准备活动，防止在测试过程中拉伤，坚持安全第一的原则进行测试。②肘关节伸直，双臂应保持在同一水平面上。③测量过程中，受试者的下颌要始终着地，保持俯卧姿势。

测试记录：俯卧抬臂的成绩=臂长-抬臂高。俯卧抬臂的成绩越小，则受者肩关节和腕关节的伸展能力就越好。

（十一）转肩测试

图 6-31 转肩测试

测试目的：受试者做转肩动作并进行测量，主要反映受试者关节的柔韧性。

测试方法：测量肩宽后，受试者两手正握皮尺（左手的虎口与皮尺的"0"位对齐），两臂同时上抬，经头上绕至体后。两臂保持同一水平面，两手间距应刚好能使两臂绕到体后的距离，然后两手握着皮尺再由体后绕至体前，以厘米为单位，记录两虎口之间的距离，测三次，取最佳成绩。

测试器材与场地：皮尺（2米长）；室内或室外。

测试要求：①测试前受试者要做好准备活动，防止在测试过程中拉伤，坚持安全第一的原则进行测试。②测量时两臂伸直，身体不得扭动，不得提足跟。③两臂由体后绕至体前时，两手紧握皮尺，不能滑动（图6-31）。

测试记录：测量受试者的转肩距离，转肩的成绩=握距-肩宽。转肩的成绩越小，则说明受试者肩关节的柔韧性就越好。

（十二）横劈叉测试

测试目的：主要反映受试者两腿左右的伸展能力。

测试方法：测试前受试者要做好准备活动，防止在测试过程中拉伤，坚持安全第一的原则进行测试。测试时令受试者左右分腿站立，慢慢下降身体，并呈左右分腿坐姿势。

测试器材与场地：平坦地面、挠度测量尺、直尺；室内或室外。

注意事项：双手是否可以撑地需做出统一规则。测试时膝关节不能屈曲，劈腿下降时应匀速下移。

测试记录：测试记录两腿中间部位与地面之间的垂直距离作为最后成绩。测试数据越小，则说明受试者的测试成绩越好。

（十三）纵劈叉测试

测试目的：主要反映受试者两腿前后的伸展能力。

测试方法：测试前受试者要做好准备活动，防止在测试过程中造成拉伤，坚持安全第一的原则进行测试。测试时受试者前后分腿站立，慢慢下降身体，并呈前后分腿坐姿势。

测试器材与场地：操场、体操垫、秒表、关节角度测试仪；室内或室外。

注意事项：双手是否可以撑地须做出统一规则。测试时膝关节不能屈曲，劈腿下降时应匀速下移。

测量记录：测试记录两腿之间与地面的垂直距离作为最后成绩。测试数据越小，则说明受试者的测试成绩越好。

二、速度素质

（一）位移速度

图 6-32　位移速度测试

位移速度是指快速移动的能力，包括起动速度、最大速度和速度耐力三个部分，本研究的位移速度板块仅对受试者的起动速度和最大速度进行测试（图 6-32）。

1. 起动速度测试

图 6-33 起动速度测试

测试内容：5 秒快跑。

测试目的：起动速度是受试者所需的重要素质，它要求受试者能够根据环境的变化快速动员身体，这对于比赛中获得球权非常重要。此测试主要反映受试者的快速跑动能力。

测试器材与场地：秒表、口哨、地标；室外测量。

测试方法：测试前，受试者要做好准备活动，防止在测试过程中造成拉伤，坚持安全第一的原则进行测试。测试时，受试者可以采取任何方式进行起跑，听到"跑"时进行起跑，听到停止的口哨时立刻停止跑动（图 6-33）。两名测试者，一名测试者发令和计时，另一名测试者记录受试者的跑动距离。

测试记录：记录受试者完成不同距离的冲刺时间。受试者测试两次，取最好成绩。

2. 最大速度测试

（1）20 米、30 米、40 米冲刺速度

测试内容：20 米、30 米、40 米冲刺速度。

测试目的：最大速度是运动时快速位移的能力体现，有利于受试者完成跑位、防守等技战术动作。

测试器材与场地：美国 Brower Timing 红外线速度测试仪 1 台、皮尺 1 个、标志桶 10 个；室外测量。

测试方法：测试前，受试者要做好准备活动，防止在测试过程中造成拉伤，坚持安全第一的原则进行测试。起跑：采用站立式起跑，受试者用优势脚站在

TC-Motion 感应器（起跑器）旁边，准备好后自行起跑。终点：采用红外线门测速计时，受试者快速冲过测速门，不能提前缓冲。

测试记录：记录受试者完成不同距离（20 米、30 米、40 米）的冲刺时间，受试者测试两次，取最好成绩。

（2）5 米往返跑

测试内容：5 米往返跑。

测试仪器与场地：计时秒表；室外测量。

测试目的：速度素质是某些运动项目选材的客观依据之一，对其他身体素质的发展有着重要影响，5 米往返跑可以反映受试者的最大速度和其他身体素质。

测试方法：测量前，受试者要做好准备活动，防止在测试过程中造成拉伤，坚持安全第一的原则进行测试。测试时，先画好 5 米跑道及跑道两头指定大小、位置的方框，在一边的方框中放入两个大小适中的木块。开始测试时，受试者以自己最快的速度把跑道对面的木块拿回出发点的方框里，一次只能抓一个，来回共跑四个 5 米，记录受试者完成整个动作的时间。

测试记录：记录受试者从起跑到结束的时间，精确到小数点后 2 位，用时越短，说明受试者的最大速度越快。

（二）动作速度

1. 快速交替高抬腿测试

图 6-34 快速交替高抬腿测试

测试目的：评估受试者快速完成动作的能力，足球比赛要求受试者具备快速完成变速、变线、踢球等技术动作的能力。

测试器材与场地：徒手；室外测试。

测试方法：测量前，受试者要做好准备活动，防止在测试过程中造成拉伤，保持安全第一。测试时，身体稍前倾，直臂双手顶住固定物体，上体稍前倾，保持核心稳定，快速交替收腿（图6-34）。

测试要求：受测试者双臂伸直，快速交替收腿。

测试记录：记录员宣布"开始"后，计时10秒钟，记录完成次数。

2. 坐姿快速踏足测试

测试目的：反映受试者两脚快速交替重复特定动作的能力。

测试器材与场地：时间计数自动控制器；室内或室外。

测试方法：测量前，受试者要做好准备活动，以防止在测试过程中造成拉伤，保持安全第一。测试时，受试者坐在车鞍上两手扶车把，大腿成水平状，膝关节成90°，两脚快速上下交替做踏足动作，记录计时器的数值（10秒内重复的次数）。

测试要求：按照规定的动作严格要求进行测试。

测试记录：测试两次，取受试者两次测试最好的成绩。

3. 仰卧起坐测试

图6-35 仰卧起坐测试

测试目的：反映受试者的核心力量与动作速度。

测试器材与场地：秒表、体操垫；室内或室外。

测试方法：测量前，受试者要做好准备活动，以防止在测试过程中造成拉伤，保持安全第一。测试时，受试者半躺在草坪或垫子上，双手重叠抱于头后，测试者压其脚踝，起身头碰触膝盖后后仰，后仰至双手贴地，重复此动作（图6-35）。

测试要求：受试者需要按照标准动作进行正确的操作，否则不给予记录成绩，不规范的动作不记录在总成绩内。

测试记录：测试1分钟，记录受试者所做的次数，所做动作个数越多，表明受试者核心力量与动作速度越好。

4. 两头翘测试

图 6-36 两头翘测试

测试目的：反映受试者的核心力量与动作速度。

测试仪器与场地：秒表、体操垫；室内或室外。

测试方法：测量前，受试者要做好准备活动，防止在测试过程中造成拉伤，安全第一。测试时，受试者趴于垫子上，手臂伸直，双腿分开30°伸直，当听到测试者下达"开始"口令时，开始做动作，双手臂和双腿尽力上抬（抬到自己所能达到的最大限度），重复此动作（图6-36）。

测试要求：受试者双手双脚不要分离太大，动作需达标，不能因为偷懒而减小抬起幅度，抬起幅度如果紧贴地面，则视为不合格动作，不合格的动作不给予记录总成绩的个数中。

测试记录：测试1分钟，记录受试者所做的次数。所做动作个数越多，表明受试者的核心力量与动作速度越好。

5. 攀岩测试

测试目的：测试受试者的运动速度表现。

测试仪器与场地：攀岩安全设备和秒钟，以及2米宽、10米高、外倾角约10°的人工攀石墙（路线困难度为美式攀登难度标准，此难度一般用作初学者训练）；室外测试。

测试方法：测量前，受试者要做好准备活动，防止在测试过程中造成拉伤，安全第一。测试时，受试者单脚站地，双手拉着起步把手，另一脚踏着起步把手，当测试者发出"开始"讯息后，受试者全力攀登到设在10米高的标志上拍打，方为完成。

测试要求：站地一脚在起步前不能弹跳，在攀登的过程中受试者出现失手下坠时，需要重新攀登。受试者在技术和力量发展进入稳定期，方能准确地测试其速度表现。

测试记录：测试两次，简单休息后，对受试者进行第二次测试，取最好成绩作为最终的测试成绩。受试者测试所用时间越短，说明其力量与速度就越好。

(三) 反应速度

1. 简单反应时测试

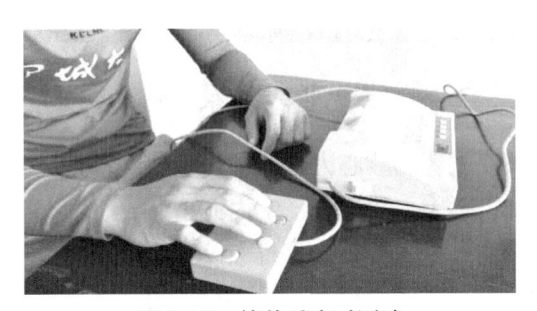

图 6-37 简单反应时测试

测试目的：测试受试者对特定的光信号反应。
测试仪器与场地：光反应时测量仪；室内测量。
测试方法：测试时，受试者坐在桌边，集中精力，看着桌上的红色按钮，当测试者发放"开始"口令时，测试开始，受试者看到红色按钮变亮时，迅速按按钮，记录灯亮到按灭的时间（图6-37）。

测试要求：不能抢先按按钮，测试者不得对受试者进行任何有效或无效的信息提示。

测试记录：测试两次，简单休息后，对受试者进行第二次测试，取最好成绩作为最终的测试成绩。受试者测试所用时间越短，说明其力量与速度就越好。

2. 选择反应时测试

测试目的：主要测试受试者神经与肌肉协调性与快速反应能力。
测试仪器与场地：反应时测试仪；室内测量。
测试方法：测试时，受试者中指按住"启动键"，等待信号，当任意键发出信号时，以最快的速度去按键，信号消失后，中指再次按住"启动键"，等待下一次信号的发出，共有5次信号，受试者完成5次信号的应答后，测试结束。

测试要求：不能用掌心或者掌跟去按键，不能用力去拍打按键，测试者不得对其进行有效或者无效信息的提示。

测试记录：测试两次，取最好的成绩作为最终成绩，受试者测试所用时间越短，成绩越好。

3. 游戏测试

测试目的：游戏测试主要运用于反应速度的训练，寓训于乐，游戏测试，既没有跑步的枯燥，又锻炼了身体，还放松了心情，可谓一举多得。按照游戏规定，对全部受试者进行各个游戏适宜的分组，分组后进行游戏测试。测试前，受试者要做好准备活动，防止在测试过程中受伤，保证安全第一。

测试内容：

①两人拍击：根据受测试的人数，把测试人员随即分为两人一组的小组。两人面对面站立，等待测试人员宣布"开始"的口令。口令下达后，双方想办法去触摸对方后背，3分钟内触摸对方后背次数多者胜利。

②反应起跳：全部人员手拉手面对面围成一个圆圈，如果人数较多圆圈太大，则不易操作，可以分组进行游戏。圆圈的圆心站立一个人，拿一个大于圆圈半径的工具（树枝、竹竿等），紧贴地面进行绕圈，当树枝绕过人员的脚时，圈上的人员需要起跳，如果被树枝碰到则与圆心的人进行交换，游戏继续。

③猎人与狐狸：把参与者分为两队，一队"猎人"一队"狐狸"，猎人围成一个圈，每个人之间双臂的距离，在猎人圈内围成一个圈，狐狸手拉手站立在圈内，猎人拿排球去"打"狐狸，不准击打头部，被球碰到身体躯干即为击中，则狐狸离开圆圈，猎人只能一人一次发一球，所有狐狸皆被打中后，游戏结束，双方交换角色，重新开始比赛。

④抱伙伴组合：所有人员手拉手围成圈后向右转，小步跑起来，场地上放上音响循环播放音乐，当游戏的发令员下达"3个人"的口令时，3个人必须抱在一起，如果人数多或者少于3人皆算失败，发令员说数字几，几个人就抱在一起。

⑤追逐游戏：两队面对面距离7米站立，给两队命名，一队为"长江"，另一队为"黄河"，发令人员如果发令为"长江"时，黄河要去追长江，发令人员如果发令为"黄河"时，长江要去追黄河，两组人员如果跑反或者没有抓到对方人员即为失败。

⑥起动追拍：两人一组前后相距慢跑，听到信号开始加速跑，后者追前者，追上并拍击他背部就停止，要求在规定时间内追上有效。也可在追赶时，教练发

出第二个信号,让其后转身互换追赶。

⑦抢球游戏:用排球围成一个圆圈,参与人员在球外侧围成一个圆圈,排球数比人数少一个(比如:参与人员 10 人,则排球 9 个),参与游戏人员在外圈慢跑,当发令员下达"停止"口令时,参与游戏人员就近抱起排球,没有抱到排球者则暂时退出游戏,此时在圈内减少一个排球。

⑧丢手绢:参与游戏的人员围成一个圆圈,面对面坐在地上。选出一人在圈外拿着手绢一边唱歌一边走动,当手绢放在第二人身后时,第二人拿着手绢去追放下手绢的人,当被追逐者在跑动过程中,第二人随即站到某个第三人身后时,换成第三人去追第一人,被抓住的话,就要在圈内表演才艺,然后比赛继续。

测试仪器与场地:地标、秒表、队服、口哨、排球;室外测试。

测试要求:所有的游戏都要在安全的基础上操作,不得在游戏过程中出现过激行为,导致自己和他人受伤,本着"友谊第一,比赛第二"的宗旨进行游戏测试。

测试记录:在各个游戏中,当测试人员宣布"开始"的口令后,测试人员对受试者每个人的有效时长进行准确记录。根据游戏成绩要求(高优指标或者低优指标),参照个人完成任务或者达到要求所用时间越长(短),确定最终成绩的优劣。

4. 综合动作测试

图 6-38 综合动作测试

测试目的:评价受试者的动作速度。

测试仪器与场地:秒表;操场或者平坦的地面;室内或者室外测量。

测试内容:①摆臂练习:受试者在原地进行快速摆臂,保证每次动作都能做到位,在规范的前提下对动作进行测试。②规定时间内的高抬腿练习:行进间高抬腿练习，注意幅度和速度。③规定时间次数的跳跃练习：要求跳跃幅度大、高度要高、上下肢要协调、呼吸自然。④阻力练习：用橡皮筋或者重物等搭在练习者做动作的肢体上，使之在有阻力的情况下完成动作，且动作不能变形，要在练习者所能承受的重量范围内进行练习（图6-38）。

测试要求：测试前受试者要做好准备活动，防止在测试过程中造成拉伤，安全第一。测试时，各个项目的动作皆严格按照操作要求进行，根据测试指标，不规范的动作不给予记录在最终成绩中。

测试记录：计时10秒钟，记录受试者各个动作完成次数。完成次数越多，最终成绩越好。

三、力量素质

（一）基础力量测试（握力）

图 6-39　握力测试

测试目的：反映受试者前臂、手部肌肉的静力性力量。
测试仪器与场地：指针式握力计；室内或室外测试。
测试方法：把握力计放在受试者手掌中，寻找适合发力的握距进行测试，测试时，受试者身体站直，两脚自然分开与肩同宽，两臂斜下垂，手心向内，以最大力量紧握握力计，观察指针达到的最大位置，连续两次，取最佳成绩（图6-39）。
注意事项：测试时注意不要让仪器碰触到身体。如果难以区分双手的力量，可以两只手都进行测试，取最好的成绩进行记录。
测试记录：记录握力器指针位置，握力器所显示的数据越大，成绩越好。

(二) 核心力量

1. 俯桥测试

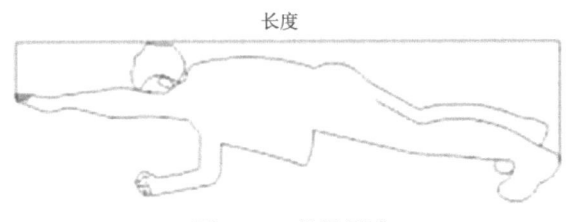

长度

图 6-40 俯桥测试

测试目的：俯桥测试是核心力量训练方法的一种，它有助于受试者在比赛中维持身体的稳定性，提高动作传递效率，同时还可以预防运动损伤。

测试仪器与场地：皮尺1个；室内或室外测试。

测试方法：测试前受试者要做好准备活动，防止在测试过程中造成拉伤，保持安全第一。测试时，受试者双脚背屈脚尖撑地，身体展平用双肘支撑身体，缓慢地抬起一只手臂，静止固定，此时测量从脚后跟到伸直手臂中指的距离并记录，用 A 表示所测左侧的长度。替换另一侧测量并记录，用 B 表示所测右侧长度（图6-40）。

测试要求：受试者身体充分展平，由双肘支撑变为单肘支撑。

测试记录：核心力量左侧=臂伸直高（厘米）$-A$（厘米）

核心力量右侧=臂伸直高（厘米）$-B$（厘米）

2. 平衡垫测试

测试目的：平衡垫测试可以改善身体的稳定性，提高核心稳定能力。

测试仪器和场地：秒表；平衡垫；室内或者室外测量。

测试方法：受试者单足站立于平衡垫或软垫上，保持身体稳定，也可以进一步将眼睛闭上，增加身体感受神经的刺激。

测试记录：测试两次，记录受试者保持稳定的时间，选取用时最长的成绩作为最终成绩。时间越长，受试者的成绩越好。

3. 单腿蹲测试

图 6-41 单腿蹲测试

测试目的：单腿蹲训练能够更好地改善平衡力，增加臀部髋关节的稳定性，由于单脚支撑的原因，人体需要动员更多的运动单位来维持躯干的排列稳定，防止肩膀跟髋的旋转。

测试仪器与场地：秒表；室内或者室外测量。

测试方法：受试者双手各持一哑铃自然直臂垂于体侧或肩负杠铃，两脚前后分立（一脚在前一脚在后），眼视前方，挺胸收腹紧腰。沉髋、后腿屈膝下蹲至膝关节接近地面，稍顿蹲起，下蹲时膝关节与踝关节在同一垂线上，重量均匀分布在两腿上；重复这组动作直到完成规定次数。完成一组后，交换前后腿位置（图 6-41）。

测试要求：单腿站立，屈髋向下蹲，膝盖不要超过脚尖，保证支撑脚全脚掌着地。再增加难度，可以站在平衡垫或软垫上完成下蹲动作。

注意事项：①上身要始终保持正直，让重心垂直向下，动作过程中注意身体平衡。②前后腿跨距不可太小，以免重心不稳，导致腿部动作受限，得不到锻炼；分腿跨距越大越偏重于股四头肌、股二头肌和臀大肌的同时锻炼，跨距越小则越偏重于股四头肌的集中锻炼。③为增强训练腿（前腿）锻炼强度，可以将后脚用木凳托垫，这样重心会更多地落在前腿。

测试记录：测试两次，记录受试者保持稳定的时间，选取用时最长的成绩作为最终成绩。时间越长，受试者的成绩越好。

4. 健身球俯卧撑测试

图 6-42 健身球俯卧撑测试

测试目的：健身球的不稳定特性可以增加核心肌群的募集增进测试效果，健身球俯卧撑能准确地测试受试者的核心力量。

测试仪器与场地：秒表、健身球；室内或者室外测试。

测试方法：测试前受试者要做好准备活动，防止在测试过程中造成拉伤，安全第一。测试时，受试者双手与肩同宽置于健身球上，两脚撑地，头自然平视；脊柱保持一条直线，均匀呼吸，不要憋气（图 6-42）。若提高难度，可以采用单手支撑健身球做俯卧撑，由于稳定系数下降，身体此时进行动作练习比稳定状态下的效果要提高得更快。

测试要求：两手打开放在健身球上，手在肩的下方，初学者可以采用手肘放在球上的方式降低难度，或者可以两脚分开宽一些。向下落的时候，不要让胸部碰到球。起来的时候，肘关节不必伸直，保持身体从头到脚是一条直线，腹部收紧，不要塌腰。

测试记录：测试两次，记录受试者保持稳定的时间，选取用时最长的成绩作为最终成绩。时间越长，受试者的成绩越好。

5. 双腿置于平衡球上的支撑测试

图 6-43 双腿置于平衡球上的支撑测试

测试目的：健身球的不稳定特性可以增加核心肌群的募集增进测试效果，健身球俯卧撑更能准确地测试受试者的核心力量。

测试仪器与场地：秒表、健身球；室内或者室外测试。

测试方法：测试前，受试者要做好准备活动，防止在测试过程中造成拉伤，安全第一。测试时，受试者将双腿并拢置于平衡球上，两手撑地，手臂与身体呈90°，身体与地面平行（图6-43）。

测试要求：有控制地还原身体姿势，下落时，身体任何部位不能碰触到球。起来的时候，肘关节不必伸直，保持身体从头到脚是一条直线，腹部收紧，不要塌腰。

测试记录：测试两次，记录受试者保持稳定的时间，选取用时最长的成绩作为最终成绩。时间越长，受试者的成绩越好。

（三）爆发力

1. 纵跳测试

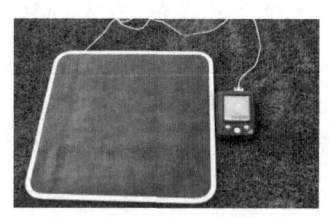

图 6-44　纵跳测试

测试目的：评估受试者的下肢爆发力，有利于受试者获得制空权。

测试器材与场地：纵跳测试仪1台；室内或者室外测试。

测试方法：测试前，受试者要做好准备活动，防止在测试过程中造成拉伤，安全第一。测试时，受试者站在纵跳仪踏板上，快速下蹲后，尽力垂直向上起跳，腾空过程中保持双腿直立不弯曲（图6-44）。

测试要求：①起跳时，双脚不能移动或有垫步动作。②落地时，禁止有意收腹屈膝。

测试记录：受试者起跳落地后，记录纵跳仪显示的数值。测试两次，取最大值，以厘米为单位，保留小数点后1位。

2. 立定跳远测试

图 6-45 立定跳远测试

测试目的：评估受试者的下肢爆发力，有助于受试者在矢状面内快速启动完成动作。

测试仪器与场地：皮尺 1 个、起跳标志带。起跳线至沙坑近端不得少于 30 厘米，起跳地面要平坦。

测试方法：测试前，受试者要做好准备活动，防止在测试过程中造成拉伤，安全第一。测试时，受试者两脚自然分开，站在起跳线后，两脚尖不得探线或过线。两脚原地同时起跳，并尽可能往远处跳，不得有跳步或连跳动作。受试者测试两次，记录其中成绩最好的一次（图 6-45）。

注意事项：受试者起跳时不能有助跑或助跳动作。受试者犯规时，重新测试。

测试记录：记录落地点到起跳线最近的距离（如图 6-45 所示线段）。

3. 掷界外球测试

图 6-46 掷界外球测试

测试目的：结合专项，评估受试者的上肢爆发力。

测试仪器与场地：足球 1 个；皮尺 1 个；室内或者室外测试。

测试方法：两米助跑，双手快速投掷界外球（根据比赛规则所要求投掷界外球的标准），测量投掷距离（图 6-46）。

测试记录：记录皮球落地点至起点之间的距离。

4. 单腿三级跳测试

图 6-47　单腿三级跳测试

测试目的：评估受试者的下肢爆发力和单腿力量。

测试仪器与场地：皮尺 1 个；室内或者室外测试。

测试方法：测试前，受试者要做好准备活动，防止在测试过程中造成拉伤，安全第一。测试时，受试者站立，双脚起跳，单脚着地并交替，完成后面的两次跳跃，记录成绩。左右两腿交替测试（图 6-47）。

测试记录：记录落地点至起跳线之间的距离。

四、灵敏素质

(一) 曲线跑测试

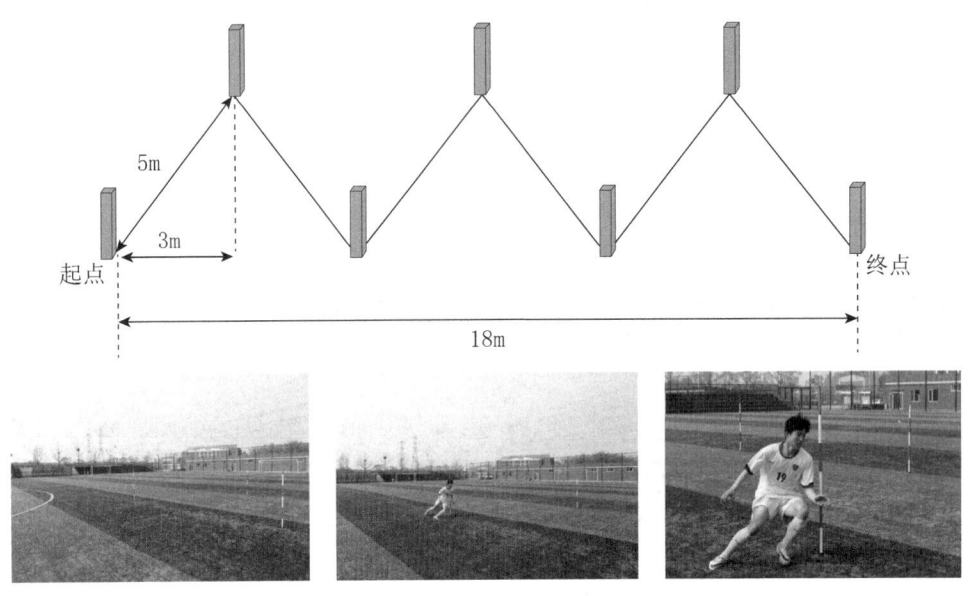

图 6-48 曲线跑测试

测试目的：评估受试者的灵敏素质，反映受试者快速变向和躲闪的能力。

测试仪器与场地：标志杆 7 个、皮尺 1 个、美国 Brower Timing 红外线速度测试仪 1 套。

测试方法：测试前，受试者要做好准备活动，防止在测试过程中造成拉伤，安全第一。测试时，起始点为第一根标志杆，从这里开始斜线测量出 5 米距离摆放第二根标志杆，第一根标志物与第二根标志杆的垂直距离为 3 米；再从第二根标志杆斜线测量出 5 米距离摆放第三根标志杆，第二根标志杆与第三根标志杆的垂直距离同为 3 米，以此类推，每相邻的两根标志杆斜线距离为 5 米，垂直距离为 3 米。起始点一侧共垂直摆放 4 根标志杆，第 4 根标志杆为终点，另一侧垂直摆放 3 根标志杆。受试者自行起跑，起跑时开始计时，冲过终点停止计时（图 6-48）。

注意事项：①受试者必须从外侧绕过标志杆。②受试者在绕杆时可以触碰到标志杆，但不能将其撞倒，否则测试无效。受试者统一穿足球鞋参加测试。

测试记录：受试者冲过终点红外线速度测试仪，记录仪器显示值。测试两次，取最好成绩。

（二）四线往返跑测试

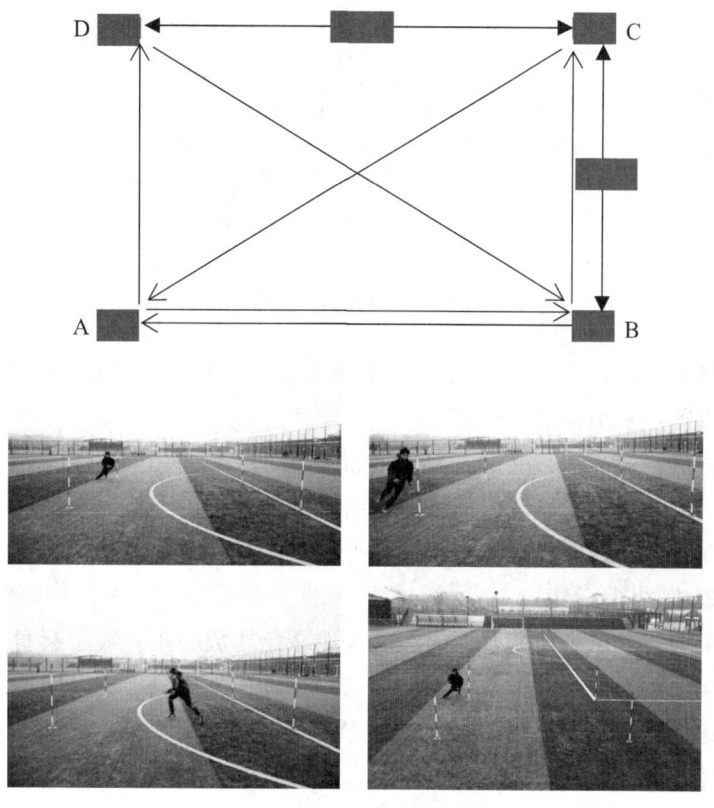

图 6-49 四线往返跑测试

测试目的：评估受试者的灵敏素质，反映受试者快速变向和移动的能力。

测试仪器：标志杆 4 个、皮尺 1 个、美国 Brower Timing 红外线速度测试仪 1 套。

测试方法：测试前，受试者要做好准备活动，防止在测试过程中造成拉伤等现象，安全第一。测试时，用 4 根标志杆摆成一个 5 米边长的正方形。A 点既是起点，也是终点，按照 A-B-C-A-D-B-A 的顺序快速跑完全程。受试者自行起跑，起跑时开始计时，冲过终点停止计时（图 6-49）。

注意事项：①受试者必须从外侧绕过标志杆。②受试者在绕杆时可以触碰到标志杆，但不能将其撞倒，否则测试无效。③受试者统一穿足球鞋参加测试。

测试记录：受试者冲过终点红外线速度测试仪，记录仪器显示值。测试两次，取最好成绩。

(三) 10 秒立卧撑测试

图 6-50　10 秒立卧撑测试

测试目的：主要评估受试者快速变换身体姿势和准确协调地完成动作的能力。

测试仪器：平坦地面、秒表。

测试方法：测试前，受试者要做好准备活动，防止在测试过程中造成拉伤，安全第一。测试时，受试者身体直立，听到开始动作后，按照顺序完成动作：屈膝，双手在足前撑地成蹲撑；双腿向后伸直成俯撑；双腿收回，还原成蹲撑；还原成初始姿势（图 6-50）。

注意事项：受试者成俯卧撑时，头和躯干始终成一条直线，起身还原时也要直。而且四个动作要保持连贯与舒畅，有一个动作不规范不予以记录总成绩。

测试记录：记录受试者完成动作的次数，10 秒内完成次数越多，表明受试者的成绩越好，灵敏素质就越好。

(四) 伊利诺伊测试

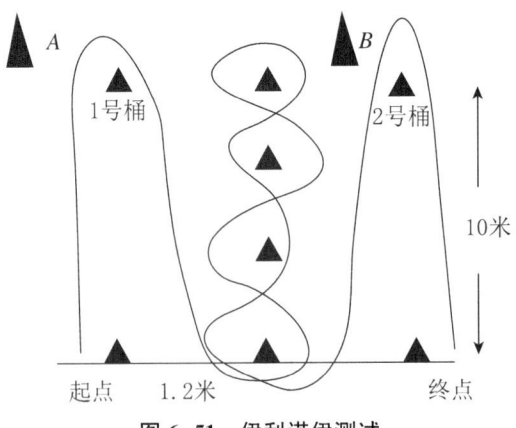

图 6-51　伊利诺伊测试

测试目的：评估受试者在快速奔跑中突然改变身体空间位置能力和快速躲闪能力。

测试仪器与场地：标志桶、秒表、地标；室外测试。

测试方法：测试前，受试者要做好准备活动，防止在测试过程中造成拉伤，安全第一。测试时，受试者在起点，听到测试者宣布"开始测试"的口令后进行测试，受试者按照图 6-51 箭头标示的方向进行全速的跑动，测试者开始计时，绕过相应的标志桶后到达终点位置，停止计时，完成测试。

注意事项：不能抢跑，动作要规范，不能走捷径完成测试。

测试记录：测试两次，两次抢跑不给予测试并取消其成绩。过程中走捷径绕过地标的，绕过一个总成绩加 10 秒，严格记录。两次测试中取用时最短的成绩作为最终成绩，用时越短，成绩越好。

（五）20 秒反复横跨跳测试

图 6-52　20s 反复横跨跳测试

测试目的：评估受试者的下肢灵敏与左右移动能力。

测试仪器与场地：黄色胶带、卷尺和秒表；室外测量。

测试方法：测试前，受试者要做好准备活动，防止在测试过程中造成拉伤，安全第一。测试时，在地面上用胶带平行粘三条横线，横线之间的距离为 30 厘米，受试者站在中间的位置，当测试者下达口令后，进行操作，按照中-右-中-左的顺序进行横跨跳，不得踩胶带，只能完全跨过去，踩住不计数，完成一次中-右-中-左记一次（图 6-52）。

注意事项：①胶带要清晰，不能因为看不清标志带颜色而影响受试者的成绩。②地面的光滑度也会对测试结果产生影响，要注意场地的选择。

测试记录：记录受试者 20 秒内完成的个数。规定时间内完成个数越多，表明测试成绩越好。测试两次，取最好成绩。

（六）4×10 米往返跑测试

测试目的：主要反映受试者的速度及在快跑中急停、急起和快速变换动作方向的能力。

测试仪器与场地：秒表、4×10 米直线跑道、往返跑标志物若干个；室外测试。

测试方法：测试前，受试者要做好准备活动，防止在测试过程中造成拉伤，保证安全第一。测试时，受试者在起点位置准备好，听到测试者宣布"跑"的口令后，从起跑线出发，迅速跑的对面 10 米标志物处，手触线后返回，经过两次往返，记录跑完全程的时间。以"秒"为单位，精确到 0.01 秒。

注意事项：首先要考虑场地的摩擦力，不能选择较滑的场地，较滑的场地不利于测试，也不能反映被测指标的客观性；其次要确保标志线清楚，以便受试者能够安全、准确地完成测试。

测试记录：记录受试者跑完全程时间，往返所需时间越短，受试者在快跑中急停、急起和快速变换动作方向的能力就越强。

（七）半"米"字移动测试

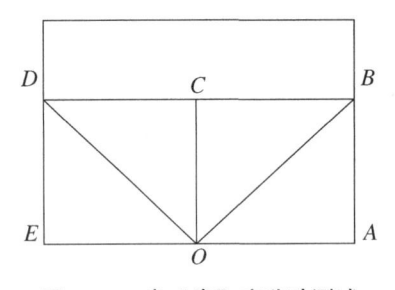

图 6-53 半"米"字移动测试

测试目标：在足球场地内，以最快速度完成半"米"字型移动，测试受试者的反应、灵敏素质。

测试器材与场地：地标、秒表；室外进行测试。

测试路线：在足球场地内沿半"米"字型快速往返。

测试方法：测试前，受试者要做好准备活动，防止在测试过程中造成拉伤，安全第一。测试时，受试者推倒中点 O 点饮料瓶启动计时，按 $OA→OB→OC→OD→OE$ 的顺序进行依次往返，最后推倒 O 点饮料瓶，停表计算成绩，饮料瓶未倒可返回重推，如图 6-53 所示。

测试记录：记录受试者往返总用时，往返所需时间越短，受试者在快跑中急停、急起和快速变换动作方向的能力就越强。

(八) 十字象限跳测试

测试目标：测试身体在快速跳跃中，支配肌肉运动和克服身体惯性的能力。

测试器材与场地：在地上画两条直线，使它们相互垂直，将地面划分为四个相同的部分，每部分为一个区，分别为 1 区、2 区、3 区、4 区。

测试方法：测试前，受试者要做好准备活动，防止在测试过程中造成拉伤，保证安全第一。测试开始后，受试者首先从起点跳进 1 区，然后陆续跳向 2、3、4 区，最后再跳回 1 区，每次持续跳 10 s 钟，记下 10 s 内所跳的个数，跳 1 次就记录下 1 分，如果出现踩线、错格、两脚没有一起落地或者起跳，倒扣 1 分(图 6-54)。

测试记录：记录受试者跳跃得分，分数越高，支配肌肉运动和克服身体惯性的能力就越强。

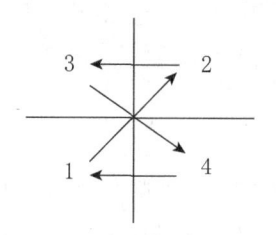

图 6-54 十字象限跳测试

五、耐力素质

(一) 力量耐力

1. 俯卧撑测试

图 6-55 俯卧撑测试

测试目的：评估上肢肌肉耐力，反映受试者长时间维持肌肉工作的能力。

测试器材与场地：秒表1块、瑜伽垫1组；室内或室外测试。

测试方法：受试者脚尖着地，无间歇，计算俯卧撑30秒的次数（图6-55）。

注意事项：保持脊柱正直，腹部发力支撑，颈部维持脊柱的自然伸直，腹部到达地面1.5厘米的地方。

测试要求：受试者保持身体正直，规范完成每一个动作。没有按照规定动作进行测试的，不予以记录最后成绩中。

测试记录：记录受试者30秒完成的次数。完成次数越多，测试成绩就越好。

2. 仰卧起坐测试

图6-56 仰卧起坐测试

测试目的：评估核心肌肉耐力，反映受试者长时间维持肌肉工作的能力。

测试器材与场地：秒表1块、瑜伽垫1组；室内或室外测试。

测试方法：受试者两脚自然分开仰卧，脚尖冲前，双手抱头，起身后双肘触膝，计算1分钟内完成的完整动作次数（图6-56）。

测试要求：受试者两人一组，相互配合，完成每一个规范动作。

测试记录：记录受试者1分钟内完成的次数。完成次数越多，测试成绩就越好。

3. 引体向上测试

图6-57 引体向上测试

测试目的：评估相对于自身体重的上肢肌肉群和肩带肌群的力量及动力性力量耐力。

测试器材与场地：高低杠；室外测试。

测试方法：受试者跳起正手握杠，双手与肩同宽，身体自然下垂，双臂带领身体向上移动，直至下颌超过单杠计算一次（图6-57）。

测试要求：①测试时，不能摆动身体，不能有附加动作。②单杠较高时，测试者可辅助受试者完成起握杠并施以保护。③测试时，不得借助身体晃动和外力作用。

测试记录：测试1次，记录受试者完成的个数。完成个数越多，测试成绩就越好。

4. 斜身引体测试

测试目的：评估受试者上肢肌群、背阔肌群和肩带肌群的力量。

测试器材与场地：可以调节高度的低单杠一副，或备有不同高度的低单杠若干副；室外测试。

测试方法：通过调节或选用适宜的低单杠，使杠面高度与受试者胸部（乳头）齐平。受试者两手握杆间距与肩同宽，用正握方法握杠，两腿前伸，两臂与躯干呈90°，使身体斜下垂，然后做屈臂引体，使下颌能触到或超过横杠，然后伸臂复原为完成1次，测试次数，以受试者按要求完成动作的次数作为最终成绩。

注意事项：注意动作的质量和受试者的安全。

测试记录：测试1次，记录受试者完成的个数。完成个数越多，测试成绩就越好。

5. 屈臂悬垂测试

测试目的：评估受试者上肢肌肉群和肩带肌肉群的静力性耐力。

测试器材与场地：秒表1块、凳子1个、高低杠；室外测试。

测试方法：受试者站在凳子上，选择统一的握杠姿势（因为不同的握杠，肌肉发力不同，对测试成绩有影响），屈臂，下颌位于横杠之上，双足离开凳面开始计时，维持姿势，当下颌低于横杠上缘时停止计时，记录维持时间，以"s"为单位。

注意事项：不得借助外力。

测试记录：记录受试者的有效时长，时间越长，成绩越好。

6. 仰卧举腿测试

图 6-58 仰卧举腿测试

测试目的：评估受试者腹部和大腿肌肉群静力性耐力。

测试器材与场地：秒表 1 块、垫子 1 块，用两根支架系一根离地 30 厘米的橡皮筋；室外测试。

测试方法：受试者成仰卧姿势，头触地，两臂向两侧外展，两腿伸直，两脚并拢，举腿至脚面触碰到橡皮筋开始计时，当两脚下降为脚面离开橡皮筋时，提醒受试者动作出现错误，及时进行改正以达到规范动作。若更正后又出现错误动作，停止计时，测试结束。以"秒"为单位进行计时，精确至 0.1 秒（图 6-58）。

测试要求：测试时，头和躯干不能离开地面，不能屈腿。

测试记录：记录受试者的有效时长，时间越长，成绩越好。

7. 两头起测试

图 6-59 两头起测试

测试目的：评估核心部位腹前肌肉的力量耐力。

测试器材与场地：体操垫子 1 块；室内或室外测试。

测试方法：受试者平躺于垫面，计时开始后，腰腹主动发力，上体和下肢同时快速充分折叠，伸直膝盖绷紧脚尖成一直线，手指最低触及脚踝部（图 6-59）。

测试要求：测试时保持安静，膝盖脚面绷直，如果未触及脚部则不计数。

测试记录：记录受试者的有效个数，有效个数越多，成绩越好。

8. 侧腰起测试

图 6-60　侧腰起测试

测试目的：评估核心部位腹前肌肉的力量耐力。

测试器材与场地：体操垫子 1 块；室内或室外测试。

测试方法：受试者侧卧于垫面，移动髋部盆骨置于垫子边缘，帮助者坐于受试者小腿后侧，给予一个手臂与受试者的目标高度相同，受试者屈肘抱头，腰侧肌肉主动发力，上体上抬，头部触及标志处（图 6-60）。

测试要求：测试时保持安静，膝盖脚面绷直，如果未触及标志则不计数。

测试记录：记录受试者的有效个数，有效个数越多，受试者的成绩越好。

（二）速度耐力

测试目的：通过 400 米跑评估受试者速度耐力。

测试器材与场地：田径场地；室外测试。

测试方法：受试者站在起跑线，计时人员下达"跑"的命令时，受试者开跑进入计时状态，当受试者的躯干到达终点线时停止计时，测试结束。以"秒"为单位进行计时，精确至 0.1 秒。

测试要求：测试时，不能绕近路，不能慢跑或慢走，严格按照要求进行测试。

测试记录：记录受试者所用时间，所用时间越少，成绩越好。

第三节 机能指标测试

一、心肺功能

(一) 心率测试

图 6-61 心率测试

测试项目：心率。

测试器材与场地：Polar 心率测量仪；室内或室外测量。

测试方法：测量时，受试者静坐，上身穿宽松衣服，袖带捆扎的松紧适度。测量中保持静坐，心情平静。测量一次，若发现异常数值，静坐一段时间后重新测量（图 6-61）。

测试要求：测试前 1~2 小时内，禁止剧烈的身体活动，禁烟、禁酒；测试前静坐 10~15 分钟。

测试记录：记录受试者的心率。

(二) 血压测试

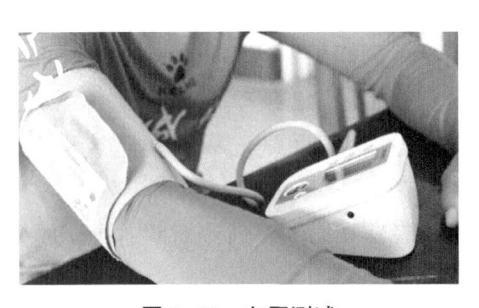

图 6-62 血压测试

测试项目：血压。

测试器材与场地：OMRON 血压计；室内或室外测量。

测试方法：受试者静坐，手臂位置与心脏同高，将听诊器膜置于动脉处，放完气后，听第一个声音和消失音，记录水银的数值，第一个音为收缩压，第二个音为舒张压，检测员记录数据（图 6-62）。

测试要求：测试前 1~2 小时内，禁烟、禁酒、禁止剧烈的身体活动；测试前最好静坐 10~15 分钟。

测试记录：记录受试者的血压。

(三) 肺活量测试

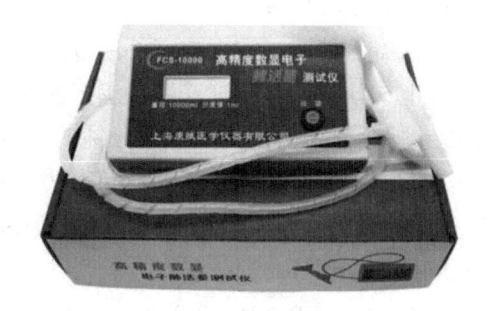

图 6-63 肺活量测试

测试目的：肺活量是人体测量复合指标之一，是重要的人体呼吸机能指数。肺活量测量作为衡量心肺功能的重要指标。

测试器材与场地：肺活量测量仪；室内或室外测量。

测试方法：测量时，受试者静坐，右臂自然前伸，平放在桌面，掌心向上，上身穿宽松衣服，袖带捆扎要松紧适度。测量中，保持静坐，心情平静。测量一次，若发现异常数值，静坐一段时间后重新测量（图 6-63）。

测试要求：测试前，受试者要保持自然站立的姿势，左手拿连接电子肺活量计的气绳，右手拿吹嘴，将吹嘴捂在嘴上，准备好以后，尽力深吸气，然后尽力呼气，电子肺活量计显示的数值即为受试者肺活量。测试员站在受试者右侧，读数以后，重复测试。

测试记录：确认正确后记录下来，重复测试一次，取最大值为测得的肺活量值。测试的肺活量数据单位为毫升（mL），四舍五入取整。

（四）心功指数测试

图 6-64　心功指数测试

测试目的：测量受试者的心功指数。

测试仪器与场地：节拍器、秒表；室内或室外测量。

测试方法：受试者静坐 5 分钟后，测试安静状态下的脉搏，连续测试 3 次 10 秒脉搏，然后测量 15 秒钟脉搏，乘以 4 换算成一分钟的脉搏，标记为 $P1$。令受测试者跟着节拍器做蹲起动作（30 秒做 30 次动作），过程中注意蹲起的规范。当秒表到 30 秒时，令受试者停止，并立即测量其 15 秒钟脉搏，分别乘以 4 换算成一分钟脉搏，标以 $P2$ 和 $P3$（图 6-64）。

测试记录：心功指数 $=[180/(P1+P2+P3) \times 2] \times 100$

注意事项：测定安静脉搏前，受试者不得进行任何剧烈运动。

二、无氧能力

（一）无氧功自行车测试

图 6-65　无氧功自行车测试

测试目的：通过无氧功自行车对受试者无氧能力进行测试，评估受试者的无氧能力水平。

测试器材与场地：无氧功自行车；室内测试。

测试方法：受试者佩戴面罩和心率表坐于自行车上，测试安静状态下的气体代谢指标，然后在功率自行车上完成递增负荷运动。运动负荷从60瓦特开始，转速为60转/分钟，每级负荷持续2分钟；之后，每增加30瓦特为下一级负荷，直至力竭。按照10秒无氧功测试要求和程序，受试者戴上心率表在功率自行车上尽最大能力蹬踏功率自行车3次，负荷逐渐递增，每次时间为10秒，中间休息1分钟（图6-65）。测试结束后记录下结果，并于运动后6分钟采集血乳酸。

测试记录：根据测试结束后记录下的测试结果，分析计算受试者的无氧能力。

（二）无氧功率计测试

测试目的：评估受试者的无氧能力水平。

测试器材与场地：EOS-OXYSCREW（西德JARGER公司）；室内测试。

测试方法：测试前，受试者进行5分钟的准备活动，准备活动注意负荷，不要太大，准备活动结束后，受测试者静止，带上面罩，用EOS-OXYSCREW（西德JARGER公司）收集和测定受试者的气体代谢指标。气体分析器在实验前均经定标校正。受试者在无氧功率计上静坐4~5分钟，待耗氧量基本稳定后（以此作为恢复期氧债计算时的安静耗氧量基线），测试者宣布"开始"口令，受试者以尽可能快的速度，把转速维持在最高水平。运动过程中，测试者要给予受试者以言语鼓励。受试者以零负荷开始全力运动，测试者在1~2秒内将负荷增至1000瓦特，功率的输出依据受试者运动时的用力程度而变化。

注意事项：测试时，车座和脚蹬要调至受试者舒适的程度，注意对受试者的安全防护。运动结束后，受试者需要在无氧功率计上静息10分钟。

测试记录：根据测试指标与标准指标对比，得出最后结论。

（三）下肢无氧功率的测定

测试目的：通过下肢无氧功率的测定，评估受试者的无氧能力水平。

测试器材与场地：心率表、功率自行车；室内测试。

测试方法：测试者发出口令后，受试者尽力快骑，达到最大转速后，开始加载负荷并计时，让受试者以最大速度最大能力坚持蹬踏，在研究中每5秒取一次值，负荷设计是自动的。结束阶段，除去负荷，蹬踏渐停。根据该测试可以全面地了解受试者的无氧运动能力，无氧功率自行车试验指标主要包括最大无氧功率、平均无氧功率、无氧功率递减、每 5 秒钟的平均功率。

测试记录：测试结束后，记录下测试结果。

(四) 血乳酸的测定

测试目的：通过血乳酸的测定，评估受试者的无氧能力水平。

测试器材与场地：血乳酸全自动分析仪；室内测试。

测试方法：血乳酸的测定使用德国产的血乳酸全自动分析仪，采血部位是受试者指尖末端，采血时机是在安静时、每级运动后即刻、运动后数分钟，采集血液数微升放入试剂中混合均匀，然后再放入血乳酸分析仪中测试，并记录结果。

测试记录：根据实验仪器记录测试数据。

(五) 两次跑台试验法

测试目的：通过对受试者进行两次跑台试验法测试，评估受试者的无氧能力水平。

测试器材与场地：HC1200 跑台；室内测试。

测试方法：根据 Schnhabel 等（1983）提出的综合测定无氧耐力的方法，本试验使用 HC1200 跑台。第一次是定量负荷，测试要求为跑速 20 千米/小时，坡度 5%，时间为 40 秒。在跑前安静时和跑后 1、3、5 分钟时，取指血 20 微升。第二次是极量负荷，以同样速度和坡度进行，在运动后 3、5、7、9 分钟时取血。两次试验间歇 1 小时，以保证第一次跑后血乳酸充分消除。求出两次跑后的最大血乳酸差值。

测试记录：根据实验仪器记录测试数据。

(六) Margaria 台阶无氧试验

测试目的：通过 Margaria 台阶无氧试验，评估受试者的无氧能力水平。

测试器材与场地：楼梯、电子秒表；室内测试。

测试方法：受试者以最快的速度去爬楼梯，楼梯高度为 9 层，记录所需的时间，具体操作如下：受试者站在离台阶约 6 米处，听到发令声后以最快的速度跑上台阶，登台阶时可根据自己的能力每步跨越二层或三层。电子秒表（敏感度为 0.01）的开关分别放在台阶的第三级和第九级上，当脚踏在第三级上时秒表启动，当脚踏在第九级时秒表关闭，从而记录了登台阶的时间。试验重复进行三次，以最快的一次作为正式成绩。

计算无氧功率值：根据下列公式计算无氧功率值。
$$P = W \times Dt$$
式中，P 为功率（公斤米/秒），W 为体重（公斤），D 为台阶高度（米），t 为从第三级至第九级所需的时间（秒）。

评价无氧功率水平：根据计算结果查表6-1，对不同受试者的无氧功率水平进行评价。Margaria 台阶试验简便易行，具有较好的客观性和实用性，是测定无氧功率的可靠方法。

表6-1　Margaria 台阶试验无氧功率评价标准

级别	15~20岁 男	15~20岁 女	20~30岁 男	20~30岁 女	30~40岁 男	30~40岁 女	40~50岁 男	40~50岁 女	50岁以上 男	50岁以上 女
差	113以下	92以下	106以下	85以下	85以下	65以下	65以下	50以下	50以下	38以下
不好	113~149	92~120	106~139	85~111	85~111	65~84	65~84	50~65	50~65	38~48
中等	150~187	121~151	140~175	112~140	112~140	85~105	85~105	66~82	66~82	49~61
好	188~224	152~182	176~210	141~168	141~168	106~125	106~125	83~98	83~98	62~75
很好	224以上	182以上	210以上	168以上	168以上	125以上	125以上	98以上	98以上	75以上

测试记录：根据实验记录测试数据。

（七）Wingate 无氧试验

测试目的：通过 Wingate 无氧试验评估受试者的无氧能力水平。

测试器材与场地：脚踏车；室内测试。

测试方法：Wingate 无氧试验是进一步测定无氧功率和无氧能力的方法。受试者在做完准备活动后，以尽可能快的频率完成规定负荷的 30 秒踏车运动，以负荷过程中的功率输出作为无氧能力的评价指标，具体方法如下。

准备运动：受试者在附有记圈装置的自行车功率计上运动 2~4 分钟，要求心率达到 150 次/分，其中 2~3 次（每次持续 4~8 秒）为全力蹬踏。准备运动后休息 3~5 分钟。

正式试验：发出口令后，受试者尽力快骑，同时阻力递增，要求在 2~4 秒内达到规定负荷。达到规定负荷后，开始计算骑圈，并持续作 30 秒最快蹬骑，每隔 5 秒记录骑速和心率。上下肢的规定负荷（单位：kp/kg）是不同的，用下肢蹬踏时，成年男性为 0.083，儿童和女子为 0.0750，用上肢摇柄时，成年男子为 0.058，女子为 0.050。30 秒运动结束后，放松蹬骑 2~3 分钟。

功率计算：采用 Monark 自行车功率计时，可用下列公式计算每 5 秒的功率输出。

功率（W）= 规定负荷（kg）× 转圈数 × 11.765

评价指标：评价测定结果时常选用两个指标。

①最大功率（Peak Power）：30 秒负荷时任意 5 秒内功率输出的最大值。

②平均功率（Mean power）：30 秒负荷时，6 次 5 秒钟功率的平均值。

测试记录：根据实验仪器记录测试数据。

三、有氧能力

（一）YOYO 间歇耐力跑测试

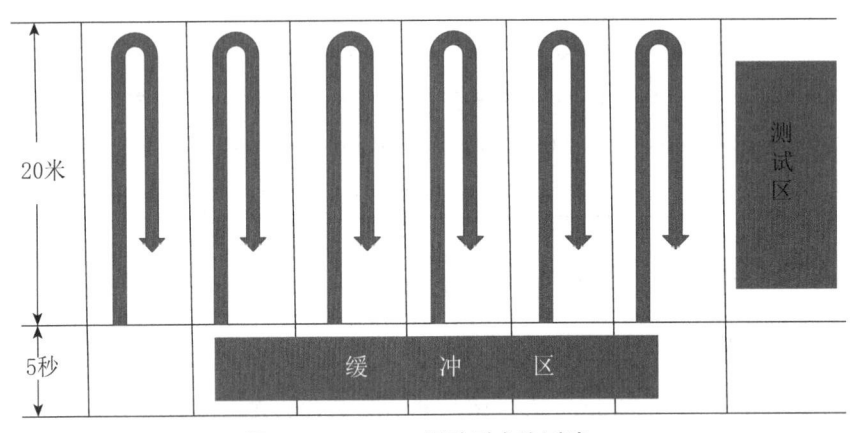

图 6-66　YOYO 间歇耐力跑测试

测试目的：评估受试者的机能水平。

测试器材与场地：YOYO 间歇耐力测试音频 1 份、标志桶 50 个；室外测试。

测试方法：本测试要求受试者在距离为 20 米的两个标志物之间，以不断增加的速度进行带有间歇的往返跑。受试者在完成每个 2×20 米后有 5 秒的间歇时间，不断增加的跑速由软件的音频信号来提示，在测试中，受试者应完成尽可能多的跑动距离（图 6-66）。

测试要求：受试者第一次跟不上跑速时，将被警告一次，第二次跟不上跑速时，测试停止。

测试记录：根据表 6-2 记录受试者完成的速度级别和总距离。

表6-2 YOYO间歇耐力水平测试

阶段	速度级别	速度（km/h）	往返次数（2×20m）	每级距离（m）	总距离（m）
1	8	11.5	2	80	80
2	10	12.5	2	80	160
3	12	13.5	2	80	240
4	13	14.0	8	320	560
5	13.5	14.25	8	320	880
6	14	14.5	8	320	1200
7	14.5	14.75	3	120	1320
8	15	15.0	3	120	1440
9	15.5	15.25	6	240	1680
10	16	15.5	6	240	1920
11	16.5	15.75	6	240	2160
12	17	16.0	6	240	2400
13	17.5	16.25	6	240	2640
14	18	16.5	6	240	2880
15	18.5	16.75	6	240	3120
16	19	17.0	6	240	3360
17	19.5	17.25	6	240	3600
18	20	17.5	6	240	3840
19	20.5	17.75	6	240	4080
20	21	18.0	6	240	4320

（二）Breath by Breath 测试

测试目的：采用 Breath by Breath 法进行测试，来评估受试者的有氧能力水平。

测试器材与场地：JAEGER Oxycon Pro 气体代谢分析仪（德国），JAEGER Treadmill LE200CNT 电动跑台（德国），京都血乳酸测试仪（日本）；室内测试。

测试方法：测试开始前，受试者做好准备活动，在胸前系好心率发射带，调试心率，保证达到规定的心率。准备活动结束后，休息5分钟并戴好面罩，检查是否漏气、是否舒适。达到测试要求后，先记录 1 分钟安静时气体代谢的各项指标，然后按照规定负荷开始进行测试。

测试要求：采用跑台递增负荷的运动方式，贴近受试者的跑步专项。女受试者跑台起始 11 千米/小时，每 3 分钟递增 1 千米/小时；男受试者跑台起始 12 千米/小时，每 3 分钟递增 1 千米/小时，直至受试者心率大于 180 次/分钟、呼吸商大于 1.1、摄氧量出现下降直至力竭则不能继续。

测试记录：取安静、运动结束即刻、运动后 4 分钟和 10 分钟的血乳酸（Bla）值并作记录。

（三）折返跑

测试目的：评估受试者的有氧工作能力。

测试器材与场地：场地标志线、20 厘米的卷尺、CD 播放器、测试的音乐。测试场地要求，地面平坦，地质不限，精确丈量。测试场地分为 15 米和 20 厘米两种标准。

测试方法：受试者根据 CD 播放器中的音乐节奏在场地上进行来回折返奔跑，采用站立式起跑姿势，在标志线的一端，当听到第一声发令时开始起跑，跑到另一条标志线处等待下一声发令。CD 播放器中的音乐节奏随着测试级别的升高逐渐加快，受试者根据节奏持续奔跑在两线之间，直到他们不能跟上节奏，出现两次脱离节奏的情况下测试结束。

注意事项：受试者往返跑动时必须用脚触及或超出到标志线，测试者对受试者可以进行相应的鼓励，同时多人测试时，注意每一位受试者之间的跑动间距和跑动的频率，避免相互产生影响。

测试记录：记录第二次脱离节奏前的趟数作为最后成绩。

（四）台阶指数

图 6-67 蜂鸣器

测量目的：台阶指数可以比较客观地了解和评估受试者的心血管机能状况，反映心脏耐力水平。

测试仪器与场地：台阶试验评定指数测试仪、蜂鸣器（图6-67）；室内测试。

测试方法：测试前，做好实验的准备工作。8个人一组进行测试，把所需要的音乐、仪器和指夹准备好。8名受试者按照1~8排好顺序，测试时，受试者保持心情平稳、安静，测试结束后，把结果按号记录下来。受试者上下台阶的节奏是根据测试仪蜂鸣器发出的声音来操作的，一共4个动作。蜂鸣器发出第一次响时，一只脚踏上台阶；蜂鸣器发出第二次响时，另一只脚踏上台阶；蜂鸣器发出第三次响时，先踏上的脚下台阶；蜂鸣器发出第四次响时，另一只脚下台阶，如此循环持续运动3分钟。结束后马上静坐，将指脉夹夹在受试者的中指或食指上，传感器与指腹贴紧，测量运动后第1分钟末、第2分钟末和第3分钟末的30秒脉搏。受试者如果不能坚持按节奏上下台阶，应让其停止运动，立即夹上指脉夹，测量运动后脉搏，记录实际运动时间。

注意事项：测试前，工作人员事先做动作示范，讲解测试要求、测试时间及强度等；受试者上下台阶时腿部要伸直，膝关节不要弯曲；心脏病及相关疾病患者不能参加测试。

测试记录：根据测试结果记录受试者成绩。

（五）最大摄氧量

测试目的：通过最大摄氧量对受试者的有氧能力做出有效推断。

测试仪器与场地：电子秒表，标准400米田径场；室外测试。

测试方法：受试者在标准的400米田径场进行最大摄氧量的测试，当在跑道起点听到"开始"的口令后，测试开始，记录员开始计时。测试员在操场的100米、150米、200米、300米、350米处插入标杆，以便观察受试者在跑动中的位置。测试时长为12分钟，受试者跑步时长到达规定时长时，记录员下"停止"的口号，得出受试者跑动的累计距离，并根据累计的距离做出最后的统计（以100米为最小统计单位，不足10米的，四舍五入）。

注意事项：要求受试者要全力跑，争取使测试较为准确。

测试记录：根据统计的距离查推算表，得出最大吸氧量的数据，填进测试卡片中。

第四节 功能性动作筛查

功能性动作筛查主要是借助FMS进行的测试，是一套被用以检测运动员整体的动作控制稳定性、身体平衡能力、柔软度及本体感觉等能力的检测方式；通过 FMS 检测，可简易地识别个体的功能限制和不对称发展，并通过相应的动作训练来解决身体的弱点和局限性。它一共有 7 类测试，具体如下。

一、深蹲测试

图 6-68　深蹲测试

测试目的：深蹲可以检测受试者身体两侧的对称性，还可以检测髋部、膝盖及脚踝的灵活性。头上举木杆可以检测身体两侧的对称性及肩部和胸椎的灵活性和对称性。

场地器材：FMS 测试仪器。

测试方法：受试者两脚分开与肩同宽，双手以相同间距握测试杆（测试杆与地面平行）。双臂伸直举杆过头顶，慢慢下蹲，尽力保持脚后跟着地。测试允许进行三次，如果还是不能完成这个动作，将测试板垫在受试者的脚跟下重复以上动作测试（图 6-68）。

测试记录：

3 分：测试杆在头的正上方；躯干与小腿平行或与地面垂直；下蹲时大腿低于水平线；保持双膝与双脚方向一致。

2 分：脚跟下垫上木板之后能够按照以上要求完成动作。

1 分：脚跟下垫上木板之后还不能按要求完成动作。

0 分：整个测试过程中，受试者感觉身体出现疼痛。

二、跨栏步测试

测试目的：评估受试者髋、膝、踝关节的灵活性和稳定性、身体核心部位的控制能力，以及身体两侧在运动中的对称性。

场地器材：FMS 测试仪器。

测试方法：受试者双脚并拢，脚尖接触测试板；调整测试绳的高度（与受试者的胫骨粗隆同高），双手握测试杆置于肩上并与地面平行；受试者缓慢抬起一腿跨过栏杆用脚跟触地，重心放在支撑腿上，并保持身体稳定；缓慢恢复到起始姿势，重复三次；一侧腿测试完毕，换另一侧腿进行测试，分别记录两次得分（图 6-69）。

图 6-69 跨栏步测试

测试记录：

3 分：髋、膝、踝关节在矢状面内成一直线；腰部几乎没有明显移动；双手握测试杆保持与地面平行。

2 分：髋、膝、踝关节在矢状面上不成一条直线；腰部有移动；双手握测试杆与地面不平行。

1 分：脚碰到测试绳；身体失去平衡。

0 分：整个测试过程中，受试者感觉身体出现疼痛。

三、直线弓箭步测试

测试目的：评估受试者髋、膝、踝关节的灵活性和稳定性以及股四头肌的柔韧性。

场地器材：FMS 测试仪器。

测试方法：测量地面至受试者胫骨粗隆的高度。以右脚为例，受试者左脚踩在测试板的起始线上，将测试杆放在身体后部，左手在上右手在下握住测试杆，测试杆紧贴头部、脊柱和骶骨，并垂直于地面。在测

图 6-70 直线弓箭步测试

试板上量取与受试者胫骨粗隆高度相同的距离并标记，然后右脚向前迈出一步，足跟落在标记线上，随后下蹲至后膝接触测试板，双脚始终保持在一条直线上；受试者有三次机会完成测试。两侧上下肢交换，再次完成测试，分别记录两侧得分（图 6-70）。

测试记录：

3分：躯干基本没有晃动；保持双脚踩在测试板上；后膝接触测试板。

2分：躯干出现晃动；不能保持双脚踩在测试板上；后膝不能接触测试板。

1分：失去平衡。

0分：整个测试过程中，受试者感觉身体出现疼痛。

四、肩部灵活性测试

测试目的： 评估受试者双侧肩关节活动范围，以及一侧肩关节的伸展、内旋和内收与另一侧的屈曲、外旋和外展的能力。

场地器材： FMS测试仪器。

测试方法： 受试者自然站立，一只手握拳由下向上以手背贴后背部，尽力向上够；另一手握拳由上向下以手掌贴后背部，尽力向下摸；记录两手最近点之间的距离；交换双手位置，重复以上测试，分别记录两次得分（图6-71）。

图6-71 肩部灵活性测试

测试记录：

3分：上下两手间距离小于一只手长度。

2分：上下两手间距离大于一只手长度，而小于1.5只手长度。

1分：上下两手间距离大于1.5只手长度。

0分：整个测试过程中，受试者感觉身体出现疼痛。

五、直腿主动上抬测试

测试目的： 评估受试者骨盆的稳定性和大腿后部肌群及小腿肌群的主动柔韧性。

场地器材： FMS测试仪器。

测试方法： 受试者仰卧，双手置于身体两侧，掌心向下，一侧膝关节下放置测试板；另一侧腿主动上抬，脚踝背屈，膝关节伸直；保

图6-72 直腿主动上抬测试

持身体平直，下方腿始终与测试板接触；将测试杆放在踝关节中央，并自然下垂，观察测试杆位于下方腿的位置；一侧腿测试完毕，换另一侧腿进行测试，分别记录两次得分（图6-72）。

测试记录：

3分：测试杆位于大腿中点上方。

2分：测试杆位于大腿中点与膝关节之间。

1分：测试杆位于膝关节下方。

0分：整个测试过程中，受试者感觉身体出现疼痛。

六、躯干稳定俯卧撑测试

测试目的：评估受试者脊柱的稳定性、双侧对称性和肩带的稳定性。

场地器材：FMS测试仪器。

测试方法：受试者俯卧，两手与肩同宽撑地，腰椎保持自然伸直姿势。男受试者双手位置与头顶平行，女受试者与下颌平行，身体各部位同时撑起，腰椎始终保持自然伸直姿势。如果男受试者不能完成此动作，可以将双手放在与下颌平行位置，再完成一次动作；如果女受试者不能完成此动作，可以将双手放在与肩部平行位置，再完成一次动作（图6-73）。

图6-73 躯干稳定俯卧撑测试

测试记录：

3分：标准俯卧姿势完成动作；全过程保持腰椎自然伸直姿势。

2分：降低难度完成动作，全过程保持腰椎自然伸直姿势。

1分：不能按照要求完成动作。

0分：整个测试过程中，受试者感觉身体出现疼痛。

七、旋转稳定性动作测试

测试目的：评估受试者上下肢在联合动作中，骨盆、核心区和肩带在多个平面上的稳定性。

场地器材：FMS测试仪器。

测试方法：受试者俯身跪于垫子上，腰椎保持自然伸直；在双手与双膝之间

图6-74 旋转稳定性动作测试

放置测试板并接触。抬起同侧手和腿，使身体保持在同一个水平面内，保持腰椎自然伸直。肘与膝在平面内屈曲靠拢并接触，然后恢复起始姿势。尝试3次来完成测试动作；如果受试者不能完成同侧动作，可以同时上抬对侧肢体的方式（成

对角线）完成测试动作。测试完成后交换对侧肢体进行相同动作测试，分别记录两侧得分（图6-74）。

测试记录：

3分：受试者能以同侧肢体上抬方式完成标准测试动作，同时保持腰椎自然伸直姿势，躯干与地面平行，肘、膝与测试板边线在同一平面内。

2分：受试者能以对侧肢体上抬方式完成标准测试动作，同时保持腰椎自然伸直姿势，躯干与地面平行，肘、膝与测试板边线在同一平面内。

1分：受试者不能以对侧肢体上抬方式完成标准测试动作。

0分：整个测试过程中，受试者感觉身体出现疼痛。

第七章 以全国U17为例的实证研究

第一节 U17足球运动员形态学测试分析与评价

一、形态学评价类型

本研究根据研究的目的采用诊断性评价类型对 U17 男子足球运动员的形态进行评价。通过对全国 U17 男子足球运动员形态学指标测量，建立全国 U17 男子足球运动员形态学各项指标的数据库；通过对目前我国 U17 男子足球运动员的形态学指标进行描述统计和分析，了解我国 U17 男子足球运动员形态现状，从而分析我国 U17 男子足球运动员形态学特点。

二、形态学指标确定步骤

本研究通过 3 个步骤确定 U17 男子足球运动员形态学指标体系：首先，通过查阅文献，归纳和总结研究学者关于足球形态特征的研究成果，结合本研究的目的梳理出形态学指标初选体系；其次，以理论基础为依据，采用综合法将初选指标进行归类，归为长度、围度和充实度三个维度的指标体系，对三个维度的指标进行具体指标的补充和完善，接着，采用交叉法对相关性较高的指标进行整合，建立派生指标，如体重与身高的派生指标为 BMI；最后，采用列名群体决策法邀请研究领域相关专家就问卷调查结果进行研讨会，就初选指标体系进行研讨，提出个人观点并进行充分讨论，最终取得专家观点的一致性，从而确定最终的形态学评价指标体系，其中原始指标 6 项：身高、臂伸直高、胸围、腰围、体重、体脂百分比；派生指标 3 项：BMI、脂肪含量、瘦体重。

三、形态学指标抽样测试情况

采用整群抽样方法，以参加2014年和2015年全国U17冬训的各支队伍分别作为一个整体，随机抽样，将每支队伍中的全部运动员逐一作签，搅拌均匀后进行抽取。每支队伍的抽样标准为10~12人，同时兼顾多收集样本原则，对渴望测试的队伍的运动员进行全部测试。在教练员和运动员的协调配合下，在测试仪器、测试环境等条件的允许下，本研究完成了身高、臂伸直高、胸围、腰围、体重、脂肪含量、瘦体重每项指标的329个样本测试。

四、形态学评价指标体系分析

（一）身高

1. 描述性统计与频次分析

通过测量数据对U17男子足球运动员的身高进行描述性统计，可以得出我国U17男子足球运动员身高的基本情况（表7-1）。

表7-1 身高描述性统计表

N	最大值（cm）	最小值（cm）	极差（cm）	平均数±标准差
329	195.0	144.0	51.0	174.7±7.07

由表7-1可见，我国U17男子足球运动员身高极差较大，最高身高为195.0cm，最低身高为144.0cm，极差为51.0cm。分析原因：①我国U17男子足球运动员身高发育的敏感期不同，不同足球运动员的生长发育有早有晚；②由于某些原因，我国U17男子足球运动员选材时没有将身高指标作为重要的选拔标准，只考虑了运动员的专项技术等能力。我国U17男子足球运动员的平均身高为174.7cm，而前人对中超足球运动员的身高统计得出的平均值为180cm。我国U17男子足球运动员随着身体的发育，身高还会有一定程度的提高。

对我国U17男子足球运动员的身高进行频次分析，见表7-2。

表7-2 身高频次分析表

身高	144.0~164.0（cm）	164.0~174.0（cm）	174.0~184.0（cm）	184.0（cm）以上
人数	27	117	163	22

续表

身高	144.0~164.0（cm）	164.0~174.0（cm）	174.0~184.0（cm）	184.0（cm）以上
比例（%）	8.2	35.6	49.5	6.7

由表7-2可见，我国U17男子足球运动员的身高大部分集中在164.0~184.0cm，占总比例的85.1%，其中174.0~184.0cm的比例最高，占总比例的49.5%，约为总人数的一半，144.0~164.0cm和184.0cm以上的人数非常少，分别占总人数的8.2%和6.7%。

2. 不同位置U17男子足球运动员的身高特征

不同位置U17男子足球运动员的身高特征见表7-3。

表7-3 不同位置U17男子足球运动员身高特征表

位置	最大值（cm）	最小值（cm）	极差（cm）	平均数±标准差（cm）
前锋	193	169	24	175.2±7.34
前卫	191	144	47	173.2±7.02
后卫	191	156	35	174.6±6.37
守门员	195	170	25	181.7±5.86

由表7-3可见，我国U17男子足球运动员身高呈现一定的位置特征，主要表现为守门员与前锋、前卫和后卫的身高差距较大，前锋、前卫和后卫的身高差距并不大。分析原因：①我国U17男子足球运动员处于青春期发育后期，身体发育并没有定型，很多运动员还有增高的幅度。②我国U17男子足球运动员年龄特征属于少年与青年的衔接阶段，很多运动员可以踢几个位置，没有形成一定的位置定型。总体来看，我国U17男子足球运动员身高呈现出"守门员>前锋>后卫>前卫"的特征，这与前人对足球运动员身高位置特征的研究结果一致。

对我国U17男子足球运动员不同位置的身高进行两两比较，显著性分析见表7-4。

表7-4 不同位置U17男子足球运动员身高的显著性差异表

位置	前锋	前卫	后卫	守门员
前锋	—	0.582	0.996	0.001*
前卫	0.582	—	0.490	0.000*

续表

位置	前锋	前卫	后卫	守门员
后卫	0.996	0.490	—	0.000*
守门员	0.001*	0.000*	0.000*	—

* 表示 $p<0.05$。

由表7-4可见，守门员与前锋（$p=0.001<0.05$）、前卫（$p=0.000<0.05$）、后卫（$p=0.000<0.05$）的身高均有显著性差异，而前锋、前卫和后卫的身高两两比较后，均不存在显著性差异。

臂伸直高也是长度的一项指标，其作为运动员核心力量的评价指标将在后面的核心力量的评价中进行统计和分析，并没有在这里体现。

（二）胸围和腰围

胸围和腰围两项指标通常作为我国U17男子足球运动员围度的评价指标。

1. 描述性统计与频次分析

通过测量数据，对U17男子运动员围度进行描述性统计，得出我国U17男子足球运动员围度的基本情况（表7-5）。

表7-5 围度描述性统计表

指标	N	最大值（cm）	最小值（cm）	极差（cm）	平均数±标准差（cm）
胸围	329	100.0	68.0	32.0	82.3±5.11
腰围	329	54	93	39	70.4±5.12

由表7-5可见，与身高一样，我国U17男子足球运动员胸围和腰围极差也较大，胸围最大值和最小值分别为100cm和68cm，极差为32.0cm；腰围最大值和最小值分别为93cm和54cm，极差为39cm；平均胸围为82.3cm，平均腰围为70.4cm。前人对成年足球运动员的围度进行测试，数据显示胸围平均值为86cm，腰围平均值为74cm。通过对比可知，我国U17男子足球运动员的胸围和腰围与成人足球运动员有较大差距，身体还处于发育过程中。

对我国U17男子足球运动员胸围和腰围进行频次分析，见表7-6、表7-7。

表7-6 胸围频次分析表

胸围	76.0（cm）以下	76.0~84.0（cm）	84.0~92.0（cm）	92.0（cm）以上
人数	42	189	88	11
比例（%）	12.8	57.4	26.8	3

表7-7 腰围频次分析表

腰围	64.0（cm）以下	64.0~74.0（cm）	74.0~84.0（cm）	84.0（cm）以上
人数	39	231	57	23
比例（%）	11.9	70.2	17.3	6

由表7-6、表7-7可见，我国U17男子足球运动员的胸围主要集中在76.0~84.0cm，占总比例的57.4%；腰围集中在64.0~74.0cm，占总比例的70.2%。下面进一步探究我国U17男子足球运动员不同位置的围度特征。

2. 不同位置U17男子足球运动员的围度特征

不同位置U17男子足球运动员的胸围、腰围特征见表7-8、表7-9。

表7-8 不同位置U17男子足球运动员胸围特征表

位置	最大值（cm）	最小值（cm）	极差（cm）	平均数±标准差（cm）
前锋	93	73.1	19.9	81.9±5.14
前卫	93	68	25	81.2±4.86
后卫	94	69	25	82.6±4.73
守门员	100	75	25	86.7±5.62

表7-9 不同位置U17男子足球运动员腰围特征表

位置	最大值（cm）	最小值（cm）	极差（cm）	平均数±标准差（cm）
前锋	84	62.5	21.5	70.3±4.79
前卫	80	56	24	69.5±4.65
后卫	87	54	23	70.6±5.08
守门员	93	62	31	74.2±6.25

由表7-8、表7-9可见，我国U17男子足球运动员胸围和腰围呈现一定的位置特征，主要表现为守门员与前锋、前卫和后卫的身高差距较大，前锋、前卫和

后卫的胸围、腰围差距并不大。守门员和后卫的胸围指标平均数大于总体平均数，前锋和前卫的胸围指标平均数则小于总体平均数，腰围的结果也是一样。守门员的胸围和腰围明显高于前锋、前卫和后卫。但是前锋、前卫和后卫的胸围和腰围相差很小，这与身高的位置特征一致。

对我国 U17 男子足球运动员的不同位置的胸围和腰围进行两两比较，显著性分析见表 7-10、表 7-11。

表 7-10　不同位置 U17 男子足球运动员胸围显著性差异表

位置	前锋	前卫	后卫	守门员
前锋	—	0.978	0.980	0.004*
前卫	0.978	—	0.591	0.000*
后卫	0.980	0.591	—	0.005*
守门员	0.004*	0.000*	0.005*	—

* 表示 $p<0.05$。

由表 7-10 可见，守门员与前锋（$p=0.004<0.05$）、前卫（$p=0.000<0.05$）、后卫（$p=0.005<0.05$）的胸围均有显著性差异，而前锋、前卫和后卫的胸围两两比较后，均不存在显著性差异。

表 7-11　不同位置男子 U17 男子足球运动员腰围显著性差异表

位置	前锋	前卫	后卫	守门员
前锋	—	0.896	1.000	0.054
前卫	0.896	—	0.357	0.004*
后卫	1.000	0.357	—	0.041*
守门员	0.054	0.004*	0.041*	—

* 表示 $p<0.05$。

由表 7-11 可见，守门员与前卫（$p=0.004<0.05$）、后卫（$p=0.041<0.05$）的腰围均有显著性差异，与前锋（$p=0.054>0.05$）没有显著性差异，而前锋、前卫和后卫的腰围两两比较后，均不存在显著性差异。

(三) 体重和 BMI

体重作为充实度的一个重要评价指标，与身高衍生出另一指标——BMI。通过对 U17 男子足球运动员体重与 BMI 指标进行测量，可以评价 U17 男子足球运动员的形态特征。

1. 描述性统计与频次分析

通过测量数据，对我国U17男子足球运动员的体重和BMI进行描述性统计，得出我国U17男子足球运动员体重和BMI的基本情况（表7-12）。

表7-12 体重和BMI描述性统计表

指标	N	最大值	最小值	极差	平均数±标准差
体重（kg）	329	88.0	47.0	41.0	62.2±9.77
BMI	329	27.5	9.5	18	20.3±2.37

由表7-12可见，与高度和围度一样，我国U17男子足球运动员体重极差也较大，体重最大值和最小值分别为88.0kg和47.0kg，极差为41.0kg，平均值为（62.2±9.77）kg/m²。对比前人对中超球员的统计研究，我国中超足球运动员的平均体重为74.99kg，而我国U17男子足球运动员与成人相比有较大的差距。由于我国U17男子足球运动员还处于生长期，因此，体重指标在U17年龄段不能作为绝对化的衡量指标。

BMI（Body Mass Index）是反映运动员肥胖程度和健康与否的一个标准，我国U17男子足球运动员BMI最大值和最小值分别为27.5kg/m²和9.5kg/m²，极差为18.0kg/m²，平均值为（20.3±2.37）kg/m²。

对我国U17男子足球运动员体重进行频次分析，见表7-13。

表7-13 体重频次分析表

体重	50kg以下	50~60kg	60~70kg	70~80kg	80kg以上
人数	36	93	145	46	9
比例（%）	10.9	28.3	48.1	14	2.7

通过对体重频次分析得出，我国U17足球运动员的体重大部分集中在60~70kg，占总比例的48.1%；其次为50~60kg，占总比例的28.3%。其中60kg、63kg、65kg、70kg四个数值的体重最多，均占到总比例的5%以上。

参照BMI的国际标准（表7-14），对我国U17男子足球运动员的BMI进行频次分析（表7-15）。

表 7-14　BMI 数值标准表　　　　　　　　　　　　　　（单位：kg/m²）

标准	过轻	正常	过重	肥胖	非常肥胖
数值	18.5 以下	18.5~24.99	25~28	28~32	32 以上

表 7-15　BMI 频次分析表

BMI	18.5 以下 (kg/m²)	18.5~24.99 (kg/m²)	25~28 (kg/m²)	28~32 (kg/m²)	32 以上 (kg/m²)
人数（人）	56	269	4	0	0
比例（%）	17.0	81.8	1.2	0	0

由表 7-15 可见，我国 U17 男子足球运动员的 BMI 位于 18.5~24.99 kg/m² 的占总比例的 81.8%，说明我国 U17 男子足球运动员绝大多数体重正常、身体健康，偏轻的运动员占 17.0%，过重的运动员占 1.2%，二者比例都非常小，没有肥胖和过度肥胖的运动员，以上均说明我国 U17 男子足球运动员的总体健康标准较好。

2. 不同位置 U17 男子足球运动员的体重和 BMI 特征

不同位置 U17 男子足球运动员的体重和 BMI 特征见表 7-16、表 7-17。

表 7-16　不同位置 U17 男子足球运动员体重特征表

位置	最大值（kg）	最小值（kg）	极差（kg）	平均数±标准差（kg）
前锋	85	52	33	60.5±8.96
前卫	78	48	30	61.9±9.62
后卫	88	54	34	62.9±9.95
守门员	86	56	30	71.5±9.33

表 7-17　不同位置 U17 男子足球运动员 BMI 特征表

位置	最大值 (kg/m²)	最小值 (kg/m²)	极差 (kg/m²)	平均数±标准差 (kg/m²)
前锋	25.4	13.3	12.1	20.4±2.43
前卫	25.0	13.0	12.0	20.1±2.23
后卫	27.5	9.5	18	20.2±2.45
守门员	26.2	12.6	13.6	21.6±2.41

由表 7-16 可见，我国 U17 男子足球运动员体重呈现一定的位置特征，主要

表现为守门员和后卫的体重明显高于前锋和前卫的体重。而前人通过对2008—2010年三届中超球员的体重测量得出，运动员的体重呈现出"后卫>守门员>前卫>前锋"的特征，这与我国U17男子足球运动员体重特征有所不同。

由表7-17可见，我国U17男子足球运动员BMI并没有呈现出位置特征，前锋、前卫、后卫和守门员的BMI指标相差不大。

对我国U17男子足球运动员的不同位置的BMI进行两两比较，显著性分析见表7-18。

表7-18 不同位置的U17男子足球运动员BMI的显著性差异表

位置	前锋	前卫	后卫	守门员
前锋	—	0.719	0.997	0.004*
前卫	0.719	—	0.789	0.000*
后卫	0.996	0.789	—	0.000*
守门员	0.004*	0.000*	0.000*	—

*表示 $p<0.05$。

由表7-18可见，守门员与前锋（$p=0.004<0.05$）、前卫（$p=0.000<0.05$）、后卫（$p=0.000<0.05$）的BMI均有显著性差异，而前锋、前卫和后卫的BMI两两比较后，均不存在显著性差异。

（四）体脂百分比、体脂含量、瘦体重

1. 描述性统计

通过测量数据和计算，对我国U17男子足球运动员体成分进行描述性统计，得出我国U17男子足球运动员体脂百分比、体脂含量、瘦体重的基本情况（表7-19）。

表7-19 体脂百分比、体脂含量、瘦体重描述性统计表

指标	N	最大值	最小值	极差	平均数±标准差
体脂百分比（%）	329	25.4	4.1	21.3	13.3±3.94
体脂含量（kg）	329	21.4	4.9	16.5	8.8±3.39
瘦体重（kg）	329	68.7	39.3	29.4	55.1±5.62

体成分指标是对运动员健康状况和身体组成成分分析的重要指标。通过对我国U17男子足球运动员体成分各项指标进行描述统计，发现体脂百分比、体脂含

量和瘦体重极差都较大。分析原因：①运动员的身体发育速度有快有慢，一些运动员身材较为瘦小，体脂和肌肉质量都不高；②理论上，运动员的体脂含量要低，瘦体重要合理，但是足球运动员体脂百分比却没有绝对的限制，满足合理的范围和基本的健康即可。

由表7-19可见，我国U17男子足球运动员的体脂百分比平均值为13.3%，体脂含量平均值为8.8kg，瘦体重为55.1kg。

查阅国内外有关足球运动员体成分调查的文献，优秀足球运动员的体脂百分比平均值约为13%，体脂含量平均值为11.56kg，瘦体重为65.67kg。对比优秀运动员的体成分含量情况，我国U17男子足球运动员的体脂百分比稍高于世界优秀运动员的平均值，其他两项指标平均值均低于世界优秀足球运动员的平均值。因此，在U17运动员发育过程中，通过控制体脂和提高肌肉质量是降低体脂率的有效方法。

2. 不同位置U17男子足球运动员的体成分特征

不同位置U17男子足球运动员体成分特征见表7-21、表7-22。

表7-20　不同位置U17男子足球运动员体脂百分比特征表

位置	最大值（%）	最小值（%）	极差（%）	平均数±标准差（%）
前锋	17.7	5.4	12.3	11.8±3.43
前卫	20.9	5.7	15.2	12.8±3.93
后卫	22.2	8.6	13.6	14.1±3.96
守门员	14.6	10.8	3.8	14.2±4.09

表7-21　不同位置U17男子足球运动员体脂含量特征表

位置	最大值（kg）	最小值（kg）	极差（kg）	平均数±标准差（kg）
前锋	11.5	2.7	8.8	7.6±3.19
前卫	13.0	2.9	10.1	8.1±3.14
后卫	15.3	4.7	10.6	9.4±3.54
守门员	9.3	6.9	2.4	10.1±3.54

表7-22　不同位置U17男子足球运动员瘦体重特征表

位置	最大值（kg）	最小值（kg）	极差（kg）	平均数±标准差（kg）
前锋	55.7	47.3	8.4	55.4±6.22

续表

位置	最大值（kg）	最小值（kg）	极差（kg）	平均数±标准差（kg）
前卫	57.2	45.6	11.6	53.7±5.11
后卫	63.1	46.9	16.2	54.6±5.46
守门员	57.6	54.1	3.5	59.7±5.55

由表7-20~表7-22得出，守门员的体脂百分比最高，其次是后卫，两者相距不大，守门员和后卫的体脂百分比都比前锋和前卫大，前锋和前卫相差不大，前锋体脂百分比最低。体脂含量也呈现出守门员>后卫>前卫>前锋的位置特征，但是各个位置体脂含量相差并不太大。瘦体重指标守门员最高，前锋位居第二。综上几项指标分析：前锋运动员大多数身材比较匀称，比赛中既能够有敏感的洞察力和身体的快速移动能力，完成攻击性射门，还能够及时地进行防守，延缓对方的有力进攻，因此，前锋需要相对较多的肌肉、较低的体脂率和体脂含量。

五、分析与小结

（一）对足球运动员身体形态特征的研究

国内学者刘波以2014年FIFA世界杯的32支参赛队伍的运动员作为研究对象，对不同位置足球运动员的身体形态进行研究发现身高、体重均呈现出守门员>后卫>前锋>中场的位置特征。国内学者刘伟强以参加2007年女足世界杯的运动员为研究对象，得出结论为欧洲的球员平均身高最高，其次是美洲、大洋洲、亚洲，非洲的女性足球运动员的平均身高最低。邓飞以1997—1998赛季的英格兰和西班牙等欧洲国家的顶级联赛、我国1997—1998赛季甲A级联赛及1998年的法国足球世界杯参赛队伍为研究对象，研究足球运动员身高、体重的身体形态特征，结果显示守门员的身高、体重的平均数值均为最大。马南京和臧秋华以2004年欧洲杯、美洲杯和亚洲杯的各国运动员为研究对象，发现欧洲、美洲和亚洲的守门员的身高、体重平均数值都大于其他位置的运动员。谢龙和徐微微以2010年南非世界杯的32支参赛队伍为研究对象，参赛队员的身高平均数值守门员最大，中场为最小，体质量的平均数值也表现为守门员最高中场最低，克托莱指数均值表现为守门员>后卫>前锋>中场。以在洲际角度进行研究发现平均身高表现为欧洲>美洲>亚洲>非洲，在身体质量上表现为欧洲>非洲>美洲>亚洲，克托莱指数表现为欧洲>非洲>美洲>亚洲。国外学者Reid和Williams通过对阿伯丁足球俱乐部运动员平均体脂进行研究，得出其体脂含量约占体重的

14.9%。日本学者星川佳广对本国足球运动员与国外运动员的体脂率进行对比研究，发现日本的优秀足球运动员体脂率平均值为 8.9%，低于国外足球运动员，而且体脂率表现为守门员>中场>后卫>前锋的位置特征。朱军凯在对位置体能特征研究中表示 2002—2004 年和 2008—2010 年的国家男子足球运动员的体脂含量呈现出守门员>前卫>后卫>前锋的位置特征。朴哲松等学者以 2004 年雅典奥运会男子足球运动员为研究对象，发现由于位置特点的需要，守门员和后卫的身体形态比较高大。

(二) 身体形态对于选材的作用和意义

足球规则允许在比赛过程中有合理的冲撞，随着现代足球运动的不断发展，身体对抗更加激烈，对于足球运动员的身体条件和要求也不断提高，拥有良好的体型可以提高对抗的能力，足球是同场竞技性运动，身高和体重是足球比赛中进行有效对抗的身体形态基础。激烈的对抗是不可避免的，只有拥有一定的身体条件作为基础，才可以发挥出相应技术与战术。

现代的足球选材具有多方面因素，形态学是进行科学选材的基础。对身体形态的研究中，身高这一指标受先天遗传因素的影响较大。在足球这种同场对抗的竞技性运动中，身高是不可被忽视的，特别是守门员、中后卫和中锋这些位置对身高的要求相对其他位置更高，体现出明显的位置特征。根据体脂率进行选材可以发掘出脂肪较少、肌肉较多的年轻足球运动员，在以后的培养中他们可能表现出较高的肌肉发展能力。体重的大小主要反映运动员的形态特征，而这些形态特征与球员未来的运动素质等有一定的联系，尤其是竞技足球中的力量素质、速度素质。因此激烈对抗的比赛，需要运动员有一定的身体重量。体重相对较轻的运动员即使拥有出色的技术，但没有一定的力量基础，也很难在激烈的对抗中发挥出自己的技术水平。不同位置的足球运动员由于在球场中担任的角色不同，肩负的任务也有所不同。体重大的后卫球员能够增加防守对抗的力度，最大限度地抵御对方球员的各种进攻势头。体重大的前锋可以利用强对抗优势，增加突破的机会，通过快速进攻突破对方的防守防线。在进攻和防守过程中各种对抗行为无法避免，如果运动员的体重较轻就很难发挥在相互对抗过程中自身的身体优势。

刘淑红等学者对我国国家奥林匹克男子足球队入选与未入选的队员进行身体形态对比，发现入选队员的平均身高、体重、臀围及右上臂维度数值都大于未入选的队员，这体现了我国选材时对队员身体形态方面的要求。张龙在《足球运动员身体形态与战术打法的研究分析》中指出，运动员的位置形态与球队的技战术打法有一定的关系，不同的战术打法对运动员的身体形态有不同的要求，直接型打法球队的球员的三项形态指标均表现为守门员>后卫>前卫>中场的位置特点。控制型打法球队的队员动作速度快且具有灵活性,锋线位置的身高、体重相差不大,克托莱指数小于直接型打法球队。全攻全守类型的球队要求整体的统一性,运动员可以去适应不同的位置,所以前锋、后卫、中场的身体形态三项指标相差不显著。防守反击型球队是在防守的基础上,通过身体对抗获取球权进而反击,所以防守反击型球员的身体形态指标一般高于全攻全守型的球员。

(三) 足球运动员身体形态的位置特征

由于不同的足球运动员在球场中担任的职责和作用各有不同,因此其身体形态要求也各有不同。足球运动员身体形态特征表现出的位置差异性是现代高水平球队的显著特点。

中场要求具有充沛的体力,其主要工作是覆盖全场,良好的体能可以帮助运动员占据主动。由于中场需要动作灵活,跑动积极和出色的对抗,因此中场球员的身高、体重相对较小。中场位置非常重要,既要有防守职责又要有进攻职责,要保持攻守平衡。其中进攻型中场要具有出色的技术,能够控制住中场的节奏,并具有出色的传球、制造进攻的机会,拥有良好的大局观,而防守型中场则会合理的利用身体防守,延缓对方的进攻,同时也要有出色的传球技术。在球队中,根据队员的不同特点,中场需要在场上完成各种不同的任务,有的队员需要用自己犀利的传球把足球传给队友完成射门,而有的队员则需要用自己出众的速度来突破对手的防线。要想踢好中场,聪明的大脑和出众的技术对于足球运动员来说都是缺一不可的。

前锋的主要职责是将足球快速带到对方球场,通过队员间相互传递实现快速射门得分。由于要应付对方后卫的身体对抗,需要前锋要拥有一定的体重作为基础。前锋运动员需要负责进攻,如果拥有了较高的身高,就会在争抢头球方面拥有更多的优势,利用其出色的技术加上身体的先天优势,大大提高球队的进攻能力。

后卫要求选位意识好、对抗能力强、转身快、头球技术好且路线判断准确。后卫主要以慢跑和盯人跑位为主,其中,中后卫要有一定的身高,身体要结实硬朗,善于抢身位,反应要快,判断球的落点要准。边卫在1v1防守时更有优势。总之,后卫的主要职责就是负责本方球场的防守,拥有强壮的后卫才能拥有较强能力去抵御对方球员的各种进攻。现代足球运动在快速发展过程中越来越注重防守反击,当后卫遭遇对方的进攻时,不仅需要后卫通过较高身高争抢头球破解对方的进攻势头,还需要在本方运动员主动参与协助传球和进攻,因此身高略高的后卫在整个比赛中拥有较多的优势。

　　守门员具有匀称协调的体型，拥有宽大的手掌和宽厚的手臂，并且大腿粗壮小腿细长，关节灵活性强，两条手臂的长度之和大于身高之和。足球守门员在整个球队中扮演十分重要的角色，担负着阻止足球被射入球门的重要职责。守门员必须具有较高的身高（≥180cm），才能在面对对方球员的进攻时，更好地守住最后一道防线。全球各国足球俱乐部的守门员身高都很高，主要是因为拥有较高身高的守门员能够拥有更长的手臂，这就意味着当对方球员准备进攻球门时，守门员能够通过较高的身高和较长的手臂，快速阻挡对方球员的足球进攻，做出扑球或者解围等动作，并且较长的手臂也能给对方球员造成强大的心理威慑和压力。此外，守门员还需具有快速的反应能力和良好的意识，以便可以及时发现潜在的威胁。

　　总之，我国U17男子足球运动员身高、胸围、腰围、体重、体脂百分比、体脂含量、瘦体重指标极差比较大，原因是我国U17年龄段足球运动员身体发育的敏感期不同，发育有早有晚，形态学指标个体差异比较大。此外，由于某些原因我国U17男子足球运动员选材时，没有将形态学指标作为重要的选拔标准，只是考虑运动员的专项能力。

第二节　U17足球运动员运动素质测试分析与评价

一、运动素质评价类型

　　根据研究目的，本研究采用诊断性评价类型对U17男子足球运动员的运动素质进行评价，通过对全国U17男子足球运动员运动素质指标测量，建立全国U17男子足球运动员运动素质各项指标的数据库；通过体能测试对目前我国U17男子足球运动员的运动素质指标进行描述统计和分析，探讨我国U17男子足球运动员运动素质特征并建立我国U17运动素质评价等级标准，为科学的体能训练提供借鉴。

二、运动素质指标确定步骤

　　本研究通过3个步骤确定U17男子足球运动员运动素质指标体系：首先，通过查阅文献，归纳和总结研究学者关于足球运动素质特征的研究成果，结合本研究的目的梳理出运动素质指标初选体系；其次，以理论基础为依据，采用综合法将初选指标运动素质进行归类，归为力量、速度、柔韧和灵敏四个维度的指标体系，再对四个维度的指标进行具体指标的补充和完善，形成对专家的问卷调查。最后，采用列名群体决策法，邀请研究领域相关专家就问卷调查结果召开研讨会，请各位专家提出个人观点并进行充分讨论，最终确定运动素质评价指标体系。

（一）运动素质中力量素质指标

左侧核心力量、右侧核心力量、立定跳远、左腿三级跳、右腿三级跳、纵跳、投掷界外球、30秒俯卧撑、1分钟仰卧起坐。

（二）运动素质中速度素质指标

5米、10米、20米、30米、40米、快速高抬腿。

（三）运动素质中柔韧素质指标

腰椎和股后肌群柔韧度、股四头肌柔韧度、小腿三头肌柔韧度。

（四）运动素质中灵敏素质指标

曲线跑、四线往返跑。

三、运动素质抽样测试情况

采用整群抽样方法，以参加2014年和2015年全国U17冬训的各支队伍分别为一个群，采用随机抽样法，将每支队伍中的全部运动员逐一作签，打乱后随机进行抽取。每支队伍的抽样标准为10~12人。同时兼顾多收集原则，对渴望测试的队伍的运动员全部进行测试。在教练员和运动员协调配合下，在测试仪器、测试环境等条件的允许下，尽最大努力完成了力量素质、速度素质、柔韧素质和灵敏素质每项素质指标的329个样本测试。

四、运动素质评价指标体系分析

（一）力量素质指标

力量素质评价指标体系包括核心力量、爆发力和力量耐力，本研究分别对以上具体指标进行统计分析。通过对我国U17男子足球运动员力量素质指标进行测量，评价我国U17男子足球运动员的力量素质特征。

1. 核心力量

（1）描述性统计与频次分析

核心力量描述性统计见表7-23。

表7-23 核心力量描述性统计表

核心力量	N	最大值（cm）	最小值（cm）	极差（cm）	平均数±标准差（cm）
左侧核心力量	329	13.0	0	13.0	6.14±2.87
右侧核心力量	329	12.3	0	12.3	4.55±2.65*

*表示$p<0.05$。

核心力量是低优指标，数值越小，说明核心力量越好。由表7-23可知，我国U17男子足球运动员左侧核心力量平均值为（6.14±2.87）cm，右侧核心力量平均值为（4.55±2.65）cm，总体分析，右侧的核心力量要好于左侧。

进一步对左侧核心力量和右侧核心力量进行独立样本T检验分析，得出：左侧核心力量与右侧核心力量有显著性差异，右侧的核心力量要显著好于左侧（$p=0.000<0.05$）。分析原因：①足球运动员多数右侧为优势侧，踢球时右侧发力较多，对右侧肌肉链的刺激较多，右侧核心肌肉得到训练的机会较多；②踢球动作发力符合动力链传递，踢球可以激活右侧核心区肌肉群，右侧核心区的肌肉得到锻炼，对右侧核心区肌肉群训练较多。

对核心力量进行频次统计分析见表7-24。

表7-24 核心力量频次比例表

比例	核心力量	5.0cm以下	5.0~10.0cm	10.0cm以上
%	左侧核心力量	31.6	55.4	19.4
	右侧核心力量	66.5	39.3	4.2

我国U17男子足球运动员右侧核心力量5.0cm以下占总比例的66.5%，而左侧5.0cm以下仅占总比例的31.6%。可见，我国U17男子足球运动员核心力量存在不足，尤其是左侧的核心力量，与理想情况差距较大，这说明我国U17足球训练中没有形成科学有效的核心力量训练方法。

（2）不同位置 U17 男子足球运动员核心力量特征

表7-25　不同位置 U17 男子足球运动员核心力量特征表

表示	核心力量	前锋（cm）	前卫（cm）	后卫（cm）	守门员（cm）
$\bar{x}\pm s$	左侧核心力量	6.30±2.81	6.08±2.84	6.31±2.97	4.29±2.72
	右侧核心力量	5.09±3.07*	4.45±2.54*	4.59±2.71*	3.57±1.62

*表示 $p<0.05$。

由表 7-25 可见，我国 U17 男子足球运动员核心力量呈现出一定的位置特征，表现为守门员的左侧核心力量和右侧核心力量均好于前锋、前卫和后卫的核心力量。守门员左侧核心力量和右侧核心力量没有显著性差异（$p=0.772>0.05$），但是前锋、前卫和后卫的左侧核心力量与右侧核心力量均具有显著性差异（$p=0.000<0.05$）。以上说明守门员对核心区域力量的训练较多，重视左右两侧核心区肌肉力量的同步提高，但是对前锋、前卫和后卫球员核心力量的训练也需要引起教练员的重视。

（3）核心力量评价等级

本研究采用标准百分法对核心力量建立评分标准，分别计算出 0 分、5 分、10 分、…、95 分和 100 分的评分表（表 7-26、表 7-27）。

计算公式为：
$$Z=50\pm\frac{x-\bar{x}}{s}\times\frac{100}{2\times 2.5}$$

表7-26　核心力量（左侧）百分位数评分标准

得分	原始成绩（cm）	修订成绩（cm）	得分	原始成绩（cm）	修订成绩（cm）
100.00	0.00	0.00	50.00	6.14	6.10
95.00	0.32	0.30	45.00	6.86	6.90
90.00	0.40	0.40	40.00	7.58	7.60
85.00	1.12	1.10	35.00	8.29	8.30
80.00	1.84	1.80	30.00	9.01	9.00
75.00	2.55	2.60	25.00	9.73	9.70
70.00	3.27	3.30	20.00	10.45	10.50
65.00	3.99	4.00	15.00	11.16	11.20

续表

得分	原始成绩（cm）	修订成绩（cm）	得分	原始成绩（cm）	修订成绩（cm）
60.00	4.71	4.70	10.00	11.88	11.90
55.00	5.42	5.40	0.00	13.00	13.00

表7-27 核心力量（右侧）百分位数评分标准

得分	原始成绩（cm）	修订成绩（cm）	得分	原始成绩（cm）	修订成绩（cm）
100.00	0.00	0.00	50.00	4.55	4.60
95.00	0.23	0.20	45.00	5.21	5.20
90.00	0.33	0.30	40.00	5.88	5.90
85.00	0.41	0.40	35.00	6.54	6.50
80.00	0.58	0.60	30.00	7.20	7.20
75.00	1.24	1.20	25.00	7.86	7.90
70.00	1.90	1.90	20.00	8.53	8.50
65.00	2.56	2.60	15.00	9.19	9.20
60.00	3.23	3.20	10.00	9.85	9.90
55.00	3.89	3.90	0.00	12.30	12.30

计算出得分对应的测试成绩后，为了简化评分标准在实践测试中的应用，方便对成绩得分的记录和比对，我们在原始成绩的基础上进行修订，采用小数点后第二位四舍五入统计方法，同时结合上下得分的连续性，得出各项得分的修订成绩。

通过专家访谈法确定体能等级划分标准，即低优指标和高优指标，同时每个指标又划分为五个等级：优、良、中、下、差，分别对应的理论百分数为10%、15%、50%、15%、10%，运用离差法计算每一项指标的优、良、中、下、差所对应的数值，然后带入上表求得各个等级指标值，等级划分见表7-28。

表7-28 体能等级划分表

指标类型	等级	标准计算公式	理论划分比例（%）
低优指标	优	$\bar{x}-1.28s$ 以下	10
	良	$\bar{x}-1.28s \sim \bar{x}-0.67s$	15

续表

指标类型	等级	标准计算公式	理论划分比例（%）
低优指标	中	$\bar{x}+0.67s \sim \bar{x}-0.67s$	50
	下	$\bar{x}+1.28s \sim \bar{x}+0.67s$	15
	差	$\bar{x}+1.28s$ 以上	10
高优指标	优	$\bar{x}+1.28s$ 以上	10
	良	$\bar{x}+0.67s \sim \bar{x}+1.28s$	15
	中	$\bar{x}-0.67s \sim \bar{x}+0.67s$	50
	下	$\bar{x}-1.28s \sim \bar{x}-0.67s$	15
	差	$\bar{x}-1.28s$ 以下	10

表 7-29 核心力量评价等级表

等级	左侧核心力量 原始标准（s）	左侧核心力量 修订标准（s）	右侧核心力量 原始标准（s）	右侧核心力量 修订标准（s）
优	3.0 以下	3.0 以下	1.0 以下	1.0 以下
良	3.1~4.0	3.1~4.0	1.1~3.0	1.1~3.0
中	4.1~8.0	4.1~8.0	3.1~6.0	3.1~6.0
下	8.1~10.0	8.1~10.0	6.0~8.3	6.0~8.5
差	10.1 以上	10.1 以上	8.3 以上	8.5 以上

由表 7-29 可见，我国 U17 男子足球运动员核心力量评价分为优、良、中、下、差 5 个等级，其中左侧核心力量 3.0cm 以下为优秀、3.1~4.0cm 为良好、4.1~8.0cm 为中等、8.1~10.0cm 为下等、10.1cm 以上为差；右侧核心力量 1.0cm 以下为优秀、1.1~3.0cm 为良好、3.1~6.0cm 为中等、6.1~8.5cm 为下等、8.5 以上为差。

2. 爆发力

立定跳远、立定三级跳是反映足球运动员下肢横向爆发力的重要指标，纵跳是反映下肢纵向爆发力的指标，投掷是反映上肢和核心区爆发力的重要指标。

(1) 描述性统计

表 7-30 立定跳远、立定三级跳描述性统计表

指标	N	最大值（m）	最小值（m）	极差（m）	平均数±标准差（m）
立定跳远	329	2.81	1.93	0.88	2.31±0.16
单腿三级跳左侧	329	8.30	5.31	2.99	6.59±0.54
单腿三级跳右侧	329	8.10	5.38	2.72	6.63±0.55

由表 7-30 可见，我国 U17 男子足球运动员的立定跳远平均值为（2.31±0.16）m，最大值为 2.81m，最小值为 1.93 m，极差为 0.88 m，极差较大。参照我国同年龄段学生国民监测标准，立定跳远满分为 2.65 m，及格线为 2.00 m，我国 U17 男子足球运动员及格率达 99%，这说明我国 U17 男子足球运动员的下肢横向爆发力普遍好于同龄的普通学生。

立定三级跳根据起跳脚不同，分为单腿三级跳左侧、单腿三级跳右侧两个指标，我国 U17 男子足球运动员单腿三级跳左侧平均值为（6.59±0.54）m，最大值为 8.30m，最小值为 5.31m，极差为 2.99m；单腿三级跳右侧平均值为（6.63±0.55）m，最大值为 8.10m，最小值为 5.38m，极差为 2.72m。可见，我国 U17 男子足球运动员横向跳跃能力极差较大，单腿三级跳右侧距离稍优于左侧。

进一步对单腿三级跳左侧和右侧进行相关性检验，发现两次的跳跃距离不具有显著性差异（$p=0.400>0.05$），右侧腿起跳稍微优于左侧。

表 7-31 纵跳描述性统计表

指标	N	最大值（cm）	最小值（cm）	极差（cm）	平均数±标准差（cm）
纵跳	329	56	30	26	43.57±3.99

由表 7-31 可见，我国 U17 男子足球运动员纵跳最大值为 56cm，最小值为 30cm，极差为 26cm，平均值为（43.57±3.99）cm。对照国民体质监测标准，纵跳 45.8cm 以上即为满分，合格线为 32.4cm，我国 U17 男子足球运动员的合格率为 99%，这说明我国 U17 男子足球运动员的下肢纵向爆发力普遍好于同龄段的普通人群。西班牙足球职业联赛记录表明，C 罗挑起头球的高度为 1.1m，直腿纵跳高度也达到 80cm，而我国 U17 男子足球运动员纵跳最大值为 56cm，与成年顶级球员的纵跳高度有较大差距。纵跳高度是影响制空权的重要因素，随着头顶球技术在比赛中的作用逐渐加大，头顶球也成为得分的重要手段，根据运动员的位

置特点，有针对性地提高足球运动员的纵跳高度对提高竞技表现有十分重要的意义。

表 7-32　投掷界外球描述性统计表

指标	N	最大值（m）	最小值（m）	极差（m）	平均数±标准差（m）
投掷界外球	329	26.70	13.00	13.70	18.07±3.05

由表 7-32 可见，我国 U17 男子足球运动员投掷界外球最大值为 26.70m，最小值为 13.0m，极差为 13.70m，平均值为（18.07±3.05）m。可见，我国 U17 男子足球运动员上肢和核心区爆发力差距较大。英超球员投掷界外球的距离普遍为 27m，斯托克城球队的德拉普投掷界外球距离达到 40m，可以直接投入禁区完成一次进攻。投掷界外球在足球比赛中并不是得分手段，但能够反映出球员上肢和核心区的综合爆发力。因此，我国 U17 男子足球运动员在投掷界外球上还有较大的提升空间。

（2）不同位置 U17 男子足球运动员爆发力特征

表 7-33　不同位置 U17 男子足球运动员爆发力特征表

表示	指标	前锋	前卫	后卫	守门员
$\bar{x}±s$	立定跳远（m）	2.35±0.21	2.28±0.15	2.32±0.16	2.40±0.21
	单腿三级跳左侧（m）	6.71±0.49	6.50±0.55	6.60±0.50	7.10±0.65
	单腿三级跳右侧（m）	6.80±0.61	6.54±0.53	6.65±0.54	7.10±0.60
	纵跳（cm）	43.10±3.7	42.60±3.618	44.21±4.23	43.56±3.37
	投掷界外球（m）	18.10±3.07	17.20±2.74	18.67±3.09	20.67±3.20

由表 7-33 可见，我国 U17 男子足球运动员的爆发力呈现出一定的位置特征，守门员的爆发力各项指标均优于前锋、前卫和后卫，前锋、前卫和后卫的爆发力各项指标没有较大的差距。分析原因：①守门员身材较高，较长的肢体对横向的弹跳距离有积极的影响；②手抛球是守门员经常训练的专项动作，可以对上肢的肌肉力量产生持续的刺激，是一种较好的上肢爆发力训练，更可以提高守门员的投掷球距离。

（3）爆发力评价等级

本研究采用标准百分法对核心力量建立评分标准，分别计算出 0 分、5 分、10 分、…、95 分和 100 分的评分表（表 7-34~表 7-38）。

计算公式为：
$$Z = 50 \pm \frac{x-\bar{x}}{s} \times \frac{100}{2 \times 2.5}$$

表 7-34 立定跳远百分位数评分标准

得分	原始成绩（m）	修订成绩（m）	得分	原始成绩（m）	修订成绩（m）
100.00	2.81	2.80	50.00	2.31	2.30
95.00	2.67	2.70	45.00	2.27	2.27
90.00	2.63	2.65	40.00	2.23	2.25
85.00	2.59	2.60	35.00	2.19	2.20
80.00	2.55	2.55	30.00	2.15	2.15
75.00	2.51	2.50	25.00	2.11	2.10
70.00	2.47	2.45	20.00	2.07	2.07
65.00	2.43	2.43	15.00	2.03	2.05
60.00	2.39	2.39	10.00	1.99	2.00
55.00	2.35	2.35	0.00	1.95	1.95

表 7-35 单腿三级跳（左侧）百分位数评分标准

得分	原始成绩（m）	修订成绩（m）	得分	原始成绩（m）	修订成绩（m）
100.00	8.30	8.30	50.00	6.59	6.60
95.00	7.81	7.80	45.00	6.46	6.50
90.00	7.67	7.70	40.00	6.32	6.30
85.00	7.54	7.50	35.00	6.19	6.20
80.00	7.40	7.40	30.00	6.05	6.10
75.00	7.27	7.30	25.00	5.92	5.90
70.00	7.13	7.10	20.00	5.78	5.80
65.00	7.00	7.00	15.00	5.65	5.70
60.00	6.86	6.90	10.00	5.51	5.50
55.00	6.73	6.70	0.00	5.31	5.30

表 7-36　单腿三级跳（右侧）百分位数评分标准

得分	原始成绩（m）	修订成绩（m）	得分	原始成绩（m）	修订成绩（m）
100.00	8.10	8.10	50.00	6.63	6.60
95.00	7.87	7.90	45.00	6.49	6.50
90.00	7.73	7.70	40.00	6.36	6.40
85.00	7.59	7.60	35.00	6.22	6.30
80.00	7.46	7.50	30.00	6.08	6.10
75.00	7.32	7.30	25.00	5.94	6.00
70.00	7.18	7.20	20.00	5.81	5.80
65.00	7.04	7.00	15.00	5.67	5.70
60.00	6.91	6.90	10.00	5.53	5.50
55.00	6.77	6.80	0.00	5.38	5.40

表 7-37　纵跳百分位数评分标准

得分	原始成绩（cm）	修订成绩（cm）	得分	原始成绩（cm）	修订成绩（cm）
100.00	56.00	56.00	50.00	43.57	44.00
95.00	52.55	53.00	45.00	42.57	43.00
90.00	51.55	52.00	40.00	41.58	42.00
85.00	50.55	51.00	35.00	40.58	41.00
80.00	49.56	50.00	30.00	39.58	40.00
75.00	48.56	49.00	25.00	38.58	39.00
70.00	47.56	48.00	20.00	37.59	38.00
65.00	46.56	47.00	15.00	36.59	37.00
60.00	45.57	46.00	10.00	35.59	36.00
55.00	44.57	45.00	0.00	30.00	30.00

表 7-38　投掷界外球百分位数评分标准

得分	原始成绩（cm）	修订成绩（cm）	得分	原始成绩（cm）	修订成绩（cm）
100.00	26.70	27.00	50.00	19.36	19.50

续表

得分	原始成绩 （cm）	修订成绩 （cm）	得分	原始成绩 （cm）	修订成绩 （cm）
95.00	25.93	26.00	45.00	18.60	19.00
90.00	25.17	25.50	40.00	17.83	18.00
85.00	24.71	25.00	35.00	17.07	17.00
80.00	24.25	24.50	30.00	16.31	16.50
75.00	23.93	24.00	25.00	15.55	16.00
70.00	23.17	23.00	20.00	14.78	15.00
65.00	22.41	22.50	15.00	14.02	14.00
60.00	21.65	22.00	10.00	13.26	13.50
55.00	20.88	21.00	0.00	13.00	13.00

计算出得分对应的测试成绩后，为了简化评分标准在实践测试中的应用，方便对成绩得分的记录和比对，我们在原始成绩的基础上进行修订，采用小数点后第二位四舍五入统计方法，同时结合上下得分的连续性，得出各项得分的修订成绩。

表7-39 三级跳远评价等级表

等级	三级跳远左侧		三级跳远右侧	
	原始标准 （m）	修订标准 （m）	原始标准 （m）	修订标准 （m）
优	7.30以上	7.31以上	7.41以上	7.41以上
良	7.01~7.29	7.01~7.30	7.01~7.40	7.01~7.40
中	6.22~7.00	6.21~7.00	6.22~7.00	6.21~7.00
下	6.00~6.21	6.01~6.20	5.97~6.21	6.01~6.20
差	5.90以下	6.00以下	5.96以下	6.00以下

表7-40 立定跳远、纵跳和投掷界外球评价等级表

等级	立定跳远		纵跳		投掷界外球	
	原始标准 （m）	修订标准 （m）	原始标准 （cm）	修订标准 （cm）	原始标准 （m）	修订标准 （m）
优	2.54以上	2.51以上	49.1以上	49.1以上	22.8以上	23.1以上
良	2.42~2.53	2.41~2.50	46.1~49.0	46.1~49.0	20.0~22.7	20.1~23.0

续表

等级	立定跳远		纵跳		投掷界外球	
	原始标准（m）	修订标准（m）	原始标准（cm）	修订标准（cm）	原始标准（m）	修订标准（m）
中	2.21~2.41	2.21~2.40	41.1~46.0	41.1~46.0	16.1~19.9	16.1~20.0
下	2.12~2.20	2.11~2.20	40.1~41.0	40.1~41.0	14.7~16.0	14.6~16.0
差	2.11以下	2.10以下	40.0以下	40.0以下	14.6以下	14.5以下

由表7-39、表7-40可见，我国U17男子足球运动员爆发力评价分为优、良、中、下、差5个等级，立定跳远的划分标准为：2.54m以上、2.42~2.53m、2.21~2.41m、2.12~2.20m、2.11m以下；立定三级跳左侧划分标准为7.30m以上、7.01~7.29m、6.22~7.00m、6.00~6.21m、5.90m以下；立定三级跳右侧划分标准为7.41m以上、7.01~7.40m、6.22~7.00m、5.97~6.21m、5.96m以下；纵跳划分标准为49.1cm以上、46.1~49.0cm、41.1~46.0cm、40.1~41.0cm、40.0cm以下；投掷界外球划分标准为21.8m以上、19.0~21.7m、15.1~18.9m、13.7~15.0m、13.6m以下。

3. 力量耐力

30秒俯卧撑和1分钟仰卧起坐是反映足球运动员肌肉耐力的重要指标，肌肉耐力也是足球运动员重要的运动素质。

（1）描述性统计

表7-41 肌肉耐力描述性统计表

指标	N	最大值（次）	最小值（次）	极差（次）	平均数±标准差（次）
30秒俯卧撑	329	50	20	30	39.91±6.74
1分钟仰卧起坐	329	71	34	37	57.39±9.53

由表7-41可见，我国U17足球运动员肌肉耐力极差较大，30秒俯卧撑最高值为50次，最低值为20次，极差为30次，平均数为（39.91±6.74）次；1分钟仰卧起坐最高次数为71次，最低次数为34次，极差为37次，平均数为（57.39±9.53）次。分析原因：我国U17男子足球运动员肌肉耐力差别较大与青春期后期不同运动员的生长发育程度有关，也与教练员体能训练有关，有些教练员比较重视运动员的力量训练，有些则认为无关紧要，其实，系统性的训练对肌

肉耐力的影响力还是比较大的。

（2）不同位置 U17 男子足球运动员肌肉耐力特征

由表 7-42 可见，我国 U17 男子足球运动员 30 秒俯卧撑次数表现出后卫>前锋>前卫>守门员的位置特征，四个位置的 30 秒俯卧撑次数相差不大。1 分钟仰卧起坐次数表现为守门员大于前锋、前卫和后卫。我们进一步做独立样本的 T 检验，得出守门员与前锋、前卫和后卫均存在显著性差异，守门员的 1 分钟仰卧次数显著大于其他三个位置。这说明守门员比较重视腰腹肌肉训练，却忽略上肢力量的训练，肌肉群的整体发展不协调。

表 7-42　不同位置 U17 男子足球运动员肌肉耐力特征表

表示	指标	前锋	前卫	后卫	守门员
$\bar{x} \pm s$	30 秒俯卧撑（次）	39.70±5.74	39.31±6.93	40.61±6.86	38.29±4.79
	1 分钟仰卧起坐（次）	58.35±10.07	57.40±9.61	56.49±9.08	67.14±9.26*

* 表示 $p<0.05$。

（3）肌肉耐力评价等级

本研究采用标准百分法对核心力量建立评分标准，分别计算出 0 分、5 分、10 分、…、95 分和 100 分的评分表（表 7-43、表 7-44）。

计算公式为：
$$Z = 50 \pm \frac{x-\bar{x}}{s} \times \frac{100}{2 \times 2.5}$$

表 7-43　30 秒俯卧撑百分位数评分标准

得分	原始成绩（次）	修订成绩（次）	得分	原始成绩（次）	修订成绩（次）
100.00	50.00	50.00	50.00	40.00	40.00
95.00	49.00	49.00	45.00	38.00	38.00
90.00	48.00	48.00	40.00	36.00	36.00
85.00	47.00	47.00	35.00	35.00	35.00
80.00	46.00	46.00	30.00	33.00	33.00
75.00	45.00	45.00	25.00	32.00	32.00
70.00	44.00	44.00	20.00	30.00	30.00
65.00	43.00	43.00	15.00	21.00	21.00

续表

得分	原始成绩（次）	修订成绩（次）	得分	原始成绩（次）	修订成绩（次）
60.00	42.00	42.00	10.00	26.00	26.00
55.00	41.00	41.00	0.00	20.00	20.00

表 7-44　1分钟仰卧起坐百分位数评分标准

得分	原始成绩（次）	修订成绩（次）	得分	原始成绩（次）	修订成绩（次）
100.00	71.00	71.00	50.00	56.00	56.00
95.00	70.00	70.00	45.00	54.00	54.00
90.00	69.00	69.00	40.00	52.00	52.00
85.00	68.00	68.00	35.00	50.24	50.00
80.00	67.00	67.00	30.00	47.86	48.00
75.00	66.00	66.00	25.00	45.48	45.00
70.00	64.00	64.00	20.00	43.10	43.00
65.00	62.00	62.00	15.00	40.71	41.00
60.00	60.00	60.00	10.00	38.00	38.00
55.00	58.00	58.00	0.00	34.00	34.00

计算出得分对应的测试成绩后，为了简化评分标准在实践测试中的应用，方便对成绩得分的记录和比对，我们在原始成绩基础上进行修订，采用小数点后第二位四舍五入统计方法，同时结合上下得分的连续性，得出各项得分的修订成绩。

表 7-45　力量耐力评价等级表

等级	30秒俯卧撑		1分钟仰卧起坐	
	原始标准（次）	修订标准（次）	原始标准（次）	修订标准（次）
优	47以上	46以上	69以上	71以上
良	45~47	41~45	65~68	66~70
中	36~44	36~40	53~64	51~65
下	32~35	31~35	46~52	46~50
差	31以下	30以下	45以下	45以下

由表 7-45 可见，我国 U17 男子足球运动员力量评价分为优、良、中、下、

差 5 个等级，30 秒俯卧撑划分标准为 46 次以上、41~45 次、36~40 次、31~35 次、30 次以下；1 分钟仰卧起坐划分标准为 71 次以上、65~70 次、51~65 次、46~50 次、45 次以下。

（二）速度素质指标

速度素质是足球运动员不可缺少的运动素质，本研究结合足球的专项速度特点，将速度素质分为起动速度、最大速度和动作速度，其中起动速度指标为 5 米、10 米；最大速度指标为 20 米、30 米、40 米；动作速度指标为快速高抬腿。本研究对速度素质测试评价分析如下。

1. 起动速度

（1）描述性统计

表 7-46　起动速度描述性统计表

指标	N	最大值（s）	最小值（s）	极差（s）	平均数±标准差（s）
5 米跑	329	1.19	0.59	0.6	0.87±0.09
10 米跑	329	2.31	1.30	1.01	1.75±0.18

由表 7-46 得出，我国 U17 男子足球运动员 5 米起动速度最快为 0.59s、最慢为 1.19s，极差为 0.6s，平均值为（0.87±0.09）s。10 米起动速度最快为 1.30s、最慢为 2.31s，极差为 1.01s，平均值为（1.75±0.18）s。对 5 米、10 米跑时间的频次进行分析显示，5 米测试的成绩分布有 52.5% 位于 0.80~0.90s，相对比较集中；而 10 米测试的成绩分布则比较分散。

（2）不同位置 U17 男子足球运动员起动速度特征

表 7-47　不同位置 U17 男子足球运动员起动速度特征表

表示	指标	前锋（s）	前卫（s）	后卫（s）	守门员（s）
$\bar{x}±s$	5 米跑	0.85±0.08	0.87±0.09	0.86±0.09	0.88±0.10
	10 米跑	1.75±0.18	1.74±0.18	1.76±1.18	1.70±0.19

由表 7-47 可见，5 米起动速度前锋最快，其次是后卫，第三是前卫，第四是守门员。10 米起动速度守门员最快，其次是前卫，第三是前锋，第四是后卫。分析原因：①5 米起动速度是足球比赛中前锋最常用的起动速度，前锋运动员要

有快速反应能力和敏锐的洞察力,在机会中快速起动,夺得球权和进攻的有利局面;②由于要在短时间内限制对方的进攻,后卫防守和逼抢也会用到5米内快速起动;③守门员的10米起动速度与前锋、前卫和后卫相比有较大优势,尽管10米起动速度不是前锋常用的起动速度,但是对守门员较为重要,这与守门员快速出击完成防守有关。

对不同位置足球运动员进行独立样本 T 检验,得出前锋、前卫、后卫和守门员的5米、10米速度指标均没有显著性差异($p>0.05$),可见,起动速度在U17足球运动员中没有表现出不同位置的显著性差异。

(3)起动速度评价等级

本研究采用标准百分法对起动速度建立评分标准,分别计算出0分、5分、10分、…、95分和100分的评分表(表7-48、表7-49)。

计算公式为:
$$Z = 50 \pm \frac{x - \bar{x}}{s} \times \frac{100}{2 \times 2.5}$$

表7-48 5米跑百分位数评分标准

得分	原始成绩(s)	修订成绩(s)	得分	原始成绩(s)	修订成绩(s)
100.00	0.59	0.60	50.00	0.87	0.87
95.00	0.65	0.65	45.00	0.89	0.89
90.00	0.68	0.68	40.00	0.92	0.92
85.00	0.71	0.71	35.00	0.94	0.94
80.00	0.73	0.73	30.00	0.96	0.96
75.00	0.76	0.76	25.00	0.98	0.98
70.00	0.78	0.78	20.00	1.01	1.01
65.00	0.80	0.80	15.00	1.03	1.03
60.00	0.83	0.83	10.00	1.05	1.05
55.00	0.85	0.85	0.00	1.19	1.20

表7-49 10米跑百分位数评分标准

得分	原始成绩(s)	修订成绩(s)	得分	原始成绩(s)	修订成绩(s)
100.00	1.30	1.30	50.00	1.75	1.75
95.00	1.35	1.35	45.00	1.80	1.80

续表

得分	原始成绩（s）	修订成绩（s）	得分	原始成绩（s）	修订成绩（s）
90.00	1.39	1.40	40.00	1.84	1.85
85.00	1.44	1.45	35.00	1.89	1.90
80.00	1.48	1.50	30.00	1.93	1.93
75.00	1.53	1.55	25.00	1.98	1.98
70.00	1.57	1.57	20.00	2.02	2.02
65.00	1.62	1.62	15.00	2.07	2.07
60.00	1.66	1.65	10.00	2.11	2.10
55.00	1.71	1.70	0.00	2.31	2.30

计算出得分对应的测试成绩后，为了简化评分标准在实践测试中的应用，方便对成绩得分的记录和比对，我们在原始成绩基础上进行修订，采用小数点后第二位四舍五入统计方法，同时结合上下得分的连续性，得出各项得分的修订成绩。

表7-50　起动速度评价等级表

等级	5米跑		10米跑	
	原始标准（s）	修订标准（s）	原始标准（s）	修订标准（s）
优	0.76以下	0.75以下	1.54以下	1.55以下
良	0.77~0.81	0.76~0.79	1.55~1.61	1.56~1.59
中	0.82~0.91	0.80~0.89	1.62~1.88	1.60~1.89
下	0.92~0.97	0.90~0.99	1.89~1.97	1.90~1.99
差	0.98以上	1.00以上	1.98以上	2.00以上

由表7-50可见，我国U17男子足球运动员起动速度评价分为优、良、中、下、差5个等级，5米跑划分标准为0.75s以下、0.76~0.79s、0.80~0.89s、0.90~0.99s、1.00s以上；10米跑划分标准为1.55s以下、1.56~1.59s、1.60~1.89s、1.90~1.99s、2.00s以上。

2. 最大速度

（1）描述性统计

表 7-51　最大速度描述性统计表

指标	N	最大值（s）	最小值（s）	极差（s）	平均数±标准差（s）
20 米跑	329	4.09	2.48	1.61	3.11±0.22
30 米跑	329	5.84	3.38	2.46	4.39±0.29
40 米跑	329	6.79	4.78	2.01	5.63±0.36

由表 7-51 可见，我国 U17 男子足球运动员 20 米跑的最大速度最快为 2.48s、最慢为 4.09s，极差为 1.61s，平均值为（3.11±0.22）s；30 米跑的最大速度最快为 3.38s、最慢为 5.84s，极差为 2.46s，平均值为（4.39±0.29）s；40 米跑的最大速度最快为 4.78s、最慢为 6.79s，极差为 2.01s，平均值为（5.63±0.36）s。

（2）不同位置 U17 男子足球运动员最大速度特征

表 7-52　不同位置 U17 男子足球运动员最大速度特征表

表示	指标	前锋（s）	前卫（s）	后卫（s）	守门员（s）
$\bar{x}\pm s$	20 米跑	3.08±0.19	3.12±0.23	3.13±0.21	3.14±0.24
	30 米跑	4.33±0.25	4.39±0.31	4.41±0.29	4.48±0.24
	40 米跑	5.58±0.32	5.63±0.35	5.65±0.39	5.68±0.36

由表 7-52 可见，最大速度指标呈现出位置特征，20 米、30 米、40 米冲刺跑中速度趋势全部为：前锋>前卫>后卫>守门员。分析原因：我国教练员在对运动员选位置时会考虑最大速度，比如前锋和前卫需要快速获取球权和机会，及时投入进攻和防守。

（3）最大速度评价等级

本研究采用标准百分法对最大速度建立评分标准，分别计算出 0 分、5 分、10 分、…、95 分和 100 分的评分表（表 7-53~表 7-55）。

计算公式为：
$$Z = 50 \pm \frac{x - \bar{x}}{s} \times \frac{100}{2 \times 2.5}$$

表 7-53　20 米跑百分位数评分标准

得分	原始成绩（s）	修订成绩（s）	得分	原始成绩（s）	修订成绩（s）
100.00	2.48	2.50	50.00	3.11	3.10
95.00	2.62	2.62	45.00	3.17	3.20
90.00	2.67	2.67	40.00	3.22	3.25
85.00	2.73	2.75	35.00	3.28	3.30
80.00	2.78	2.80	30.00	3.33	3.35
75.00	2.84	2.85	25.00	3.39	3.40
70.00	2.89	2.90	20.00	3.44	3.45
65.00	2.95	2.95	15.00	3.50	3.50
60.00	3.00	3.00	10.00	3.55	3.55
55.00	3.06	3.05	0.00	4.09	4.10

表 7-54　30 米跑百分位数评分标准

得分	原始成绩（s）	修订成绩（s）	得分	原始成绩（s）	修订成绩（s）
100.00	3.38	3.40	50.00	4.39	4.40
95.00	3.74	3.75	45.00	4.46	4.45
90.00	3.81	3.80	40.00	4.54	4.55
85.00	3.88	3.90	35.00	4.61	4.60
80.00	3.96	4.00	30.00	4.68	4.70
75.00	4.03	4.05	25.00	4.75	4.75
70.00	4.10	4.10	20.00	4.83	4.85
65.00	4.17	4.20	15.00	4.90	4.90
60.00	4.25	4.25	10.00	4.97	5.00
55.00	4.32	4.30	0.00	5.84	5.85

表 7-55　40 米跑百分位数评分标准

得分	原始成绩（s）	修订成绩（s）	得分	原始成绩（s）	修订成绩（s）
100.00	4.78	4.80	50.00	5.63	5.65
95.00	4.82	4.82	45.00	5.72	5.70
90.00	4.91	4.90	40.00	5.81	5.80

续表

得分	原始成绩（s）	修订成绩（s）	得分	原始成绩（s）	修订成绩（s）
85.00	5.00	5.00	35.00	5.90	5.90
80.00	5.09	5.10	30.00	5.99	6.00
75.00	5.18	5.20	25.00	6.08	6.10
70.00	5.27	5.30	20.00	6.17	6.20
65.00	5.36	5.35	15.00	6.26	6.25
60.00	5.45	5.45	10.00	6.35	6.35
55.00	5.54	5.55	0.00	6.79	6.80

计算出得分对应的测试成绩后，为了简化评分标准在实践测试中的应用，方便对成绩得分的记录和比对，我们在原始成绩基础上进行修订，采用小数点后第二位四舍五入统计方法，同时结合上下得分的连续性，得出各项得分的修订成绩。

表7-56 起动速度评价等级表

等级	20米跑 原始标准（s）	20米跑 修订标准（s）	30米跑 原始标准（s）	30米跑 修订标准（s）	40米跑 原始标准（s）	40米跑 修订标准（s）
优	2.86以下	2.85以下	4.06以下	4.05以下	5.22以下	5.25以下
良	2.87~2.95	2.86~2.95	4.07~4.21	4.06~4.20	5.23~5.39	5.26~5.39
中	2.96~3.25	2.96~3.25	4.22~4.56	4.21~4.54	5.40~5.84	5.40~5.84
下	3.26~3.40	3.26~3.40	4.57~4.74	4.55~4.74	5.85~6.09	5.85~6.09
差	3.41以上	3.41以上	4.75以上	4.75以上	6.10以上	6.10以上

由表7-56可见，我国U17男子足球运动员最大速度评价分为优、良、中、下、差5个等级，20米跑划分标准为2.85s以下、2.86~2.95s、2.96~3.25s、3.26~3.40s、3.41s以上；30米跑划分标准为4.05s以下、4.06~4.20s、4.21~4.54s、4.55~4.74s、4.75s以上；40米跑划分标准为5.25s以下、5.26~5.39s、5.40~5.84s、5.85~6.09s、6.10s以上。

3. 动作速度

（1）描述性统计

表 7-57　动作速度描述性统计表

指标	N	最大值（次）	最小值（次）	极差（次）	平均数±标准差（次）
快速高抬腿	329	59	34	25	46.63±4.64

由表 7-57 可见，我国 U17 男子足球运动员动作速度的最大值为 59 次，最小值为 34 次，极差为 25 次，平均值为（46.63±4.64）次。目前关于足球专项动作速度的研究很少，德国足球专家对足球运动员动作速度进行过测试研究，运动员采用双脚快速触地，利用地面感应装置测试运动员的触地次数，并制定出 6 次/秒为及格，12 次/秒为满分的标准。本研究采用双腿快速高抬作为评价动作速度的指标，这与德国研究基本原理一致，但是高抬频率要低，更容易客观测量和计算。

（2）不同位置 U17 男子足球运动员动作速度特征

表 7-58　不同位置 U17 男子足球运动员动作速度特征表

表示	指标	前锋（次）	前卫（次）	后卫（次）	守门员（次）
$\bar{x}±s$	快速高抬腿	47.20±5.31	46.98±4.65	45.88±4.67	45.50±3.72

由表 7-58 可见，我国 U17 男子足球运动员动作速度呈现的位置特征为前锋最快，前卫次之，后卫第三，守门员最慢，虽然各个位置的差距不大，但是却呈现出一定的位置特征。

（3）动作速度评价等级

本研究采用标准百分法对快速高抬腿建立评分标准，分别计算出 0 分、5 分、10 分、…、95 分和 100 分的评分表（表 7-59）。

计算公式为：

$$Z = 50 \pm \frac{x - \bar{x}}{s} \times \frac{100}{2 \times 2.5}$$

表 7-59　快速高抬腿百分位数评分标准

得分	原始成绩（次）	修订成绩（次）	得分	原始成绩（次）	修订成绩（次）
100.00	59	59	50.00	47	47
95.00	57	57	45.00	45	45
90.00	56	56	40.00	44	44
85.00	55	55	35.00	43	43
80.00	54	54	30.00	42	42
75.00	52	52	25.00	41	41
70.00	51	51	20.00	40	40
65.00	50	50	15.00	39	39
60.00	49	49	10.00	37	37
55.00	48	48	0.00	34	34

计算出得分对应的测试成绩后，为了简化评分标准在实践测试中的应用，方便对成绩得分的记录和比对，我们在原始成绩基础上进行修订，采用小数点后第二位四舍五入统计方法，同时结合上下得分的连续性，得出各项得分的修订成绩。

表 7-60　动作速度评价等级表

| 等级 | 动作速度 ||
	原始标准（s）	修订标准（s）
优	54 以上	54 以上
良	50~53	50~53
中	44~49	44~49
下	41~43	41~43
差	40 以下	40 以下

由表 7-60 可见，我国 U17 男子足球运动员动作速度评价分为优、良、中、下、差 5 个等级，划分标准为 54 次以上、50~53 次、44~49 次、41~43 次、40 次以下。

(三) 柔韧素质指标

柔韧素质是足球运动员的基本运动素质，良好的柔韧性不仅有助于较好地完成踢球等专项技术动作，还可以在一定程度上起到预防损伤的目的。结合足球专项技术动作特点和肌肉解剖结构，我们选择了坐立体前屈、股四头肌左侧、股四头肌右侧和小腿三头肌左侧、小腿三头肌右侧作为评价足球运动员柔韧度的测试指标。其中坐立体前屈是评价腰椎和股后肌群柔韧素质的指标；股四头肌左侧和右侧是评价大腿前侧肌群柔韧素质的指标；小腿三头肌左侧和右侧是评价小腿后侧柔韧素质的指标。坐立体前屈和小腿三头肌柔韧度为高优指标，股四头肌柔韧度为低优指标。

1. 描述性统计

由表7-61可见，我国足球教练员对柔韧素质的认识程度不一样，主要表现为有些教练员比较重视柔韧素质，在训练中或者训练后会安排专门的拉伸放松练习，经过系统的训练U17男子足球运动员可以保持较好的柔韧度，而有些教练员不重视柔韧度或者没有将其放入训练计划中，这样就会影响运动员柔韧素质。此外，运动员对柔韧素质的重视程度也不同，主要表现为有些运动员重视拉伸和放松训练，在训练后会主动地进行肌肉和韧带的拉伸，以便保持良好的柔韧素质；而有些运动员不重视柔韧性训练，这样就会造成肌肉和韧带的柔韧度受限，从而影响柔韧素质。有研究表明，肌肉的结构会影响肌肉的柔韧度，我国U17男子足球运动员并没有完全完成生长发育，运动员肌肉的解剖结构也是不一样的，这也是运动员柔韧性有较大差异的原因之一。

表7-61 柔韧素质描述性统计表

指标	N	最大值（cm）	最小值（cm）	极差（cm）	平均数±标准差（cm）
坐立体前屈	329	33.20	-6.00	39.20	12.11±6.56
股四头肌左侧	329	19.00	0	19.00	7.56±4.38
股四头肌右侧	329	20.00	0	20.00	7.91±4.36
小腿三头肌左侧	329	4.00	0.20	3.80	2.17±0.86
小腿三头肌右侧	329	4.50	0.40	4.10	2.39±0.87

2. 不同位置 U17 男子足球运动员位置特征

表 7-62 不同位置 U17 男子足球运动员柔韧素质统计表

表示	指标	前锋（cm）	前卫（cm）	后卫（cm）	守门员（cm）
$\bar{x}\pm s$	坐立体前屈	9.31±7.63	12.25±6.26	13.09±6.14	11.70±4.42
	股四头肌左侧	7.72±4.70	7.24±4.18	7.73±4.42	8.06±4.81
	股四头肌右侧	8.68±5.14	7.44±4.07	7.94±4.19	8.68±5.03
	小腿三头肌左侧	2.10±0.89	2.30±0.87	2.10±0.87	1.94±0.70
	小腿三头肌右侧	2.26±0.91	2.52±0.86	2.35±0.89	2.17±0.78

由表 7-62 可见，柔韧素质指标没有表现出非常明显的位置特征，不同位置的 U17 男子足球运动员的柔韧素质相差并不大。坐立体前屈后卫最好、前锋最差。股四头肌前卫最好、守门员最差；小腿三头肌前卫最好、守门员最差。下肢柔韧度方面，均表现出前卫最好、守门员最差的特点，因此，重视和加强 U17 守门员下肢柔韧度的训练是非常必要的。

3. 柔韧度评价等级

本研究采用标准百分法对柔韧度建立评分标准，分别计算出 0 分、5 分、10 分、…、95 分和 100 分的评分表（表 7-63~表 7-67）。

计算公式为：
$$Z = 50 \pm \frac{x-\bar{x}}{s} \times \frac{100}{2\times 2.5}$$

表 7-63 坐立体前屈百分位数评分标准

得分	原始成绩（cm）	修订成绩（cm）	得分	原始成绩（cm）	修订成绩（cm）
100.00	33.20	33.20	50.00	12.11	12.11
95.00	26.87	26.90	45.00	10.47	10.50
90.00	25.23	25.20	40.00	8.83	8.80
85.00	23.59	23.60	35.00	7.19	7.20
80.00	21.95	22.00	30.00	5.55	5.60
75.00	20.31	20.30	25.00	3.91	3.90

续表

得分	原始成绩（cm）	修订成绩（cm）	得分	原始成绩（cm）	修订成绩（cm）
70.00	18.67	18.70	20.00	2.27	2.30
65.00	17.03	17.00	15.00	0.63	0.60
60.00	15.39	15.40	10.00	-1.01	-1.00
55.00	13.75	13.80	0.00	-6.00	-6.00

表 7-64 股四头肌（左侧）百分位数评分标准

得分	原始成绩（cm）	修订成绩（cm）	得分	原始成绩（cm）	修订成绩（cm）
100.00	0.00	0.00	50.00	7.56	8.00
95.00	0.50	0.50	45.00	8.66	9.00
90.00	0.80	0.80	40.00	9.75	10.00
85.00	1.00	1.00	35.00	10.85	11.00
80.00	1.50	1.50	30.00	11.94	12.00
75.00	2.09	2.00	25.00	13.04	13.00
70.00	3.18	3.00	20.00	14.13	14.00
65.00	4.28	4.00	15.00	15.23	15.00
60.00	5.37	5.00	10.00	16.32	16.00
55.00	6.47	6.00	0.00	19.00	19.00

表 7-65 股四头肌（右侧）百分位数评分标准

得分	原始成绩（cm）	修订成绩（cm）	得分	原始成绩（cm）	修订成绩（cm）
100.00	0.00	0.00	50.00	7.91	8.00
95.00	0.30	0.30	45.00	9.00	9.00
90.00	0.50	0.50	40.00	10.09	10.00
85.00	1.01	1.00	35.00	11.18	11.00
80.00	1.37	1.50	30.00	12.27	12.00
75.00	2.46	2.50	25.00	13.36	13.00
70.00	3.55	4.00	20.00	14.45	14.00
65.00	4.64	5.00	15.00	15.54	16.00
60.00	5.73	6.00	10.00	16.63	17.00
55.00	6.82	7.00	0.00	20.00	20.00

表 7-66 小腿三头肌（左侧）百分位数评分标准

得分	原始成绩（cm）	修订成绩（cm）	得分	原始成绩（cm）	修订成绩（cm）
100.00	4.00	4.00	50.00	2.17	2.20
95.00	3.95	3.95	45.00	1.96	2.00
90.00	3.89	3.90	40.00	1.74	1.70
85.00	3.68	3.70	35.00	1.53	1.50
80.00	3.46	3.50	30.00	1.31	1.30
75.00	3.25	3.30	25.00	1.10	1.00
70.00	3.03	3.00	20.00	0.88	0.90
65.00	2.82	2.80	15.00	0.67	0.70
60.00	2.60	2.60	10.00	0.45	0.50
55.00	2.39	2.40	0.00	0.20	0.20

表 7-67 小腿三头肌（右侧）百分位数评分标准

得分	原始成绩（cm）	修订成绩（cm）	得分	原始成绩（cm）	修订成绩（cm）
100.00	4.50	4.50	50.00	2.39	2.40
95.00	4.35	4.40	45.00	2.17	2.20
90.00	4.13	4.00	40.00	1.96	2.00
85.00	3.91	3.90	35.00	1.74	1.70
80.00	3.70	3.70	30.00	1.52	1.50
75.00	3.48	3.50	25.00	1.30	1.30
70.00	3.26	3.30	20.00	1.09	1.00
65.00	3.04	3.00	15.00	0.87	0.90
60.00	2.83	2.80	10.00	0.65	0.70
55.00	2.61	2.60	0.00	0.40	0.40

计算出得分对应的测试成绩后，为了简化评分标准在实践测试中的应用，方便对成绩得分的记录和比对，我们在原始成绩基础上进行修订，采用小数点后第二位四舍五入统计方法，同时结合上下得分的连续性，得出各项得分的修订成绩。

表 7-68 坐立体前屈、小腿三头肌柔韧度评价等级表

等级	坐立体前屈 原始标准（cm）	坐立体前屈 修订标准（cm）	小腿三头肌左侧 原始标准（cm）	小腿三头肌左侧 修订标准（cm）	小腿三头肌右侧 原始标准（cm）	小腿三头肌右侧 修订标准（cm）
优	20.1 以上	20.1 以上	3.6 以上	3.6 以上	3.8 以上	3.6 以上
良	16.1~20.0	16.1~20.0	3.1~3.5	3.1~3.5	3.1~3.7	3.1~3.5
中	8.1~16.0	8.1~16.0	1.7~3.0	1.6~3.0	2.0~3.0	2.1~3.0
下	4.1~8.0	4.1~8.0	1.3~1.6	1.1~1.5	1.1~1.9	1.1~2.0
差	4.0 以下	4.0 以下	1.2 以下	1.0 以下	1.0 以下	1.0 以下

表 7-69 股四头肌柔韧度评价等级表

等级	股四头肌左侧 原始标准（cm）	股四头肌左侧 修订标准（cm）	股四头肌右侧 原始标准（cm）	股四头肌右侧 修订标准（cm）
优	2.3 以下	2.4 以下	1.9 以下	1.9 以下
良	2.4~4.9	2.5~4.9	2.0~4.9	2.0~4.9
中	5.0~10.8	5.0~10.9	5.0~10.1	5.0~10.1
下	10.9~13.9	11.0~13.9	10.2~13.3	10.2~13.4
差	14.0 以上	14.0 以上	13.4 以上	13.5 以上

由表 7-68、表 7-69 可见，我国 U17 男子足球运动员柔韧度评价分为优、良、中、下、差 5 个等级，坐立体前屈划分范围为 20.1cm 以上、16.1~20.0cm、8.1~16.0cm、4.1~8.0cm、4.0cm 以下。小腿三头肌左侧划分范围为 3.6cm 以上、3.1~3.5cm、1.6~3.0cm、1.1~1.5cm、1.0cm 以下；小腿三头肌右侧划分范围为 3.6cm 以上、3.1~3.5cm、2.1~3.0cm、1.1~2.0cm、1.0cm 以下。股四头肌左侧划分范围为 2.4cm 以下、2.5~4.9cm、5.0~10.9cm、11.0~13.9cm、14.0cm 以上；股四头肌右侧划分范围为 1.9cm 以下、2.0~4.9cm、5.0~10.1cm、10.2~13.4cm、13.5cm 以上。

(四) 灵敏素质指标

灵敏素质是足球运动员的重要专项能力，国际足联在体能测试中选用曲线跑和四线往返跑作为评价足球运动员灵敏素质的两项指标，其中曲线跑主要反映足球运动员快速变向、变速和躲闪的能力；四线往返跑反映足球运动员冲刺和变速、变向的能力。足球运动是允许身体接触的，并且具有对抗性强等特点，特别

是如今足球运动快速发展，技术逐渐纯熟，速度也在不断加快，比赛过程更加激烈，这样的情况下，对运动员灵敏素质要求也在不断地提高。当前针对足球运动员身体素质展开的研究，大多数都集中在耐力素质、速度素质及力量素质等方面，很少有涉及灵敏素质。灵敏素质是运动员必须具备的，能够综合反映运动员的柔韧度、力量、耐力及速度。本研究选用曲线跑和四线往返跑这两项指标作为评价U17男子足球运动员灵敏素质的指标。

1. 描述性统计

表 7-70　灵敏素质描述性统计表

指标	N	最大值（s）	最小值（s）	极差（s）	平均数±标准差（s）
曲线跑	329	12.04	8.80	3.24	9.88±0.66
四线往返跑	329	11.94	8.89	3.05	10.27±0.53

由表7-70可见，我国U17男子足球运动员曲线跑平均值为（9.88±0.66）s，其中最快成绩为8.80s，最慢成绩为12.04s，极差为3.24s。四线往返跑平均值为（10.27±0.53）s，其中最快成绩为8.89s，最慢成绩为11.94s，极差为3.05s。我国U17男子足球运动员灵敏素质极差比较大。分析原因：①有一定的位置特征，不同位置的U17男子足球运动员灵敏素质速度不同；②运动员的生长发育也不同程度地影响灵敏素质，力量和速度发展敏感的运动员灵敏素质优于发展缓慢的运动员。可见，灵敏素质是足球运动员各项技能和素质的一种综合的反映。

2. 不同位置U17男子足球运动员灵敏素质特征

表 7-71　不同位置U17男子足球运动员灵敏素质特征表

表示	指标	前锋（s）	前卫（s）	后卫（s）	守门员（s）
$\bar{x}±s$	曲线跑	9.79±0.61	9.85±0.70	9.93±0.67	9.87±0.50
	四线往返跑	10.18±0.60	10.23±0.53	10.33±0.50	10.24±0.50

由表7-71可见，我国U17男子足球运动员的灵敏素质呈现出位置特征，不同位置的U17男子足球运动员灵敏素质有一定的差异和特点，前锋的灵敏素质最好，其次为前卫，第三为守门员，后卫的灵敏素质最差。分析原因：①前锋和前卫在比赛中参与进攻较多，在控制球的过程中更要控制好身体，尤其是前锋，不仅要有较强过人和突破的能力，还要有快速的应变能力，迅速进行加速、减速，

完成变向摆脱等技术动作，这些都需要有较好的灵敏素质；②守门员在比赛中不但要有快速的反应，还要有快速的体位变化来封堵对方的射门，同时步伐也要灵巧，因此灵敏素质的体现比较多；③后卫球员灵敏素质相对较弱，这也与后卫球员比赛中身体控制能力应用频次有很大关系。

进一步对不同位置运动员的灵敏素质进行独立样本 T 检验，结果发现前锋、前卫、后卫和守门员的曲线跑、四线往返跑均没有显著性差异（$p>0.05$），前锋球员的灵敏素质优于其他位置球员，但是并没有呈现出非常显著的差异。

3. 灵敏素质评价等级

本研究采用标准百分法分别对曲线跑和四线往返跑建立评分标准，并计算出 0 分、5 分、10 分、…、95 分和 100 分的评分表（表 7-72、表 7-73）。

计算公式为：
$$Z = 50 \pm \frac{x - \bar{x}}{s} \times \frac{100}{2 \times 2.5}$$

表 7-72　曲线跑百分位数评分标准

得分	原始成绩（s）	修订成绩（s）	得分	原始成绩（s）	修订成绩（s）
100.00	8.80	8.80	50.00	9.90	9.90
95.00	8.82	8.82	45.00	10.00	10.00
90.00	8.83	8.83	40.00	10.20	10.20
85.00	8.85	8.85	35.00	10.40	10.40
80.00	8.89	8.90	30.00	10.50	10.50
75.00	9.06	9.10	25.00	10.70	10.70
70.00	9.22	9.20	20.00	10.90	10.90
65.00	9.39	9.40	15.00	11.00	11.00
60.00	9.55	9.60	10.00	11.20	11.20
55.00	9.72	9.70	0.00	12.00	12.00

表 7-73　四线往返跑百分位数评分标准

得分	原始成绩（s）	修订成绩（s）	得分	原始成绩（s）	修订成绩（s）
100.00	8.89	8.90	50.00	10.27	10.30
95.00	9.08	9.00	45.00	10.40	10.40
90.00	9.21	9.20	40.00	10.54	10.50

续表

得分	原始成绩（s）	修订成绩（s）	得分	原始成绩（s）	修订成绩（s）
85.00	9.34	9.30	35.00	10.67	10.70
80.00	9.48	9.50	30.00	10.80	10.80
75.00	9.61	9.60	25.00	10.93	10.90
70.00	9.74	9.70	20.00	11.07	11.00
65.00	9.87	9.90	15.00	11.20	11.20
60.00	10.01	10.00	10.00	11.33	11.30
55.00	10.14	10.10	0.00	11.94	11.90

计算出得分对应的测试成绩后，为了简化评分标准在实践测试中的应用，方便对成绩得分的记录和比对，我们在原始成绩基础上进行修订，采用小数点后第二位四舍五入统计方法，同时结合上下得分的连续性，得出各项得分的修订成绩。

表7-74 灵敏素质评价等级表

等级	曲线跑		四线往返跑	
	原始标准（s）	修订标准（s）	原始标准（s）	修订标准（s）
优	9.05以下	9.05以下	9.58以下	9.60以下
良	9.06~9.39	9.06~9.40	9.59~9.89	9.61~9.90
中	9.40~10.20	9.41~10.20	9.90~10.58	9.91~10.60
下	10.21~10.65	10.21~10.70	10.59~10.89	10.61~10.90
差	10.66以上	10.71以上	10.90以上	10.91以上

由表7-74可见，我国U17足球运动员灵敏素质评价分为优、良、中、下、差5个等级，曲线跑划分范围为9.05s以下、9.06~9.40s、9.41~10.20s、10.21~10.70s、10.71s以上；四线往返跑划分范围为9.60s以下、9.61~9.90s、9.91~10.60s、10.61~10.90s、10.91s以上。

4. 灵敏素质训练

灵敏素质是对身体各项素质的一个综合的反映，大脑皮层的灵活性、掌握运动技能的程度和数量、反应速度和观察力以及柔韧、力量、速度等各因素的能力都能对其产生重要的影响。

训练灵敏素质的基本原理：①大脑皮层兴奋与抑制迅速而灵活的转化能力即为大脑皮层的灵活性，灵敏素质训练应在运动员大脑皮层处于兴奋的时期进行，训练课前期运动员的精力最为旺盛，因此在这一阶段进行灵敏素质训练最适宜。运动员要想更灵活地完成专项技术，前提是熟练掌握运动技能，只有这样才能确保动作完成得更好。运动员灵敏素质的快速性、预判性及灵活性都是通过观察力与反应速度体现出来的，而柔韧、力量及速度等素质则为灵敏动作的完成提供良好的保障。②平衡、协调、程序化灵敏及随机灵敏是灵敏素质主要包含的4个因素。运动的进行要以平衡为基础。运动员可通过身体重心练习的方法逐渐掌握身体的平衡能力，并使之保持。在协调方面，运动员可根据生物力学原理对协调性进行练习，通过技巧的分解与再组合来完成训练。在程序化灵敏中，运动员能够对施加在自己身上的技巧和压力、运动的形式及顺序做到感知，也就是说，运动员的程序化准备已经完成了。对于随机灵敏，运动员练习时可以保持高速，但是学习时必须要对速度做好控制，要适当体验不同要求和形式的运动。为了给予运动员更多不同形式的刺激，锻炼其快速判断能力，教练员可以适当地增加视觉和听觉反应技巧的练习。③灵敏素质与速度有着密切的关系，绝对速度、反应速度和动作频率都属于速度范围内。训练灵敏素质要与速度练习紧密结合，从某种意义而言，灵敏素质可以看作是一种对身体速度和方向进行改变的能力。足球专项运动各个要素都具有敏感期，敏感期是人体能力发展的关键时期，利用好敏感期对于运动员能力的发展具有非常重要的意义。7~12岁是灵敏素质的敏感期，8~12岁和16~18岁是运动技能的敏感期，5~11岁是反应速度与动作频率的敏感期。我们要切实把握好这些阶段，进行有针对性的练习，尤其是在灵敏素质的敏感期。

5. 灵敏素质训练注意事项

足球运动专项能力虽然没有一个规律的发展过程，但各项能力都会有一个发展的敏感期，7~12岁即为灵敏素质发展的敏感期，该阶段是运动员身体发育较快的阶段，身体的这一变化会极大地影响协调性的发展，因此运动员必须进行良好的灵敏素质训练。由于这一阶段运动员竞争意识比较强烈，但是注意力水平却不高，灵敏素质训练要尽量安排在运动员大脑皮层较为兴奋的阶段，而且要尽量采用丰富的游戏化形式，吸引运动员积极参与。此外，这一阶段也是运动员专项运动技能发展的敏感期，教练员可适当将灵敏素质训练与专项运动技能训练合理地结合，将重点放在程序化灵敏训练和随机灵敏训练两个内容上。

五、分析与小结

足球比赛中，每时每刻都在发生变化，因此运动员要想较好地完成整场比赛，不仅需要掌握各种战术，按部就班将训练的技巧运用于比赛中，还要拥有灵活的应变能力。灵活的应变能力对于最终的比赛结果也将起到十分重要的作用，因此有必要加大对球员灵活应变能力的培养力度。教练员在提升运动员灵活素质方面的训练时，应注意以下几点：首先，要通过训练逐步提升运动员对球门的敏感性，当运动员相互传球将球逐步传向靠近对方球门时，应采取急停或者突然起步等动作，为射门营造良好时机。由于足球运动具有较多的特殊性，教练员在日常训练过程中应多加入一些灵敏素质方面的训练，比如跳起争抢头球的训练，带球时身体和脚相互配合的训练以及防守时跑位步伐的训练等。其次，针对运动员的灵敏素质训练应与身体素质训练和力量素质训练等其他训练相结合。再次，教练员应培养运动员对比赛节奏的控制能力，在足球比赛中，很多情况都是突然发生并且没有任何心理准备的，此时运动员应依据球场比赛节奏的变化，采取快速有效的调整措施，比如巧妙地破坏对方进攻势头，将球迅速传给自己的队友，使本方获取更多的足球控制权，以此来掌控全场的比赛节奏。最后，当运动员高强度训练较为疲惫的情况下，教练员应避免其进行灵敏训练，灵敏素质与运动员自身的精力存在较大关系，运动员处于疲惫状态下，进行任何灵敏素质训练都无法取得较好的效果。由于足球运动复杂多变，每时每刻都会有各种新情况发生，教练员无法随时指导运动员应该如何应对各种突发情况，因此在面对突发情况时，运动员只能通过平时的灵敏素质训练，及时有效地做出应对，掌握好足球比赛的节奏，才能为赢得足球比赛发挥应有的作用。

力量素质是各项身体素质的基础，技能是足球运动员提高绩效的基础。在激烈快速的足球比赛中，足球运动员不仅要克服自身的身体重量，还要面对对方的身体对抗，在这种情况下完成对球的控制，并做出各种跑、跳、急停、转身等动作，同时还要完成传、顶、射门运球等技术动作，这些都需要有很好的力量素质作为支撑。

在20世纪70年代的研究中，力量素质特别是速度力量，对足球运动员具有重要的意义。80年代的研究证明了这一结论，速度力量在高水平和低水平运动员之间存在明显的差异，在足球比赛中的长距离传球及远距离射门也都与速度力量有明显的联系，这些动作技术都是依靠肌肉做功快速产生的力量来完成的。由于足球比赛中需要经常性地做有球无球的爆发性动作，速度力量也是评定高水平运动员的重要指标。

力量素质的训练，要依据运动员在比赛中运用力量和技术动作的特点来选择正确的训练方式，有以下几点应遵循：①参与运动的肌肉得到足够的锻炼。②练习手段的用力尽可能与专项动作一致。③在保证练习速率的前提下逐渐增加阻力，可以采用阻力小、速度快的练习方式，并配合以轻重结合、快慢交替的方式进行训练。在训练过程中，运动员动作负荷的大小、速度的快慢、重复的次数、训练间歇的长短都是力量素质训练的重要因素。教练员要根据不同训练对象的不同水平和不同的训练任务进行安排，发展快速力量需要使用中等负荷，采取练习重复次数少、练习组数多的方法。发展速度力量耐力，采用中小负荷、重复次数多、组数少的训练方法。发展绝对力量，采用负荷大、次数少、组数多的训练方法。教练员应强调以上配置中动作速度的重要性，保持最大的动作练习速率，避免形成慢的动力定型。

在运动员发展速度素质时，不仅要提高动作速度和位移速度，还要训练专门的反应速度。发展运动员的速度素质要在其兴奋度高、精神状态饱满、运动欲望强烈时进行，且每次训练的强度都应是最大，训练时间和训练间歇要把控合理。不能使运动员训练得过于疲劳，这样不利于状态的恢复。保证每次的训练时间不应超过 10 秒钟，尽量避免两次训练之间的乳酸堆积，重视运动员肌肉在收缩前的放松，有助于拉长肌纤维，减少肌肉的黏滞性，提高速度发展。

在比赛中，运动员的身体常常处于不规则的运动状态下，使得幅度大、速度快、发力突然成为足球运动的特点。接空中球、倒地铲球、运球过人、身体晃动、假动作，甚至凌空倒钩射门等这些高难度动作，如果没有良好的身体柔韧性作为基础是难以做出的，这就对运动员的柔韧素质提出了更高的要求。柔韧素质不仅对足球技术的提高有帮助，还能有效地避免运动创伤，并对发展其他身体素质有很好的辅助作用。

影响柔韧性的主要因素是髋、膝、踝等关节的韧带、肌腱、肌肉和皮肤的伸展性，以及神经系统支配骨骼肌的机能等。柔韧素质的训练一般有两种：第一种是静态拉伸，通过缓慢运动将诸多肌肉韧带等软组织拉伸，并在一定程度上保持静止不动的状态，其特点是降低超关节拉伸能力的风险，不激发牵拉反射。第二种是动态拉伸，指快速、反复和有节奏的拉伸锻炼，其特点是逐渐增大幅度，激发牵拉反射。与其他素质相比，柔韧素质容易发展，也容易见效，但消退也快，应抓住柔韧素质发展的敏感期，充分发展与之密切关联的技术动作，并处理好柔韧和力量的关系，避免单纯消极的被动拉长，保持肌肉的收缩力量。

足球运动员运动素质的位置特征。由于前锋和后卫以及守门员在球场中所处的位置和发挥的作用各有不同，因此对不同位置的运动员的身体素质及体能要求也各有不同。

前锋运动员需要在球场中长时间奔跑，有氧代谢能力直接决定前锋运动员能否较好胜任自身的职责。运动员如果耐力较低，就很难在 90 分钟的比赛中保持体力，并且当遭遇被迫防守时，本方球员还要能够快速回防，以便最大限度破坏对方球员的进攻。足球比赛期间还存在各种任意球，前锋运动员要拥有较强的弹跳力，以便当任意球发出时，能够通过较强的弹跳力迅速对对方球门造成威胁，因此，较强的原地跳高和立定跳远能力也是前锋所必需的。后卫在比赛中需要防守对方的进攻，和前锋的活动特点不同。后卫球员的主要职责是加强防守，然后发起反击，因此后卫与其他运动员的身体接触相对较多，并且后卫需要拥有较强的耐力和灵敏度，才能快速识别各种潜在的进球危险。

与其他运动员相比，守门员不需要较强的身体耐力和肺活量，并且整个足球比赛过程中，也无须长时间高强度奔跑，因此，守门员的工作相对轻松，但对于守门员其他方面的要求十分严格。因此针对守门员的挑选和任用方面，可适当降低对肺活量以及身体耐性等方面的指标考核，增加柔韧性和伸展能力的训练，大幅提升各个关节的活动能力。通过对现代科学的研究，每个人的身体柔韧性会随着身体和年龄的逐渐增长而持续下降，因此要想培养优秀的守门员，需要从小加大这方面的训练力度，使守门员拥有体操运动员那样柔韧和协调的身体。

第三节　U17 足球运动员机能测试分析与评价

一、机能评价类型

本研究根据研究目的采用诊断性评价类型对 U17 男子足球运动员的机能进行评价，通过对全国 U17 男子足球运动员机能指标测试，建立全国 U17 男子足球运动员机能指标的数据库。通过测试对目前我国 U17 男子足球运动员的机能指标进行描述统计和分析，探讨我国 U17 男子足球运动员机能特征，并建立我国 U17 机能评价标准，为科学的体能训练提供借鉴。

二、机能指标测试情况

采用整群抽样方法，以参加 2014 年和 2015 年全国 U17 冬训的各支队伍分别为一个群，采用随机抽样法，将每支队伍中的全部运动员逐一作签，打乱后随机进行抽取。每支队伍的抽样标准为 10~12 人；同时兼顾多收集原则，对渴望测试队伍的运动员进行全部测试。在教练员和运动员的协调配合下，在测试仪器、测试环境等条件的允许下，尽最大努力完成了机能指标的329个样本测试。

三、机能评价指标体系分析

在90分钟的比赛中，足球运动员需要长时间走、慢跑，完成多次加减速、快速起动和高速跑，频繁地变速变向，没有良好的有氧能力会影响运动员比赛的发挥。研究表明，有氧能力是反映足球运动员机能水平的重要指标，对足球运动员非常重要。本研究选用YOYO间歇性耐力跑作为评价我国U17男子足球运动员机能的指标，结果显示，YOYO间歇性耐力测试符合足球比赛中专项有氧的供能特点和形式。

（一）描述性统计

表7-75 YOYO间歇性耐力跑描述性统计表

指标	N	最大值（m）	最小值（m）	极差（m）	平均数±标准差（m）
YOYO间歇性耐力跑	329	4320.00	1480.00	2840.00	2768.60±656.18

由表7-75可见，我国U17男子足球运动员YOYO间歇性耐力指标最大值为4320.00m，最小值为1480.00m，极差为2840.00m，平均值为（2768.60±656.18）m。我国U17男子足球运动员机能极差较大，反映出机能水平比较分散，好坏不一。本研究在测试中严格按照YOYO耐力测试标准和要求进行，测试前教练员对运动员进行积极动员，告知测试标准，测试中教练员和医务人员全部参与到组织和操作中，剔除运动员消极测试等因素，分析极差较大原因：①最大摄氧量水平相差较大，有些足球运动员先天最大摄氧量较好，优势明显；②有些队伍的教练员重视运动员的有氧训练，经过系统的训练，运动员的乳酸阈水平达到较好的高度。

我国对足球运动员体能提出了考核标准，利用YOYO间歇性耐力跑指标进行体能测试，在平原要跑到17.3级，总距离达到2280m以上才算合格，运动员才能够参加职业联赛。

我国U17男子足球运动员YOYO间歇性耐力测试与职业球员达标标准相比，少于2280m的占总比例的32.6%，也就是说，有67.4%的运动员能够通过之前足协对职业球员制定的标准。查阅2005年YOYO间歇性耐力测试情况，我国职业球员的达标率仅为56%，低于我国目前U17男子足球运动员的合格率，这也说明近年来我国对足球运动员机能水平提高了要求，青少年运动员已经逐步形成较好的有氧能力。

（二）不同位置 U17 男子足球运动员机能特征

表 7-76　不同位置 U17 足球运动员 YOYO 间歇性耐力跑特征表

表示	指标	前锋（m）	前卫（m）	后卫（m）	守门员（m）
$\bar{x}\pm s$	YOYO 间歇性耐力跑	2733.33±628.91	2874.90±690.05	2756.13±658.30	2460.00±479.44

由表 7-76 得出，我国 U17 足球运动员的 YOYO 测试跑动距离前卫最多，守门员最少，呈现出位置特征，总体的跑动距离特征为前卫>后卫>前锋>守门员，但是各个位置之间没有出现显著性差异（$p>0.05$）。其中前锋球员的跑动距离平均值为（2733.33±628.91）m，前卫球员平均值为（2874.90±690.05）m，后卫球员平均值为（2756.13±658.30）m，守门员平均值为（2460.00±479.44）m。分析原因：①足球比赛中，后卫和前卫运动员需要时刻跑位、补位，既要参与进攻，又要参与防守，因此，后卫和前卫的跑动距离相对前锋和守门员要多；②在比赛中前锋更多地参与进攻，需要快速把握机会，确定自己对球的控制优势，因此，前锋对速度和爆发力的要求比较高，而速度耐力相比后卫和前卫要小得多。

（三）机能评价等级

本研究采用标准百分法对 YOYO 间歇性耐力跑建立评分标准，分别计算出 0 分、5 分、10 分、…、95 分和 100 分的评分表（表 7-77）。

计算公式为：
$$Z=50\pm\frac{x-\bar{x}}{s}\times\frac{100}{2\times2.5}$$

表 7-77　YOYO 间歇性耐力跑百分位数评分标准

得分	原始成绩（m）	修订成绩（m）	得分	原始成绩（m）	修订成绩（m）
100.00	4320.00	4320	50.00	2768.61	2770
95.00	4245.02	4250	45.00	2604.57	2600
90.00	4080.97	4080	40.00	2440.52	2440
85.00	3916.93	3920	35.00	2276.48	2280
80.00	3752.88	3750	30.00	2112.43	2110
75.00	3588.84	3590	25.00	1948.39	1950

续表

得分	原始成绩（m）	修订成绩（m）	得分	原始成绩（m）	修订成绩（m）
70.00	3424.79	3420	20.00	1784.34	1780
65.00	3260.75	3260	15.00	1620.30	1620
60.00	3096.70	3100	10.00	1540.00	1540
55.00	2932.66	2930	0.00	1480.00	1480

表7-78 机能评价等级表

等级	YOYO间歇耐力跑测试	
	原始标准（m）	修订标准（m）
优	3597以上	3601以上
良	3226~3596	3231~3600
中	2201~3225	2201~3230
下	1947~2200	1951~2200
差	1946以下	1950以下

由表7-78可见，我国U17足球运动员机能评价分为优、良、中、下、差5个等级，YOYO间歇性耐力测试划分范围为3601m以上为优秀、3231~3600m为良好、2201~3230m为中等、1951~2200m为下等、1950m以下为差。

四、分析与小结

有氧能力是反映足球运动员机能水平的重要指标，而有氧代谢能力的指标是最大摄氧量和乳酸阈，两者都可以评定人体的最大有氧能力。研究已经证明，通过系统训练提高最大摄氧量的可能性较小，它主要受遗传因素的制约，最大摄氧量93%取决于遗传，通过训练提高的幅度在5%~25%。最大摄氧量可以评定运动能力、运动员选材、反映运动员在不同训练状态时心肺功能的变化和评定运动员的机能状态和训练效果。而乳酸阈受遗传因素制约较少，可训练性相对较大，可以较好地发展运动员的最大有氧能力，有效提高耐力水平。

YOYO测试与比赛中运动员的跑动能力密切相关，可作为监测运动员体能的一项重要指标。YOYO测试方法是由丹麦哥本哈根的奥古斯特·克罗赫研究院的詹斯·邦斯布博士发明的，可以分为间歇耐力测试（YOYO IE）和间歇恢复测试（YOYO IR），其中间歇恢复测试又分为YOYO IR1和YOYO IR2。间歇耐力测试能模拟足球比赛中经常出现的加减速、急停、转身等动作，主要测试足球运动员在类似比赛状况下的耐力；而间歇恢复测试用来进行青少年运动员的评估和选材，常见于欧洲许多足球发达国家。国内的YOYO体能测试的研究，主要集中在间歇耐力测试对有氧能力的提高，而对间歇恢复测试的研究较少，而且测试更多是投入到了足球运动中，其他项目相对较少。

相比于传统的训练方法12分钟跑，YOYO体能测试能更好地结合足球的专项特征，是我国的足球体能测试最主要的手段，YOYO体能测试也被称为"力竭性测试"，采用在规定时间内进行固定距离的折返跑。随着测试的进行，由原来相对轻松完成到力竭的身体状态，由一开始的有氧供能系统到无氧供能系统，产生乳酸堆积而最终导致力竭。它是一种结合了有氧和无氧的测试方法。

第四节 体能综合评价模型的构建

对我国U17男子足球运动员体能各项指标的筛选、确定和对体能测试的组织实施，完善了我国青少年足球运动员体能各项评价指标的数据。对全国U17优秀的男子足球运动员进行综合体能评价，揭示了我国U17男子足球运动员的体能现状，反映出我国U17男子足球运动员的体能特征，为我国U17男子足球运动员科学训练提供借鉴，也为我国青少年足球运动员体能测试和训练提供了有价值的参考。

我国U17男子足球运动员形态、运动素质和机能指标的筛选确定及评价标准的建立是对足球专项体能测试理论与实践操作的综合呈现，是我国足球教练和专家关于足球体能评价意见的高度概括。鉴于各地区的训练条件和测试操作的难度，本研究在对形态学指标进行统计分析以及建立运动素质、机能评价体系和评分标准的基础上，采用统计学和专家意见相结合的方法，对体能测试指标体系进行精简，并最终建立一套我国U17足球运动员体能综合评价指标体系和评价标准。在对测试指标的筛选和确定中，以足球专项特征和规律为依据，运用合理的统计学方法进行精简和筛选，解决了在实际体能测试中因地区训练场地和训练器材等条件的限制而导致不能够完成足球体能测试的难题。本研究通过建立我国U17男子足球运动员体能评价体系，初步形成足球运动员的体能评价模型，方便在以后的研究中有据可循，经过专家深入探讨后，最终形成符合足球运动员体能选材的测评标准。

一、评价模型构建思路

本研究对我国U17男子足球运动员形态学、运动素质和机能进行评价后，尝试建立我国 U17 男子足球运动员体能综合评价标准。首先，以形态学、运动素质和机能指标体系为基础，设计成专家访谈问卷，采用德尔菲法对问卷中指标体系进行评分，结合专家意见筛选初步形成体能评价指标体系和一级维度的权重。结合统计学方法，运用主成分分析确定体能评价指标体系和权重。其次，运用标准百分法对各项指标进行赋分，运用离差法确定等级划分范围，结合权重，建立体能评价等级标准。最后，找一支 U17 同等级别的队伍进行评价模型的回代检验，验证体能评价模型的科学性，最终确定体能评价模型。

二、体能评价指标的确定步骤

指标初选：在大量搜集和阅读足球体能测试的相关资料后，对足球体能测试指标进行归纳和整理，依据本研究对体能的释义和分类，确定一级指标的划分维度和内容；然后结合专家的意见，进行二级和三级指标的初选，再通过列名群体决策确定一级指标三项、二级指标九项、三级指标三十九项。

专家筛选：将初选获得的所有体能测试指标制成专家指标咨询问卷，采用德尔菲法进行指标的赋分，剔除平均数得分低于 3 分的指标，通过两轮专家咨询，汇总专家的意见，不断修改和精简，最后达成专家对测试指标筛选意见的一致性，获得一级指标三项、二级指标九项、三级指标三十二项。

统计优化：主成分分析法是国际上通用的指标降维方法，运用主成分分析法对体能测试指标进行优化和精简，不仅可以提高体能指标的代表性和科学性，还能实现体能测试的可操作性，降低测试的组织难度。

体能评价指标的确定步骤如图 7-1 所示。

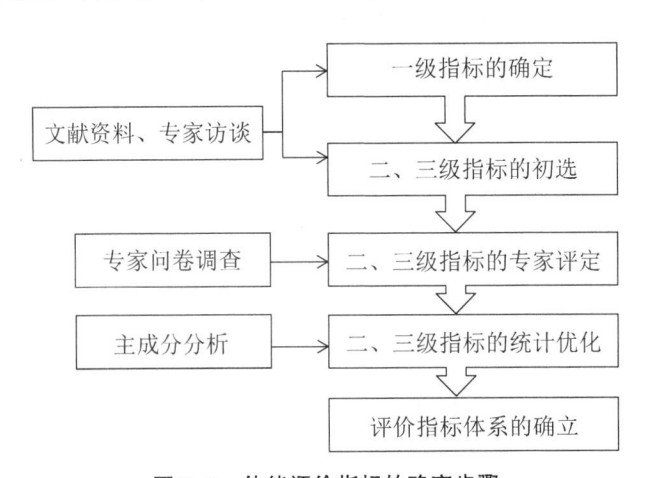

图 7-1 体能评价指标的确定步骤

运用 SPSS 对测试指标进行主成分分析主要有以下步骤：

①打开 SPSS17.0，输入统计数据，分析—降维—主成分分析，把指标因子转移到变量一栏。

②打开"描述性统计"一栏，在"统计量"中选择"原始分析结果"，在"相关矩阵"中选择"系数""显著性水平""KMO 和 Bartlett 的球形度检验（k）"。

③打开"抽取"一栏，在"分析"中选择"相关性矩阵"，在"输出"中选择"未旋转的因子解""碎石图"。在"抽取"中选择"基于特征值大于 1"，"最大熟练性迭代次数"为 25。

④打开"旋转"一栏，在"方法"中选择"最大方差法"，在"输出"中选择"旋转解"和"载荷图"。

⑤打开"得分"，选择"保存为变量"，在"方法"中选择回归，选择"显示因子得分系数矩阵"。

⑥打开"选项"，在"缺失值"中选择"按列表排除个案"，在"系数显示格式"中选择"按大小排序"。

三、体能指标权重的确定方法

一级指标的权重，采用德尔菲法，将确定的体能综合评价指标体系编制成问卷，发给各位专家和教练员进行指标权重的赋分，依据指标的重要程度赋分为 5 分、4 分、3 分、2 分、1 分，匿名记录各位专家和教练的赋分情况，用均数和标准差表示，然后将这个结果反馈给各位专家和教练员，根据反馈的意见各位专家和教练在此基础上再次进行权重的赋值，如此重复，直至各位专家和教练的意见趋于一致，最后计算得出一级指标的权重值。三级指标的权重依据主成分中因子的贡献率确定。

确定指标权重时，要以预先制定的指标维度为依据，每一个维度单独计算权重。指标权重的数值为 0~1，即 $0<W_i<1$，每一项指标维度的各个指标权重值的总和为 1，即 $\sum W_i = 1$。

体能指标权重的确定对我国 U17 男子足球运动员的体能评价有着非常重要的意义：①权重值的大小代表着指标的重要程度，对体能测试指标有导向作用，权重值较大的指标是体能测试的重点，对体能评价的作用相对较大；②权重值的不同凸显了体能各项指标之间的不平衡性，既区分了不同体能指标对 U17 男子足球运动员的重要程度，为科学选材提供了参考，也为日常体能训练计划安排提供了重要依据；③指标权重有利于我们进一步了解各项因素、评价结果、评价指标之间的关系，从而更加科学地进行足球运动员的体能测评，更加真实地反映我国U17男子足球运动员的体能现状。

四、形态学指标筛选和确定

运用SPSS17.0对形态学测试指标进行KMO和Bartlett球形检验，目的是检验所选取的体能测试指标是否适合做主成分分析，进一步寻找体能测试各项指标之间的关系，测试结果见表7-79。

表7-79　KMO和Bartlett球形检验

	KMO统计量		0.722
Bartlett球形检验	相关矩阵的卡方检验		1477.150
	自由度		36
	显著性水平		0.000

对体能测试指标KMO统计量为0.722，相关矩阵的卡方检验结果为1477.150，显著性水平$p<0.05$，说明形态学测试指标变量适合做主成分分析。

表7-80　总方差解释表

成分	初始特征值			提取平方和载入			旋转平方和载入		
	合计	方差的%	累计%	合计	方差的%	累计%	合计	方差的%	累计%
1	4.405	48.946	48.946	4.405	48.946	48.946	4.405	48.946	48.946
2	2.356	26.179	75.125	2.356	26.179	75.125	2.377	26.179	75.125
3	1.022	11.352	86.477						
4	0.617	6.860	93.336						
5	0.407	4.524	97.861						
6	0.129	1.429	99.290						
7	0.048	0.532	99.822						
8	0.012	0.133	99.955						
9	0.004	0.045	100.000						

形态学指标的序号顺序为：身高、体重、臂伸直高、胸围、腰围、BMI、体

脂百分比、体脂含量、瘦体重。

表 7-81 最大方差旋转后因子载荷矩阵分析表

指标	主成分 1	主成分 2
身高	0.948	-0.018
体重	0.841	0.098
臂伸直高	0.799	0.026
胸围	0.894	0.030
腰围	0.875	0.111
BMI	0.732	0.146
体脂百分比	-0.079	0.977
体脂含量	-0.115	0.925
瘦体重	-0.203	0.707

由表 7-80、表 7-81 得出，形态学指标体系中有 2 项主成分累计贡献率达到了 75.13%，提取平方和载入后统计，累计贡献率也为 75.13%；采用最大方差旋转以后仍然保持此比例，说明了这 2 项主成分中基本包含了全部指标具有的信息。因此，本研究提取这 2 类指标进行主成分分析。第 2 行为方差的百分比，可以看出各个素质指标因子的贡献率，运用最大方差旋转后的因子载荷矩阵对其前 2 个主成分进行分析，来确定 2 类主成分的代表意义和各个成分中的指标构成。

第 1 项主成分中身高、体重、臂伸直高、胸围、腰围、BMI 的因子荷载量高，这几项指标代表人体形态中的高度和围度指标，累计贡献率为 48.946%，占据形态学指标贡献率的近一半，这说明身体的高度和围度是足球运动员的重要形态学指标。第 2 项主成分中体脂百分比和体脂含量的因子荷载量高，这 2 项指标代表人体形态中的体成分指标，累计贡献率为 26.179%（表 7-82）。

表 7-82 形态学指标主成分分析和命名表

代号	贡献率（%）	命名	代表性指标
1	48.946	长度和围度因子	身高、胸围
2	26.179	体成分因子	体脂百分比
累计	75.125	KMO 值 = 0.722	

运动员的身高对制空高度有一定影响，身材高大的运动员在对高空球的把握和控制上有一定的优势。同时，足球运动员的身高也具有位置特征，一般守门员和中后卫较高，有利于防守。胸围反映运动员躯干的充实度，足球运动员胸围较宽，有利于在足球比赛中维持身体的合理对抗。

体脂百分比反映运动员身体形态的合理性，运动员的体脂百分比越低说明运动员的肌肉含量越多，脂肪含量越少。过多的体脂会增加运动员的负重，影响运动员在比赛中的跑动能力和完成技术动作的能力。合理的体脂百分比是足球运动员提高运动表现的重要条件。

五、运动素质指标确定和筛选

运用SPSS17.0对运动素质测试指标进行KMO和Bartlett球形检验，目的是检验所选取的运动素质测试指标是否适合做主成分分析，进一步寻找运动素质测试各项指标之间的关系，测试结果见表7-83。

表7-83　KMO和Bartlett球形检验

	KMO统计量	0.751
	相关矩阵的卡方检验	1554.793
Bartlett球形检验	自由度	168
	显著性水平	0.000

对运动素质测试指标KMO统计量为0.751，相关矩阵的卡方检验结果为1554.793，显著性水平$p<0.05$，说明运动素质测试指标变量适合做主成分分析。

运动素质的序号顺序为：左侧核心力量、右侧核心力量、投掷界外球、纵跳、立定跳远、单腿三级跳左侧、单腿三级跳右侧、俯卧撑、仰卧起坐、5米跑、10米跑、20米跑、30米跑、40米跑、快速高抬腿、坐立体前屈、股四头肌柔韧左侧、股四头肌柔韧右侧、小腿三头肌柔韧左侧、小腿三头肌柔韧右侧、曲线跑、四线往返跑。

表7-84　总方差解释表

成分	初始特征值			提取平方和载入			旋转平方和载入		
	合计	方差的%	累计%	合计	方差的%	累计%	合计	方差的%	累计%
1	3.754	17.062	17.062	3.754	17.062	17.062	3.347	15.215	15.215

续表

成分	初始特征值			提取平方和载入			旋转平方和载入		
	合计	方差的%	累计%	合计	方差的%	累计%	合计	方差的%	累计%
2	3.423	15.561	32.623	3.423	15.561	32.623	3.343	15.194	30.409
3	2.178	9.899	42.522	2.178	9.899	42.522	1.893	8.603	39.012
4	1.817	8.259	50.782	1.817	8.259	50.782	1.849	8.404	47.416
5	1.613	7.331	58.113	1.613	7.331	58.113	1.743	7.921	55.337
6	1.503	6.832	64.944	1.503	6.832	64.944	1.602	7.283	62.621
7	1.192	5.419	70.363	1.192	5.419	70.363	1.462	6.646	69.267
8	1.078	4.901	75.264	1.078	4.901	75.264	1.189	5.406	74.672
9	1.009	4.587	79.851						
10	0.801	3.639	83.491						
11	0.702	3.189	86.679						
12	0.583	2.652	89.331						
13	0.422	1.917	91.248						
14	0.375	1.705	92.953						
15	0.299	1.360	94.313						
16	0.281	1.280	95.593						
17	0.225	1.024	96.616						
18	0.203	0.924	97.540						
19	0.184	0.838	98.378						
20	0.147	0.670	99.048						
21	0.112	0.510	99.558						
22	0.097	0.442	100.000						

表 7-85 最大方差旋转后因子载荷矩阵分析表

指标	主成分							
	1	2	3	4	5	6	7	8
左侧核心力量	-0.016	0.037	0.005	0.031	0.856	-0.072	0.062	-0.003
右侧核心力量	0.005	0.009	0.032	0.028	0.823	0.037	0.009	0.067

续表

指标	主成分							
	1	2	3	4	5	6	7	8
投掷界外球	0.256	0.003	0.062	0.067	-0.022	-0.858	-0.032	-0.058
纵跳	0.024	0.847	0.001	0.041	-0.015	-0.021	-0.021	0.097
立定跳远	0.266	0.810	-0.027	-0.026	-0.029	-0.036	-0.111	0.082
单腿三级跳左侧	0.305	0.753	0.011	-0.018	0.017	0.043	-0.089	-0.099
单腿三级跳右侧	0.286	0.834	-0.034	-0.016	0.001	0.049	-0.082	-0.083
俯卧撑	0.000	0.009	0.010	0.041	0.054	0.036	0.705	0.022
仰卧起坐	0.035	-0.053	0.035	0.034	0.055	-0.046	0.756	0.243
5米跑	0.128	-0.006	-0.022	0.860	0.020	0.016	-0.277	0.124
10米跑	-0.005	-0.001	0.114	0.730	0.027	-0.025	0.064	0.006
20米跑	0.016	-0.014	0.108	0.705	0.006	-0.024	-0.009	-0.038
30米跑	0.023	-0.028	0.055	0.832	0.019	0.034	-0.004	0.023
40米跑	-0.013	-0.029	-0.015	0.776	0.038	0.012	0.053	0.017
快速高抬腿	0.050	0.099	0.599	-0.020	-0.034	-0.094	-0.152	0.434
坐立体前屈	-0.037	0.275	0.803	-0.087	0.001	0.097	0.055	0.014
股四头肌柔韧左侧	0.010	0.257	0.801	0.060	0.031	-0.025	-0.038	-0.051
股四头肌柔韧右侧	0.029	0.290	0.780	-0.028	0.037	-0.022	-0.036	-0.075
小腿三头肌柔韧左侧	0.024	0.264	0.695	-0.026	0.016	0.016	0.021	-0.003
小腿三头肌柔韧右侧	0.070	0.064	0.068	-0.031	-0.043	-0.020	-0.052	-0.741
曲线跑	0.821	0.032	-0.021	-0.009	0.035	0.537	-0.041	-0.100
四线往返跑	0.829	-0.002	-0.030	0.050	-0.067	0.560	0.048	0.046

由表7-84、表7-85得出，运动素质指标体系中有8项主成分累计贡献率达到了75.26%，提取平方和载入后统计，累计贡献率也为75.26%；采用最大方差旋转以后仍然保持此比例。说明了这8项主成分中基本包含了全部指标具有的信息，因此，本研究提取这8类指标进行主成分分析。第2行为方差的百分比，可以看出各个素质指标因子的贡献率，运用最大方差旋转后的因子载荷矩阵对其前8个主成分进行分析，来确定8类主成分的代表意义和各个成分中的指标构成。

第1项主成分中曲线跑和四线往返跑的因子荷载量高，这几项指标代表运动素质中的灵敏素质指标，累计贡献率为17.06%。第2项主成分中纵跳、立定跳远和单腿三级跳的因子荷载量高，这几项指标代表运动素质中的下肢爆发力指标，累计贡献率为 15.56%。第 3 项主成分中 10 米、20 米、30 米、40 米的因子荷载量高，这几项指标代表运动素质中的位移速度指标，累计贡献率为 9.90%。第 4 项主成分中坐立体前屈、股四头肌柔韧度、小腿三头肌柔韧度的因子荷载量高，这几项指标代表运动素质中的柔韧素质指标，累计贡献率为 8.26%。第 5 项主成分中左侧核心力量的因子荷载量高，这项指标代表运动素质中的核心力量能力指标，累计贡献率为 7.33%。第 6 项主成分中投掷界外球的因子荷载量高，这项指标代表运动素质中的上肢和核心爆发力指标，累计贡献率为 6.83%。第 7 项主成分中 30 秒俯卧撑和 1 分钟仰卧起坐的因子荷载量高，这 2 项指标代表运动素质中的力量耐力指标，累计贡献率为 5.42%。第 8 项主成分中快速高抬腿的因子荷载量高，这项指标代表运动素质中的动作速度指标，累计贡献率为 4.90%（表 7-86）。

表 7-86 运动素质指标主成分分析和命名表

代号	贡献率（%）	命名	代表性指标
1	17.062	灵敏素质	四线往返跑
2	15.561	下肢爆发力	纵跳、立定跳远、单腿三级跳
3	9.899	位移速度	10 米跑、30 米跑
4	8.259	柔韧度	坐立体前屈
5	7.331	核心力量	左侧核心力量
6	6.832	上肢和核心爆发力	投掷界外球
7	5.419	力量耐力	30 秒俯卧撑
8	4.901	动作速度	快速高抬腿
累计	75.264	KMO 值 = 0.751	

灵敏素质是足球运动员较为重要的运动素质，国际足联将足球运动员的灵敏素质看成运动员必备的专项能力，建议在体能评价中给予足够的重视，因此本研究在灵敏素质的选取和权重确定时，参考了因子贡献率，结合了专家的意见，采用德尔菲法筛选灵敏指标，最终确定相应的权重。

足球运动员的下肢爆发力可以影响快速移动、跳跃争顶等技术动作的完成，这些技术动作对足球运动员是极为重要的。研究表明，踢球距离与技术动作有关，也与足球运动员的下肢爆发力有关。

位移速度中 10 米跑代表足球运动员的快速起动能力，在比赛中运动员快速起动可以提前占据有利位置，获得有利机会。30 米跑代表足球运动员的最高速度，在足球比赛中最高速度也是运动员的优势因素，前锋和前卫队员的最高速度要好，这样才能够快速地参与进攻和防守。

柔韧素质是足球运动员的基本运动素质，良好的柔韧素质有利于提高足球运动员的动作幅度，更加有效地完成技术动作，提高运动员的表现力；良好的柔韧素质也有利于预防损伤，这项素质非常重要又很容易被足球运动员忽视。

核心力量影响人体的核心稳定性。研究表明，良好的核心力量可以提高运动员的平衡能力、身体的控制能力和发力效率是足球运动员较为重要的力量素质。近年来，对核心力量的研究也促进了其在足球运动中的广泛应用，其中左侧核心力量测试可以较好地反映足球运动员的核心力量。

上肢和核心爆发力代表性指标是投掷界外球，同时上肢和核心爆发力也是影响投掷界外球远近的重要因素。在足球比赛中常有将界外球投掷到对方罚球区完成进攻的情况，投掷界外球因此也成为一种有效进攻的手段，投掷界外球的远度也逐渐被运动员和教练员所重视。

力量耐力可以反映足球运动员肌肉长时间工作的能力，也是足球运动员体能考核指标之一。30秒俯卧撑作为反映足球运动员力量耐力的代表性指标，在评估上肢耐力的同时能够深入刺激核心肌肉群，维持身体的正确姿势。

动作速度对于足球运动员非常重要。现阶段我国对动作速度的认识还不深入，教练员对足球运动员动作速度的重视程度不高，缺乏对动作速度的训练方法。技术的根本是动作，只有快速、合理地完成技术动作，才能够在比赛中更好地把握机会。因此，动作速度的测试和训练也是今后需要重点关注的问题。

六、体能综合评价指标和权重的确定

通过前面的综述研究，有氧能力是足球运动机能能力的主要体现，因此，本研究的机能指标用YOYO间歇性耐力跑作为唯一代表性指标，最终形成体能综合评价指标体系和权重值。

表7-87 体能综合评价指标和权重表

一级指标	权重	二级指标	三级指标	权重
A 形态学指标	0.10	A1 高度和围度	A11 身高	0.03
			A12 胸围	0.03
		A2 体成分	A21 体脂百分比	0.04

续表

一级指标	权重	二级指标	三级指标	权重
B 运动素质指标	0.65	B1 下肢爆发力	B11 纵跳	0.13
		B2 位移速度	B21 10 米跑	0.05
			B22 30 米跑	0.05
		B3 柔韧度	B31 坐立体前屈	0.06
		B4 核心力量	B41 核心力量	0.05
		B5 上肢和核心爆发力	B51 投掷界外球	0.05
		B6 力量耐力	B61 30 秒俯卧撑	0.03
		B7 动作速度	B71 快速高抬腿	0.03
		B8 灵敏素质	B81 四线往返跑	0.20
C 机能指标	0.25	C1 有氧能力	C11 YOYO 间歇性耐力跑	0.25

运用主成分分析法结合专家意见，最终确定了我国 U17 男子足球运动员的体能测试指标体系（表 7-87）：体能指标体系中分为 3 个一级指标，即形态学指标、运动素质指标和机能指标；11 个二级指标，分别是高度和围度、体成分、下肢爆发力、位移速度、柔韧度、核心力量、上肢和核心爆发力、力量耐力、动作速度、灵敏素质、有氧能力；13 项三级指标，分别是身高、胸围、体脂百分比、纵跳、10 米跑、30 米跑、坐立体前屈、核心力量、投掷界外球、30 秒俯卧撑、快速高抬腿、四线往返跑、YOYO 间歇性耐力跑。

其中，采用德尔菲法确定一级指标权重，具体的确定步骤如下。

步骤1：向 40 名专家发放问卷调查表，请专家结合足球运动体能特征，采用5 级评分法对一级指标的重要程度予以赋值。

步骤2：求出专家 j 对指标 i 的相对赋值 W_{ij}。

$$W_{ij} = \frac{P_{ij}}{\sum_{k=1}^{m} P_{kj}}$$

式中：P_{ij} 表示专家 j 对一级指标 i 的赋值，P_{kj} 表示专家 j 对一级指标 k 的赋值，m 表示一级指标的个数。

步骤3：求出指标 i 的权重系数 W_i。

经过上述步骤得到本研究的一级指标权重，形态学指标（0.10），运动素质指标（0.65），机能指标（0.25）。

表 7-88　专家调查情况表

满意度	非常满意	比较满意	一般	不满意	非常不满意
人数	38	2	0	0	0
比例（%）	95	5	0	0	0

依据主成分分析法对体能测试指标进行结果分析，得到各个主成分的贡献率。依据各项指标的贡献率确定11个二级指标和13个三级指标的权重，然后设计成指标权重系数的专项咨询表，对40位足球领域的专业人士进行问卷调查，调查结果显示，有38位专家对体能综合评价指标权重系数表示非常满意，占据总人数比例的95%，没有不满意的现象出现（表7-88）。这说明体能测试指标体系和评价指标权重进行了较为合理的确定。

七、评分标准的建立

首先，计算指标的最大值和最小值（表7-89）。

表 7-89　体能综合评价指标测试结果表

指标	N	最大值	最小值	极差	平均数±标准差
身高（cm）	329	195.0	154.0	41.0	174.7±7.07
胸围（cm）	329	100	68	32	82.3±5.11
体脂百分比（%）	329	25.4	4.1	21.3	13.3±3.94
纵跳（cm）	329	56	30	26	43.57±3.99
10米跑（s）	329	2.31	1.32	0.99	1.75±0.18
30米跑（s）	329	5.84	3.38	1.09	4.39±0.29
坐立体前屈（cm）	329	33.2	-6	39.2	12.11±6.56
核心力量（cm）	329	13	0	13	6.14±2.87
投掷界外球（m）	329	26.7	13.0	13.7	16.07±3.05
30秒俯卧撑（次）	329	50	20	30	39.91±6.74
快速高抬腿（次）	329	34	59	23	46.63±4.64
四线往返跑（s）	329	11.94	8.89	3.05	10.27±0.53
YOYO间歇性耐力跑（m）	329	4320	1480	2840	2768.61±656.18

其次，对测试指标进行成绩赋分，本研究运用标准百分法对运动员的各项体能评价指标进行赋分，计算公式为：

$$Z = 50 \pm \frac{x - \bar{x}}{s} \times \frac{100}{2 \times 2.5}$$

测试指标成绩的最小值为 0 分，最大值为 100 分，分别计算第 5、10、15、20、⋯、95 百分位数的指标值，形成我国 U17 男子足球运动员体能评分标准表（表 7-90）。

表 7-90 我国 U17 男子足球运动员体能评分标准表

指标得分	身高	胸围	体脂百分比	纵跳	10米跑	30米跑	坐立体前屈	核心力量	投掷界外球	30秒俯卧撑	快速高抬腿	四线往返跑	YOYO间歇性耐力跑
100.00	181.75	100.00	4.10	56.00	1.32	3.38	33.20	0.00	26.70	50.00	59	8.89	4320.00
95.00	179.98	93.80	4.44	52.55	1.35	3.74	26.87	0.32	25.93	49.00	57	9.08	4245.02
90.00	183.52	92.52	5.42	51.55	1.39	3.81	25.23	0.40	25.17	48.00	56	9.21	4080.97
85.00	178.22	91.24	6.41	50.55	1.44	3.88	23.59	1.12	24.71	47.00	55	9.34	3916.93
80.00	185.29	89.97	7.39	49.56	1.48	3.96	21.95	1.84	24.25	46.00	54	9.48	3752.88
75.00	176.45	88.69	8.38	48.56	1.53	4.03	20.31	2.55	23.93	45.00	52	9.61	3588.84
70.00	174.68	87.41	9.36	47.56	1.57	4.10	18.67	3.27	23.17	44.00	51	9.74	3424.79
65.00	187.05	86.13	10.35	46.56	1.62	4.17	17.03	3.99	22.41	43.00	50	9.87	3260.75
60.00	172.91	84.86	11.33	45.57	1.66	4.25	15.39	4.71	21.65	42.00	49	10.01	3096.70
55.00	188.82	83.58	12.32	44.57	1.71	4.32	13.75	5.42	20.88	41.00	48	10.14	2932.66
50.00	171.15	82.30	13.30	43.57	1.75	4.39	12.11	6.14	19.36	40.00	47	10.27	2768.61
45.00	109.38	81.02	14.29	42.57	1.80	4.46	10.47	6.80	18.60	38.00	45	10.40	2604.57
40.00	190.59	79.75	15.27	41.58	1.84	4.54	8.83	7.58	17.83	30.00	44	10.54	2440.52
35.00	167.61	78.47	16.26	40.58	1.89	4.61	7.19	8.29	17.07	35.00	43	10.67	2276.48
30.00	195.00	77.19	17.24	39.58	1.93	4.68	5.55	9.01	16.31	33.00	42	10.80	2112.43
25.00	165.84	75.91	18.58	38.58	1.98	4.75	3.91	9.73	15.55	32.00	41	10.93	1948.39
20.00	164.08	74.64	19.21	37.59	2.02	4.83	2.27	10.45	14.78	30.00	40	11.07	1784.34
15.00	162.31	73.36	20.20	35.59	2.07	4.90	0.63	11.16	14.02	21.00	39	11.20	1620.30
10.00	160.54	72.08	21.18	35.59	2.11	4.97	-1.01	11.88	13.26	26.00	37	11.33	1540.00
5.00	158.77	70.80	22.17	34.59	2.16	5.04	-2.65	12.60	13.00	25.00	36	11.46	1500.00
0	154.00	68.00	25.40	30.00	2.31	5.84	-6.00	13.00	13.00	20.00	34	11.94	1480.00

最后，确定等级划分范围，运用离差法计算体能综合评价指标中每一项指标

的优、良、中、下、差所对应的数值，然后对应百分位数的指标值求得各个评价指标的百分位数数值。

表 7-91 高优指标等级划分表

指标	$\bar{x}$	1.28s	$\bar{x}+1.28s$	分数	$\bar{x}+0.67s$	分数	$\bar{x}-0.67s$	分数	$\bar{x}-1.28s$	分数
胸围（cm）	82.30	5.11	88.84	75.00	85.72	60.00	78.88	35.00	75.76	20.00
纵跳（cm）	43.57	3.99	48.68	75.00	46.24	60.00	40.90	35.00	38.46	25.00
坐立体前屈（cm）	12.11	6.56	20.51	75.00	16.51	60.00	7.71	35.00	3.71	20.00
投掷界外球（m）	17.07	3.05	20.97	75.00	19.11	60.00	15.03	35.00	13.17	25.00
30秒俯卧撑（次）	39.91	6.74	45.54	90.00	42.43	70.00	35.39	35.00	31.28	20.00
快速高抬腿（次）	46.63	4.64	52.57	75.00	49.74	65.00	43.52	35.00	40.69	25.00
YOYO间歇性耐力跑（m）	2768.61	656.18	3608.52	75.00	3208.25	60.00	2328.97	35.00	1928.70	20.00

表 7-92 低优指标等级划分表

指标	$\bar{x}$	1.28s	$\bar{x}-1.28s$	分数	$\bar{x}-0.67s$	分数	$\bar{x}+0.67s$	分数	$\bar{x}+1.28s$	分数
体脂百分比（%）	13.30	3.94	8.26	75.00	10.66	60.00	15.94	35.00	18.34	20.00
10米跑（s）	1.75	0.18	1.52	75.00	1.63	65.00	1.87	35.00	1.98	25.00
30米跑（s）	4.39	0.29	4.02	75.00	4.20	65.00	4.58	35.00	4.76	25.00
核心力量（cm）	6.14	2.87	2.47	75.00	4.22	60.00	8.06	35.00	9.81	25.00

续表

指标	$\bar{x}$	1.28s	$\bar{x}-1.28s$	分数	$\bar{x}-0.67s$	分数	$\bar{x}+0.67s$	分数	$\bar{x}+1.28s$	分数
四线往返跑（s）	10.27	0.53	9.59	80.00	9.91	60.00	10.63	35.00	10.95	25.00

体能综合评价指标分为高优指标和低优指标，两种测试指标进行评分标准等级划分时所运用的公式不同，依据评分标准公式，分别建立高优指标等级划分表和低优指标等级划分表（表7-91、表7-92）。

各个单项指标等级标准见表7-93。

表7-93 体能评价各单项指标等级划分表

指标	优	良	中	下	差
百分比等级划分（%）	10	15	50	15	10
身高（cm）	180.0~183.5	176.5~180.0	165.8~176.5 183.6以上	160.5~165.8	160.5
胸围（cm）	88.84	85.72~88.84	78.88~85.72	75.76~78.88	75.76
体脂百分比（%）	8.26	8.26~10.66	10.66~15.94	15.94~18.34	18.34
纵跳（cm）	48.68	46.24~48.68	40.90~46.24	38.46~40.90	38.46
10米跑（s）	1.52	1.52~1.63	1.63~1.87	1.87~1.98	1.98
30米跑（s）	4.02	4.02~4.20	4.20~4.58	4.58~4.76	4.76
坐立体前屈（cm）	20.51	16.51~20.51	7.71~16.51	3.71~7.71	3.71
核心力量（cm）	2.47	2.47~4.22	4.22~8.06	8.06~9.81	9.81
投掷界外球（m）	20.97	19.11~20.97	15.03~19.11	13.17~15.03	13.17
30秒俯卧撑（次）	47	43~46	36~42	31~35	30
快速高抬腿（次）	53	49~52	44~48	40~43	39
四线往返跑（s）	9.59	9.59~9.91	9.91~10.63	10.63~10.59	10.95
YOYO间歇性耐力跑（m）	3600	3200~3600	2320~3200	1920~2320	1920

然后对体能综合评分，利用每项指标的权重乘以等级划分对应的百分位数，公式为：

体能综合评分=0.03×（身高百分+胸围百分）+0.04×体脂百分+0.13×纵跳百分+ 0.05×（10米跑百分+30米跑百分） + 0.06×坐立体前屈百分+0.05×核心力量百分+0.05×投掷界外球百分+0.03×30秒俯卧撑百分+0.03×快速高抬腿百

分+0.20×四线往返跑百分+0.25×YOYO间歇性跑百分,得出优、良、中、下、差综合等级分。

构建体能综合评价等级标准后,有利于对评价等级分数进行修订,最终形成我国U17男子足球运动员体能综合评价等级标准:76分以上为优秀、61~75分为良好、36~60分为中等、21~35分为下等、20分以下为差(表7-94)。

表7-94 体能综合评价等级标准表

评价等级	评价等级分数	修订分数	理论百分比(%)
优	76.46分以上	76分以上	10
良	60.96~76.45分	61~75分	15
中	35.1~60.95分	36~60分	50
下	21.6~35.0分	21~35分	15
差	21.5分以下	20分以下	10

运用体能评价标准对全部329名运动员进行体能综合评价和分析。

表7-95 我国U17男子足球运动员精简体能综合评价描述性统计表

体能综合评分	N	最大值(分)	最小值(分)	极差(分)	平均数±标准差(分)
	329	71.44	35.55	35.89	49.94±7.30

由表7-95可见,在我国U17男子足球运动员体能综合评分平均值为(49.94±7.30)分,最大值为71.44分,最小值为35.55分,极差为35.89分,极差较大。将我国U17男子足球运动员体能综合评分带入评价等级标准,查看等级分布,以便分析我国U17男子足球运动员综合体能状况。与建立的我国U17男子足球运动员等级标准相比较,结果见表7-96。

表7-96 我国U17男子足球运动员综合体能等级频率统计表

等级划分	优	良	中	下	差
频率(%)	0	9.12	90.88	0.0	0

由表7-96可见,我国U17男子足球运动员综合体能评价等级中,有90.88%为中等,占总人数比例的绝大多数;良好为9.12%,比例非常小;综合体能优秀、下等和差都没有。

分析原因:第一,从足球运动员的体能特点上来看,每一名足球运动员都具有自身的体能特点，即在体能中某些指标是自己的优势，某些指标是自己的劣势，达到各项体能指标的综合优秀很难，就算世界上最优秀的足球运动员也一样不能兼顾各项体能指标。优秀的足球运动员都会有一些突出的体能能力，如起动速度、爆发力、弹跳能力等，这些能力可以在比赛中较好地表现出来，为自己创造优势，往往具备一种或者几种较为优秀的体能能力足以支撑足球运动员参与到高水平的竞技比赛中。第二，从教练员的训练和战术安排教练员对足球运动员的综合体能评价也如上述分析，他们认为科学地发现足球运动员的体能特点并且有目的地发展和训练，可以达到提高竞技能力水平的目的。针对不同位置的足球运动员，他们在设计体能训练时会有针对性地侧重，加强比赛中所需要的优势体能指标的训练。同时，教练员也会根据球队的战术打法，有针对性地设计体能训练内容，以求更好地支撑球队的战术实施。第三，从优秀足球运动员体能现状上来看，本研究以全国优秀的 U17 足球运动员为测试和评价对象，评价等级中的优秀、中等和差都是相对的。评价等级的对照结果也反映了我国目前 U17 男子足球运动员的综合体能现状，大部分足球运动员综合体能都是中等水平，没有较差存在。

八、体能综合评价标准回代检验分析

我国 U17 男子足球运动员体能综合评价模型构建以后，还需要对这个模型的科学性和实用性进行回代检验，以验证体能评价模型的科学价值和实用价值。本研究选取北京青年 U17 男子足球队 18 名足球运动员作为回代检验的测试对象，具体情况见表 7-97。

表 7-97 测试运动员情况表

N	身高（cm）	体重（kg）	训练时间（年）	运动等级
18	176.8±7.39	64.26±6.45	5.44±1.07	一级、二级

18 名足球运动员的各项数据的平均值为：身高为（176.8±7.39）cm，体重为（64.26±6.45）kg，平均训练时间为（5.44±1.07）年，与全国 U17 运动员相比，各项指标没有较大的差异。

对这 18 名足球运动员进行体能各项指标测试，然后将测试数据代入模型，检验运动员的综合体能情况，通过对比已经建立的评价等级标准（表 7-94）查看 18 名足球运动员体能得分的等级分布情况（表 7-98）。

表 7-98　测试对于体能评分等级分布表

等级	优	良	中	下	差
人数	0	6	12	0	0
比例（%）	0	33.33	66.67	0	0

由表 7-98 得出，北京青年队 U17 男子足球运动员的体能综合得分中，中等等级的人数为 12 人，占总人数比例的 66.67%；良好等级的人数为 6 人，占总人数比例的 33.33%，没有优秀、下等和差等等级的球员，且中等等级以上得分比例为 100%。

邀请北京青年队的 4 位教练员（其中主教练 1 名，助理教练 2 名，守门员教练 3 名）对这 18 名足球运动员进行主观打分。打分前，与 4 位教练员进行交流，讲述本研究体能综合指标测试内容和作用，以及体能评价指标权重的划分，并与专家沟通协商一致后，再对 18 名足球运动员进行体能综合评价。

教练员对 18 名运动员主观评分后，取 4 位教练员评分的平均数作为每一名球员最终的体能得分。采用 Kendall 相关性检验，对形成的教练员主观评分分数与球员的体能测试评分进行相关性检验，结果显示：两个评分的相关系数 $K = 0.803$，相关性非常高，这说明本研究的体能综合评价模型具有较高的效度。

九、分析与小结

足球运动员体能综合评价体系在结构上由评价指标、指标权重和评分标准三部分组成。构建足球运动员体能评价体系，经过 4 个步骤：确定评价对象和目标、构建评价指标体系、确定评价指标的权重、形成评价标准。

运用文献归纳、专家筛选和统计优化等方法建立我国 U17 男子足球运动员的体能评价指标体系，最终筛选和确定 3 个一级指标，即形态学指标、运动素质指标和机能指标；11 个二级指标，分别是长度和围度、体成分、下肢爆发力、位移速度、柔韧度、核心力量、上肢和核心爆发力、力量耐力、动作速度、灵敏素质、有氧能力；13 项三级指标，分别是身高、胸围、体脂百分比、10 米跑、30 米跑、纵跳、坐立体前屈、核心力量、投掷界外球、30 秒俯卧撑、快速高抬腿、四线往返跑、YOYO 间歇性耐力跑。

通过德尔菲法确定一级指标的权重，其中形态学指标权重为 0.10，运动素质指标权重为 0.65，机能指标权重为 0.25。通过主成分因子贡献率确定三级体能评价指标权重。

运用标准百分法对各项指标进行赋分，运用离差法确定等级划分范围，结合权重建立体能评价等级标准：76 分以上为优秀、61~75 分为良好、36~60 分为中等、21~35 分为下等、20 分以下为差。采用回代检验验证体能评价模型的科学性和实用性，主观评分与测试评分相关性为 0.803。

体能评分等级中，有 90.88% 的运动员为中等，占总人数比例的绝大多数，良好比例为 9.12%，没有优秀、下等和差的运动员。可见，足球运动员的体能特点、教练员的训练和战术安排，是对优秀足球运动员体能现状的最真实体现。

第八章 足球体能测评数据库

第一节 研制目的

我国 U17 男子足球运动员体能综合评价体系构建完成后，应用计算机技术对其进行评价系统的研制，数据库的研制有利于 U17 男子足球运动员的身体形态、运动素质和机能指标的筛选确定及评价标准的建立，是对足球专项体能测试测评和实践操作可实施性的综合呈现。通过计算机构建的评价系统，可以简洁、快速、有效地对 U17 男子足球运动员进行体能评价，得出体能单项指标得分、单项指标等级、体能综合得分和体能综合表现，进而了解运动员的体能现状。这项体能数据库的综合评价指标体系和评价标准是对 U17 男子足球运动员的身体形态学指标进行科学性的采集、统计和分析，同时以 U17 球员运动素质和机能评价体系和评分标准为基础，并采用统计学和专家意见相结合的方法形成的。为了方便操作，我们对体能测试指标体系进行精简，最终建立一套我国 U17 足球运动员体能综合评价的应用性体能测评数据库。体能测评数据库的建立有效地解决了在实际情况下足球运动员的体能测试中的数据，消除可能会受到地区训练场地和训练器材等条件的限制，导致不能够有效完成足球体能测试的难题。因此，通过对全国 U17 男子运动员体能测评数据库的建立，完善了足球运动员在体能测试数据的准确性，为以后训练计划的设计和实施提供有效的依据，也为形成符合足球运动员体能选材的测评标准提供有价值的借鉴。足球体能测评数据库包括对运动员基本情况和体能测试原始数据的录入，体能评分和体能等级评价，体能评价报表输出和系统的维护。

第二节 编程语言的选择

我国 U17 男子足球运动员体能测评数据库的建立初始，为了完成在足球运动员体能测试数据的实用性和有效性，力求为以后调整和实施针对性的训练计划提供有效措施进而提供良好平台，编写此数据库的语言选用JAVA语言。JAVA语言是一种应用简单时效，并可跨系统平台运行的编程语言，JAVA语言是通过对U17男子足球运动员体能测评数据库的建立进行结构内容构建。因此，JAVA语言可以有效地对体能测评数据进行平台和数据库建设，它的程序设计语言编程可以以电脑为载体实施。

当面向使用用户对象时，JAVA语言可以将其编写入程序中，将选择好的足球运动员体能测评数据内容添加到一些可选择性的驶入条件标准下和筛选的项目当中，使每一种类型集合里面的数据都有固定的内容结构。JAVA语言的分布式结构能够索引出安全准确的信息内容，这也就意味着可以有效准确地得出用户想要的数据内容。JAVA语言的结构的中立性，是指在输入信息后，后台处理过程中不会出现纰漏或系统错误，使信息处理过程更加稳定有效，性能更加优异。多线程工作的动态语言，促使足球运动员体能数据库将所得到的数据集合并通过一定的数据输出方式表现出来，在一定情况下能够使用户找到相关的实用信息，完成某项搜索任务，力求为形成符合足球运动员体能选材的测评标准而做出有效依据。利用JAVA语言中J2EE平台，我们研制了U17男子足球运动员体能评价系统，该系统功能由数据输入、数据处理、报表输出、系统维护四个模块组成，可以实现运动员的基本情况、体能各项指标测试数据的录入功能，对体能各项指标和综合体能分别进行评分评价和等级评价，对评价结果以评分报表和评价报表的形式打印。该评价系统的研制为我国U17男子足球运动员体能评价提供了有力帮助，在此平台上不仅可以进行数据输出，还可以进行合理的资源整合。

我国U17男子足球运动员体能评价系统具有以下几个特点：①系统性。J2EE平台的系统由复杂到简单是依靠各个结构系统模块的协调合作来实现的，在此平台上由于依靠了规范的输入数值指令来进行合理的运算模式，所以在运行的环境下它可以实现由简单到复杂或是由复杂到简单的运行环境的规则。②高效性。由于电子信息的数据化运算模式及电子设备的不断更新换代，在此平台信息技术使用和体能搜索上都非常便捷，平台运行效率的积极提升也对于日常训练或者素质测试的过程与结果的分析都带来了极大的便捷。③整合性。新的平台功能得益于强大的系统结构及便利的获取途径，所以在系统资源整合方面，各个内部系统模块只有相互协调配合，才可以有较为安全的系统运营环境。④灵活性。在此平台的运行环境中，相关数据整合的效率显著提升，我们可以得到真实的足球体能数据测评的成绩结果，并依据时间的需要分析或者调整当前的训练计划。这体现了此平台系统的实用性广，灵活变换合理，数据结构使用性强，没有额外的无用环节，可以运用于以后体能素质测评的需要。

依据获得的足球体能测评数据来整理和归纳出输入信息，所得结果表现了 JAVA 在语言平台编程当中所具有的独立性编程语言，JAVA 在语言平台编程的原则是一次编写，随处运行，适用于分布式网络三层数据库系统的编程。

第三节 数据库的建立

如何切实有效地掌握并了解有关足球体能测试评定的数据方法，在于建立起体能测评的数据库，此数据库的合理建立能够为不同的体能评价标准的项目进程、结果及内容能提供较为准确的调整。在一个特定的情况下，实验前后得到的信息数据对于数据库科学合理的建立是非常重要的，而关于足球体能数据的集中整理，从有效构建测评数据库的应用环节来看，随着信息技术和软件系统的发展，设计一种对足球运动员的体能测评数据输入、标准对比和输出评价的评分系统，作为其体能数据储存和管理一个综合评定的场所，可以在需要的情况下进行操作使用，具有一定的便捷性。登录使用足球体能测评数据库的用户可以对数据库中的数据进行新增、更改或者删除，相比在电脑中使用文档或图表的形式进行成绩录入时，在数据库中编辑内容更为简单，这也是计算机编程过程中的优势。

因此，建立足球体能测评数据库可以得到相关足球运动员体能测评数据，探求不同体能内容之间所存在的相应关系。为了帮助足球运动员体能评价定义更为合理有效，使之训练计划的内容更符合足球运动的特点，根据足球训练和比赛的需要，从足球训练实践出发，运用相关的理论知识，建立足球体能测评数据库，对足球运动员在训练和比赛中表现出来的身体综合能力做出诊断和评价，从而达到科学化训练的目的。

通过使用足球运动员体能测评数据库，用户会发现其中数据内容也有相应的对照性和时效性，以变化较为明显的关键部分来取得更高要求的对比，去比较不同数据值区间的差异性。例如，输入的相关足球运动员体能测评数据关于所得数据内容的集合及资源分享等方面会有一定现实性提高，但是内部问题的重复性发生或者突然问题现象的出现可能会带来不必要的资源整合协调修订的麻烦。因此，数据自身的修正对于管理人员的依赖性有更高的要求，管理人员可以针对足球数据库的阶段性内容作出完整的检查并加以积极修改。

在资源数据的合理使用阶段，管理数据模块可以通过数据输出的方式为用户提供非常便利的使用途径，以达到资源共享。从资源数据的系统化的使用方面来讲，数据输出指令的不断升级可以在一定情况下节省更多的环节，使它的经济使用性也得到提高。非依赖数据资源是在有依据数据理论模式内容而构建成的集控制下指令输入形式，它不依赖过多的数据资源的内容分类，而是运动计算环境下的便利性进行的逻辑活动。在数据库内部整合管理已有的数据过程中可能是较为复杂多变的环境运营系统，不方便用户的使用，因此，不能快速地显示出想要获得的答案。可见，在整合数据资源的结构模型当中，各个数据模块的联合协调控制至关重要。

关于保障数据资源的安全使用，主要包括：①积极控制（主动控制）：对于资源数据消失、指令非权限更新和不合理运用；②消极控制（被动控制）：在数据整合资源的过程中可以发生相互影响的正向活动，运行模式在一定情况下可以修改出现的问题；③协同控制：在主动和被动控制的情况下共同实现了问题的修改环节，非人为因素更为显著。

第四节　数据库层次划分

由于数据库对于足球运动员体能数据测评体系系统数据的分类和集合的形式没有变化，只是将其编写入程序中，并附加一些选择的条件和筛选的项目，这样使每一种类型数据集合里面的数据都有固定的内容结构，可以迅速、准确地得出用户想要的数据内容。足球运动员体能数据库的内容可以为使用者提供便利快捷、合理实用和及时反馈的数字化信息。此次构建的足球体能测评数据库系统结构可以大致分为三个层次：内层、外层和概念层。

内层：足球体能测评数据库是将得到的测试标准成绩的内容记录于数据库中，其中的运行步骤是将不同的测试成绩按照已有的成绩标准进行合理的编辑，最后形成不同的信息编码，使现有的空间数据集合在一起以供在数据中的运行提供帮助。内层的数据库是对所得到的数据进行实际标准成绩录入存储，之后可以对相关足球运动员体能测评数据的以实际录入的方式得出更为具体的参照结果，包括针对 U17 男子足球运动员形态学、运动素质和机能指标测量方式、方法的使用，并将其得到的数据结果进行整理，最终得出有效结论，通过数据呈现的方式储存在数据库中。

通过对 U17 男子足球运动员形态学指标测量，建立我国 U17 男子足球运动员形态学各项指标的数据库；通过测试对目前我国 U17 男子足球运动员的形态学指标进行描述统计和分析，了解我国 U17 男子足球运动员形态现状，从而分析我国 U17 男子足球运动员形态学特点，并以形态学理论基础为依据，采用综合法将初步选用的指标按照形态学指标体系进行归类，归为高度、围度和充实度三个维度的指标体系，接下来对三个维度的指标进行具体指标的补充和完善，最后将得到的测评数据以录入的方式储存在数据库中。

采用诊断性评价类型对 U17 男子足球运动员的运动素质进行评价，通过对全国 U17 男子足球运动员运动素质指标测量，建立全国 U17 男子足球运动员运动素质各项指标的数据库。使用各类体能测试指标对目前我国 U17 男子足球运动员的运动素质指标进行描述统计和分析，探讨我国 U17 男子足球运动员运动素质特征，建立我国 U17 运动素质评价等级标准，并以足球运动员的运动训练的理论基础为依据，将初选的指标按照运动素质指标体系进行归类，归为力量、速度、柔韧和灵敏四个维度的指标体系，接下来对四个维度的指标进行具体补充和完善，最后将得到的测评数据以录入的方式储存在数据库中。

通过对全国 U17 男子足球运动员机能指标测试，建立全国 U17 男子足球运动员机能指标的数据库，并对目前我国 U17 男子足球运动员的机能指标进行描述统计和分析，探讨我国 U17 男子足球运动员机能特征，建立我国 U17 机能评价标准。在足球比赛中，足球运动员需要长时间完成多次加减速、快速起动和高速跑，频繁变速等身体变向活动。足球运动员的有氧能力可以较为有效地反映出其机能水平状态，最后通过测试将得到的测评数据以录入的方式储存在数据库中。

外层：用户对足球体能测评数据库的建立与使用的解释，既包括了有关个别用户了解、分析测评数据的形式，也包括了 U17 男子足球运动员形态学、运动素质和机能指标测量数据的有效显示，并能够迅速处理用户提出的问题指令。当用户在输入不同的足球运动员形态学、运动素质和机能的数据时，可以依据得到的数据结构帮助当前球员按照训练状态的实际需要来制订较为科学合理的训练计划，通过球员自身体能状态的需求，变化训练过程中的负荷量，修改训练环节，使之训练的管理变得更为方便快捷。

当用户想了解足球运动员体能的变化情况时，足球体能测评数据库数据处理和索引系统会显示出较为明显的优势，效率快、精确度高，它的优点满足了用户对于信息数据的使用，通过得到运动员体能成绩变化情况，能够较为合理的对训练内容的安排进行有效反馈。

足球体能测评数据库最初的建立结构相对简单，尤其是在进行在数据输入的量化阶段过程中，足球体能测评数据库表现形式可以作为基础性的储存数据内容，以检索的形式进行运算，它不是将录入的数据集合分开运行而是协同运作，这就使在整合得到的数据资源时可以形成一个良好运行环境，对于数据的运算也提供了极大的方便。用户在使用期间，体能测评数据库能够满足随时存储自定义数据格式的需求，可适用于相关足球运动员的体能测评数据的处理工作。随着足球体能测评数据库运行环境不断提升，它可为用户提供更好的数据获取方式。

由于足球体能测评数据库存储形式和操作形式具有较好的扩展性，在应用软件的基础上对于需要存储数据之间的关系合理编排和程序运用，用户可以利用足球运动员体能测评数据信息，将想得到的结果进行有效显示，使足球体能测评数据库的结构化数据规模变得清晰简单，同时在建立数据库的过程中也可以自行对数据库中的资料内容进行新增和更新或者删除等操作。

概念层：足球体能测评数据库是基于丰富的体能理论和足球体能评价理论。建立足球体能测评数据库系统之前，通过数据统计学中一系列的计算和筛选，展现出数据库的概念层面，即内层和外层总的理论架构，目的是为了有关个别用户对掌握和了解足球运动员体能情况变化有更多的分析依据。

从在对体能释义和结构分析的基础上来分析，包括U17男子足球运动员形态学、运动素质和机能指标测量数据的有效显示。当用户对其数据进行搜索浏览时，概念层可以对内层的足球体能测评数据库中的内容部分进行细化，并优化、减少多余的占用数据单位，进而突出整体的使用效果，划分出不同阶段性的方式和理念。

针对U17男子足球运动员形态学、运动素质和机能指标测量方式方法的使用，是将其得到的结果进行数据整理，最终以实际存储方式储存在数据库中，可以帮助用户对体能进行释义：广义的体能和狭义的体能。所谓的广义体能是指人体的基本形态、机能、运动素质；所谓的狭义体能是以专项运动素质为代表的对专项能力的体现。因此，专项素质是体能的核心，形态是体能的外在结构，机能是体能的内在结构反映。

按照体能的释义来定义得出：体能是以形态为外部特征，以机能为内在功能，以运动素质为核心内容，维持人体承受负荷、适应环境的能力。对体能的结构要素进行划分，主要有形态、机能、运动素质，其中运动素质是体能的核心体现，而足球体能评价是以体育评价为基础，运用体育评价理论，完成体能各个部分评价。

第五节 系统结构图

足球运动员体能测评数据库建立能够实时反映出系统结构运行过程中系统控制模块在数据输入、编排、执行、应对和输出环节上更为方便，在运行调用上更为主次有序。在数据资源调用的过程中，适宜的环境运营下秉持着"层层递进，不公开信息资料内容"的保护性方式，这无疑给主控模块当中的层次性的系统结构网络树形结构提供了良好的安全保障，当数据运行结束时控制将交回给调用模块，足球运动员体能测评数据库系统运行过程中系统中控制数据模式的结构编程内容的活动展现方式变为足球体能数值结构图。足球体能测评数据系统主控模块在此次足球体能数据库中的测评内容是依据结构数据层次的渐进构建顺序而建立，因此在某种程度上各个数据控制模块之间的合理构建和使用都会影响到最终的数据值输出方式和表现。足球体能测评数据库中有一个主控模块及多个下属模块，包括数据输入、数据处理、报表输出和系统维护，这些下属的信息索引的处理模块正确建立起初期足球体能测评数据系统数据库的大致框架，并在一定程度上对于调试其中信息内容提供了很好的空间，有助于建立完整的数据库，之后在此四个模块基础上添加新的应用信息处理选择模块。因此，这些下属模块的上下系统运行位置与它们的数据信息的调用次序有着密不可分的关联（图8-1）。

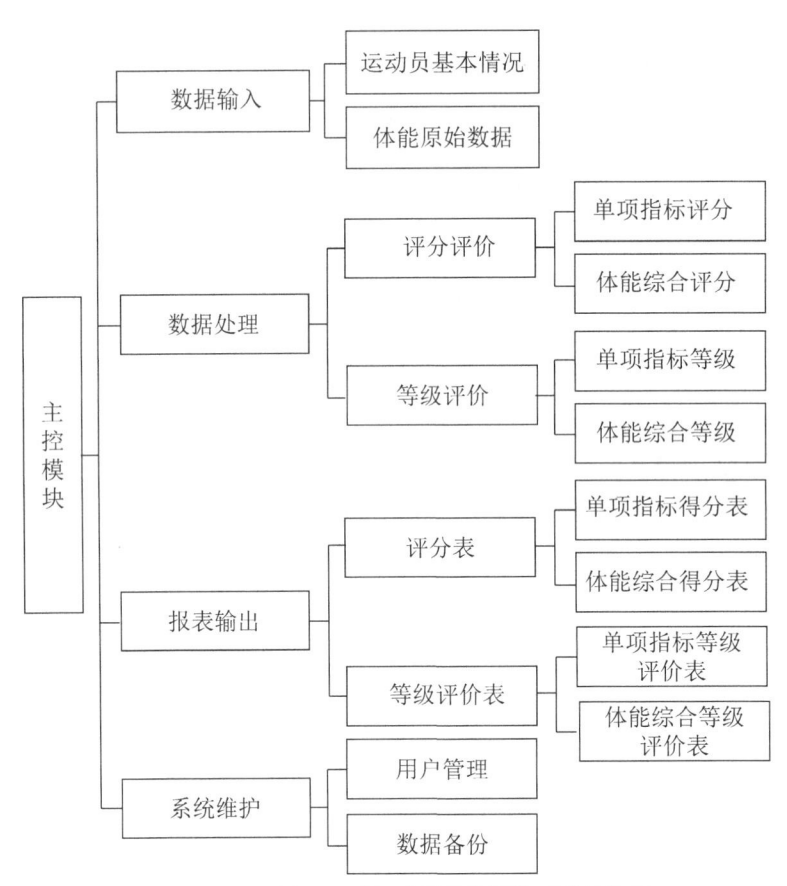

图8-1 U17男子足球运动员体能评价系统结构图

足球运动员体能测评数据库系统运行的过程中，系统中主控模块结构化中所包含的数据输入、数据处理、报表输出和系统维护四个下属信息索引的处理模块对足球运动员体能数据不再仅仅是存储和管理,还包括:

在数据输入中阐明运动员的基本信息情况模块及运动员体能原始数据,此模块系统结构的加入是对足球运动员体能测评数据库系统总体设计的说明。

数据处理的下属评分评价和等级评价,下属评分评价模块中会详细分为单项指标评分和体能综合评分模块;等级评价模块也会有单项指标等级和体能综合等级模块,这是在足球运动员体能数据管理阶段,已经从系统使用部分划分出,各个级别系统内部之间既有相同部分协同功能设计又有不同的协同功能设计模式,功能性设计模块可以将系统内部的各个数据资源整合并重新分类表现出不同任务输出功能。

报表输出还分评分表和等级评价表的下属模块系统模式,在此设计系统控制模块阶段中,基于足球运动员针对体能评分评价原则来进行,针对此项功能性设计模块的层次结构,还包括评分表模块的单项指标得分表和体能综合得分表以及等级评价表模块中的单项指标等级评价表和体能综合评价表,所以报表输出系统模块会把各个部分组合起来成为针对足球运动员体能测评数据及时行应用与反馈出的合理信息的系统模块。

系统维护模块分为用户管理和数据备份的系统模块,其目的在于有效地保障了足球运动员体能测评数据库中为实现运行此系统模块的功能性需求所必需的信息输入数据安全性,为满足此系统模块的性能需求所必须输入足球运动员信息和各个系统模块之间相互协作和控制方式的合理性,以确定外部信号可以处理数据并接收输出。

例如,上述内容已经强调"主次分明,谁调用谁"原则,各个便携的系统模块使足球体能测评数据库的内容及运行可以根据已有的足球体能数据库中的测评成绩来划分实施,由于是在已有的数据结构信息图形基础上开始,因此,信息运算的顺序也十分清晰明确,能够在一种构建好的环境的前提下进行自上而下一次运算。转变成用户所需要的各种数据管理的方式,是按照 U17 男子足球运动员的身体形态、运动素质和机能指标的筛选确定及评价标准的建立数据结构来组织、存储和管理。因此在建立数据库,某些特定数值调用的时候,数据结构图形并不适用,足球体能测评数据系统结构图包括定向性和非定向性运行条件来表示的控制模块运行轨迹,这样可以使主控模块结构化中所包含的数据输入、数据处理、报表输出和系统维护四个功能模块可以根据用户使用或者所得数据内容信息的具体情况通过实践当中足球运动员的身体形态、运动素质和机能筛选指标选择分类内容,并且依据写入的相关足球运动员的基本信息情况及运动员体能原始数据来进行实时性的单项评分评价或者综合体能评分处理，所得有效信息最终会以评分表和等级评分表的形式来说明当前足球运动员体能测评的正确有效的数据结果，因此，分解的系统功能模块是可以在每一个设计好的系统模块程序中运行处理的，而针对数据处理较大功能模块则可能是完成某一个任务的一组程序后运行处理。

第六节　U17 数据库设计内容

U17 男子足球运动员基本信息库包含了 U17 男子足球运动员各项基本信息：即姓名、场上位置、年龄、省份。

U17 男子足球运动员体能综合数据库则包括以下 3 个方面内容：①体能原始数据，其中一级指标为形态学指标、运动素质指标和机能指标；三级指标为身高、胸围、体脂百分比、纵跳、10 米跑、30 米跑、坐立体前屈、左侧核心力量、投掷界外球、30 秒俯卧撑、快速高抬腿、四线往返跑、YOYO 间歇性耐力跑。②体能评分，其中包括单项指标评分、体能综合评分。③体能等级评价，其中包括单项指标等级、体能综合等级。

第七节　U17 系统功能模块

足球运动员体能测评数据库建立的系统结构图可以实时反映系统运行过程中主控模块对于下层调用关系和层次运行关系，当数据运行结束时控制将交回调用模块，足球运动员体能测评数据库系统运行过程中系统中主控形势下运行模块是可以在测试成绩已有的条件下展现出适用功能性的运行活动，因此在调用不同功能性数据模块管理模式下，资源适用是可以协同之间活动的良好方法。

我国 U17 男子足球运动员体能评价系统的系统功能共有 4 个模块组成，分别是数据输入、数据处理、报表输出和系统维护。其中，数据输入模块是对运动员基本信息进行统计保存；数据处理是对运动员的体能各项指标数据进行评分和等级评价；报表输出是对体能评价得分和等级结果以报表的形式输出；系统维护是对用户进行管理、对数据进行备份。所以对于各个功能模块或者设计模块是可以根据用户使用或者所得数据内容信息的具体情况分析足球运动员实践中的身体形态、运动素质和机能筛选指标的选择分类内容。

在整个系统软件的运行过程中必须遵循着合理数据输入模式来获得最终想要得到的数据结果，所以在此过程中需要依据编写入的相关足球运动员的基本信息情况及运动员体能原始数据，来进行实时的单项评分评价或者综合体能评分处理，所得有效信息最终会形成评分表和等级评分表，其中有数据输入模块实现运动员的基本情况、体能各项指标测试数据的录入功能，而各项指标数据的分析和评价需要通过数据处理模块来实现。报表输出模块主要功能是完成评分报表和评价报表的打印功能，以便测试用户进行存档保存。系统维护模块主要是为了适应长期发展而设计的，旨在延长系统的使用寿命，且在以后的使用中能不断地优化，使其具有数据备份等功能。通过登录模块输入用户名和密码完成登录；最后通过用户数据输入、数据处理、报表输出，用户在使用期间，体能测评数据库的读写性能够随时满足想要的具体足球体能测评数据的需求，适用于相关足球运动员的体能测评数据的信息处理和完善工作。

第一部分 数据输入模块

数据输入模块实现运动员的基本情况、体能各项指标测试数据的录入功能（图 8-2）。

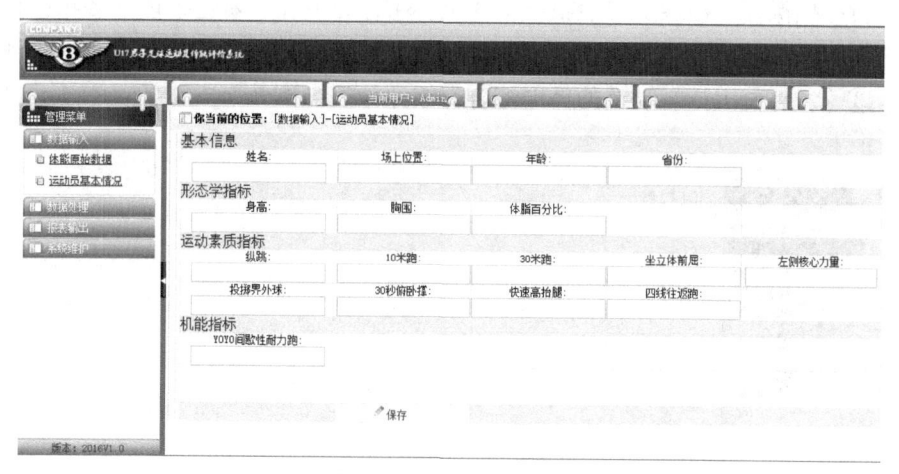

图 8-2 数据输入模块

第二部分 数据处理模块

数据处理模块是该系统的核心模块，各项指标数据的分析和评价均需要通过这个模块来实现，主要包括以下处理功能：①评分评价。根据设定的评分评价标准对运动员的体能单项指标进行评分、对运动员的综合体能进行评分。②等级评价。根据设定的等级评价标准对运动员的体能单项指标进行等级评价、对运动员的综合体能进行等级评价（图 8-3）。

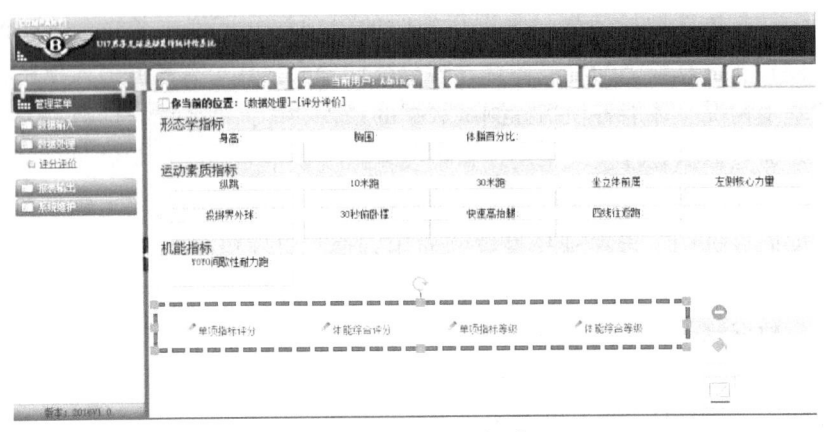

图 8-3 数据处理模块

第三部分 报表输出模块

报表输出模块主要功能是完成评分报表和评价报表的打印功能，以便测试用户进行存档保存。报表主要包括以下 3 类：①评分报表主要包括体能各项指标评分表和体能综合评分表。②单项指标评价表指运动员体能单项指标的等级评价表。③等级评价表指运动员的体能综合等级评价表（图 8-4）。

图 8-4 报表输出模块

第四部分 系统维护模块

系统维护模块主要是为了适应长期发展而设计的，旨在延长系统的使用寿命，且在以后的使用中能不断的优化，使其具有数据备份等功能（图 8-5）。

图 8-5 系统维护模块

第八节 U17 男子足球运动员体能评价系统运行实例

第一步：登录

通过登录用户名和密码完成登录，如图 8-6 所示。

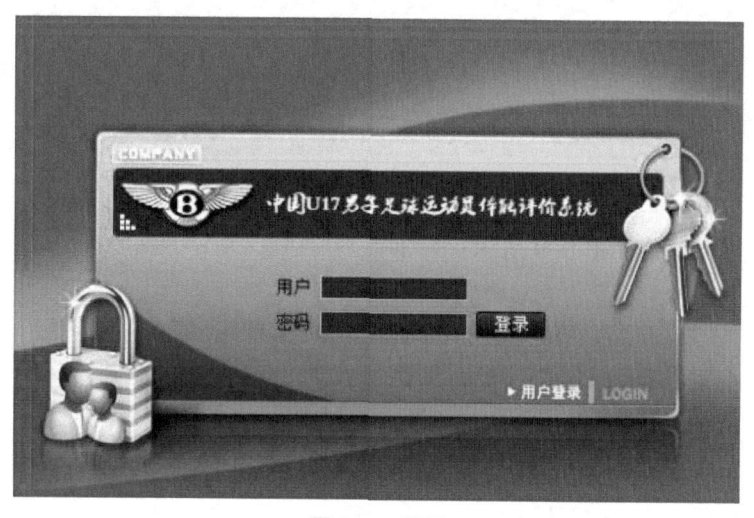

图 8-6 登录

第二步：数据输入

数据输入，如图 8-7 所示。

图 8-7 数据输入

第三步：数据处理

评分评价，其中单项指标评分如图 8-8 所示：

图 8-8 单项指标评分

体能综合评分如图 8-9 所示：

图 8-9 体能综合评分

第八章 足球体能测评数据库

体能综合评价等级如图 8-10 所示：

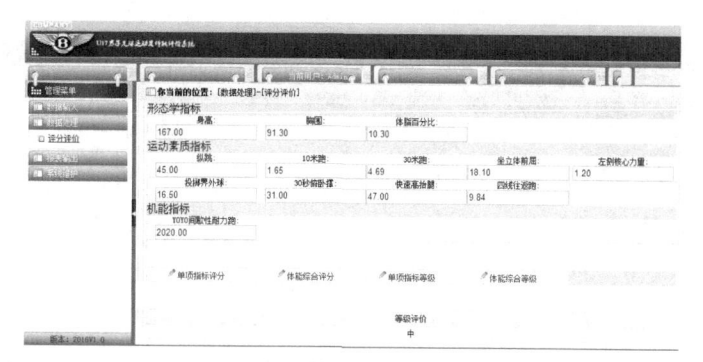

图 8-10 体能综合评价等级

第四步：报表输出

评分报表输出如图 8-11 所示：

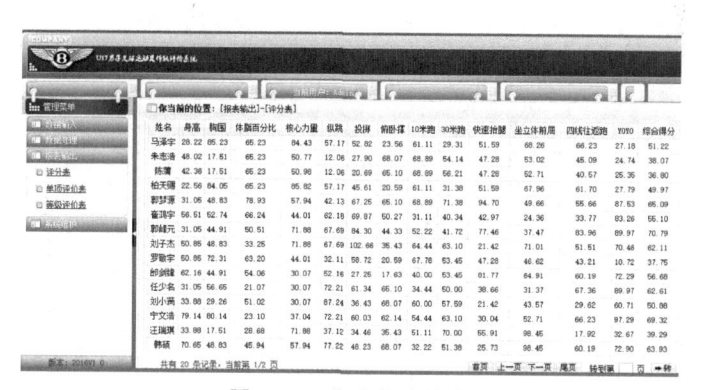

图 8-11 评分报表输出

单项指标等级报表输出如图 8-12 所示：

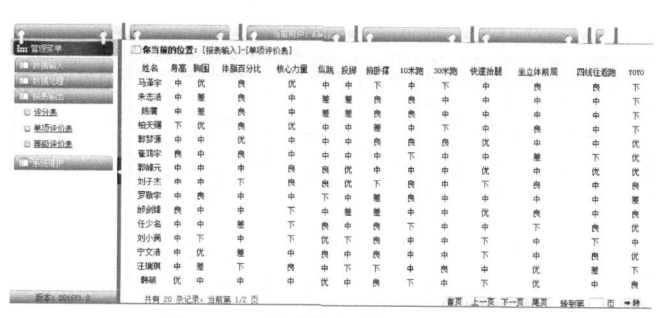

图 8-12 单项指标等级报表输出

体能综合等级报表输出如图 8-13 所示：

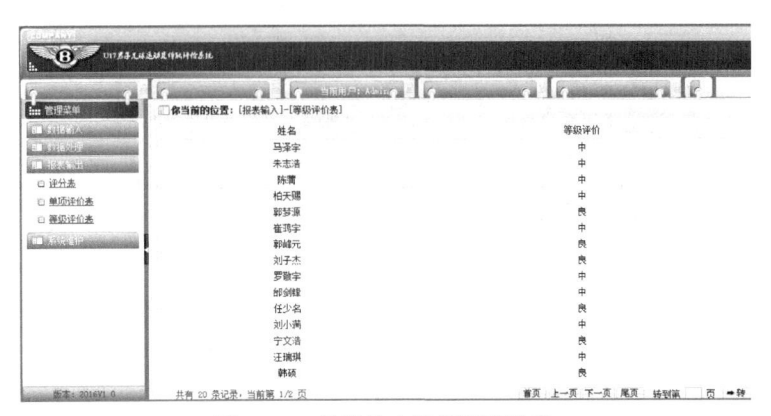

图 8-13 体能综合等级报表输出

第九章 足球体能测评发展策略

第一节 重视足球专项体能的特征

关于体能，不同的专家学者在不同的方面对体能有不同的看法，因此，体能的解释有着多样化的存在。一些人对体能进行了分类：一种是身体素质类，就是把身体素质当作体能，其中包含力量、速度、耐力、灵敏等，它是人类各种活动的基础。另一种是身体健康类也称作适应能力类，除了身体素质类的内容还包括身体健康因素，使体能的范围更加广泛。但是不管对体能怎样去划分，它的目的还是为了提高运动员身体素质。足球运动员的体能是指在足球比赛任意时间每一个运动员的体能状态在这一时间内的总和。目前，在国内的足球体能训练方面，尤其是在训练环节的设计上存在一定的漏洞，训练设计的专项化和综合性体现不足。足球是一项高强度的、间歇的、非周期性的竞技运动，高强度主要体现在男子足球运动员在一场比赛中的平均运动距离为 10000 米左右，整个运动过程时长 90 分钟；间歇体现在运动员比赛中需要运动状态之间切换，行走、慢跑、中速和高速跑动等动作；非周期性是指足球运动员在场上需要频繁切换加速、减速、变向等运动行为。

足球运动本身也是一项对耐力极具挑战的运动，科学制订体能训练计划，对每一个运动员和每一个球队来说都至关重要。在制订合理的体能训练计划之前，我们首先要来了解一下体能特征和规律。

英国足球总会前训练组长查尔斯休斯曾经具体地将足球体能解释为："足球体能是一种完成、实现技术、战术或比赛的身体能力。"对于足球运动员来说，体能训练方面主要涉及两个方面：一般体能训练和专项体能训练。具体来说，一般体能训练为广义的体能，简单来说就是力量、速度、耐力、柔韧都需要训练，各项身体素质都不能忽视，其目的是全面协调人体的各种肌肉群，提高运动员的综合素质。按照体育专业的需求特点，在运动中有目的的训练和计划实施，可以提高运动员的身体综合能力，促进运动员身体素质的全面发展。专项体能训练是指针对运动员从事的运动项目，对人体各项身体素质与运动特点相关的一些素质进行专门的身体训练，例如，有氧专项训练，肌肉力量专项训练。专项体能训练具有高度专项化、不全面的特点，简单来说就是哪项不行练哪项。

  足球运动的体能训练要把握好频率、强度、持续时间、恢复时长等几个要素。第一，频率要具有固定性和持续性，比如一周训练五次或者隔天训练一次。训练频率过小，难以使身体机能和运动素质方面得到有效提升。训练频率过大，会致使运动员过度疲惫。第二，强度要适宜，强度过大会导致运动员伤病和疲劳，强度过低难以到达训练的效果；第三，持续时间要足够，最好要能够足以刺激运动的身体机能，过程中要适当增负，只有逐渐地提高训练强度才能得到更好的训练效果；第四，恢复时长要严格控制，过长的恢复期容易导致身体素质下降，过短的恢复期容易导致运动员受伤。

  足球专项体能训练设计首先应该结合足球比赛特征与规律，对运动员的体能需求进行系统分析，以探求和确定训练目标，合理组织实施训练，根据练习效果对训练方案进行优化和调整。

  在足球专项体能训练的设计过程中，我们可以考虑类似游戏为主体的训练方法和手段，将"人体力量、运动技巧及应变特征加以消化吸收"[96]结合训练的规则、形式、运动员、场地、持续时间、间隔时间、负荷等因素调整并科学控制训练过程，从而改善运动员的特定能力。足球专项有氧能力训练设计以提高运动员长时间持续运动能力、恢复能力与高强度反复跑运动为主要目标，以有氧低强度、中强度和高强度三个相互交叉相间的组成部分为主要内容，在结合足球专项特征的对抗练习中通过设置球门和进攻方向，改变场地的大小和形状，调整练习的间歇时间等方式有目的地变换和控制运动负荷强度，进而提高运动员机体在长时间内保持特定运动和高质量动作次数的能力；足球专项无氧能力训练设计以提升运动员在高速运动下迅速感知、判断和行动的能力，短时间内进行大量运动的能力及高强度下持续运动的能力为主要目标，以绝对速度、速度耐力等相互交叉训练组成的部分为主要内容。

  足球专项速度训练设计则应该以提高加速能力和短时短距离冲刺能力为主要目标。加速度非常重要，足球运动员加速能力的提高可以帮助其实现既定的战术目的，如摆脱防守、快速传球和反越位等。在训练中，反应速度也至关重要，教练员要认真选择训练方法，在一定时期里重复使用，这对缩短队员的反应时间具有良好的效果，尤其对那些需要良好反应速度的运动员，如前锋或守门员。训练过程可以以多组短距离反复跑的形式来进行，重复次数不宜太多，同时要注意提高神经系统的灵活性，发展腿部肌肉力量和关节的柔韧性，提高肌肉的放松能力，改进技术动作。

足球专项肌肉力量训练设计应该以增加运动员肌肉质量和爆发力、增强高强度比赛下的力量输出为主要目标，以基础力量、转移力量和足球力量等相互影响的组成部分为主要内容。在训练设计过程中，教练员应该考虑将组合器械与轻负重及结合球等不同形式的专项力量训练安排在足球运动员的训练计划中，以达到使基础力量训练阶段的成果向足球专项竞技表现迁移的目的。此外，缺少肌肉力量，肌肉本体感觉较差，屈伸关节肌肉的伸展比例失调，左右对称的肌肉群不平衡都可能导致运动损伤，而良好的肌肉力量和协调性可以避免伤害。尤其是可以避免腿接触和碰撞造成的伤害。因此，足球专项肌肉力量的训练除了提高肌肉力量，主要功能是防止运动损伤。

足球专项柔韧性训练计划应该以运动灵活度和技术动作灵活协调为主要目的，但是这一点经常被团队成员和教练员所忽视。他们似乎更注重球控技能和战术意识的发展，而不关心灵活性的发展。对于足球，无论是跑动、传球还是射门，都需要髋部、膝盖和脚踝的灵活性和稳定性。事实上，脊柱区域的稳定性及髋关节的柔韧性是身体对抗的基本特质。由于运动员必须在球场上有效地跑动和对抗，他们需要良好的单腿支撑来控制身体重心。这些能力要求运动员具有良好的脊柱和臀部稳定性，并且还需要髋关节有很好的灵活性。此外，灵活性也有助于减少跟腱损伤。球员的关节或者肌肉问题是比赛中最常见的伤病，研究表明，有效的身体灵活性训练可以显著降低运动损伤的患病率。柔韧性的训练中，要做到循序渐进、持之以恒，兼顾到身体各关节柔韧性全面发展，之后还应该做一些放松练习。

在足球体能训练的整个过程中，我们要把握好一般体能训练和专项体能训练之间，有氧和无氧训练之间平衡的度。一旦过分看重耐力就会丧失速度，一旦长时间陷入有氧训练中，无氧训练也必将受阻。只有正确认识事物的特征，才能准确地把握发展的轨迹和方向，采取有针对性的方法来推动发展。足球运动中体能训练是一门科学，只有掌握了原理，全面深入地了解其运动特征与运动规律，才能科学地开展训练、提高训练效率进而有效地提高技战术水平。因此，综合性学习理论知识是非常重要的，它可以帮助我们科学地发展培训计划，准确把握力度，更有效地完成训练。

第二节 加强医疗与康复的措施

医疗与康复的治疗环节作为运动员体能训练过程的中重要一环，必须覆盖到整个足球队。当前国内在足球康复性训练这一环节上仍然有很多的不足，最主要的还是俱乐部医疗队的建设不够完善。

除了在北京、上海和广州的几个中超球队，全国其他地区的医疗保障很少被重视，医疗团队的水平、医疗器械的作用、运动员对于理疗牵拉等环节的理解，也都处于非职业化阶段。就国内俱乐部情况来看，上海在基础设施、医疗器械和专业人员储备上，在国内处于领先地位，甚至已经接近欧洲标准，但在有些观念上，还需要提升。其余国内俱乐部，有些受制于财力，有些理念不同，几乎不会聘请专业理疗师，更别提斥巨资从欧美买入那些专业的理疗器械，有些所谓的队医，根本没有国家专业理疗师资格证书，不过是接受过一些按摩师、针灸师的培训，或者在类似于学校的医务室服务过，凭借经验看病或者诊断。

足球作为一种对抗性很强的运动，激烈的竞争，高强度的训练往往会导致激烈的身体接触，这时很容易出现运动损伤。此外，足球领域运动量大，能源消耗快，它不仅考验运动员的身体素质，同时也考验运动员的心理素质。在很高的精神压力和身体疲劳的情况下，更增加了运动损伤的发生率。

足球运动员最容易损伤的部位是腰关节、膝关节和踝关节，而膝关节伤中髌骨劳损所占比例最大，踝关节伤中外侧韧带占比例最大。在运动损伤中有很多的软组织慢性损伤很容易被忽略，不能及时有效地得到治疗，错过了最佳的处理时机从而严重影响了比赛和训练。运动损伤的另一个突出特点是在运动损伤后，运动员常常因为训练，无法得到全面和有效的治疗，尤其是一些常见伤病，不能引起运动员本身足够的重视。训练和治疗之间的关系如果不能得到很好的处理，很容易导致运动员伤后不能尽快地恢复，可能会重复之前的损伤或增加新的损伤。

运动员训练与比赛中的损伤最直接的原因主要有以下几点：

第一，教练员和运动员缺乏伤害预防的基本知识，不能进行有针对性的预防伤害安全教育。他们没有分析损伤的原因，不吸取教训，最终导致延续性的损害，影响康复和功能恢复。

第二，训练水平不足。从生理学的角度来看，无论何种训练都是条件反射的过程。如果没有全面的体育训练作为基础，就没有既定的条件反射。例如，技术培训不足，容易出现错误的动作和损伤；缺乏运动知觉能力训练导致判断错误，从而引起损伤；专业力量训练不足，如力量、速度、敏感度和耐力不足导致的损伤。

第三，教学中训练和比赛组织安排不合理。这方面主要包括，在足球训练的过程中，足球运动员的训练量及训练频率安排过多，休息恢复的时间不足，导致运动员在训练中造成不同程度的损伤。此外，对于已经受伤的运动员训练安排不合理，会导致其二次受伤。

第四，球队缺少健全的医疗队伍。国内足球队的医疗队伍建设还不够完善，医疗救助未能覆盖到每一个人，导致部分运动员受伤后不能及时得到医疗救助，运动员无法及时恢复，加之训练和赛程安排上的不合理导致运动员带伤训练，带伤比赛，极其容易发生二次损伤。

第五，运动后的医疗与康复有待提高。过去，由于过多的伤病和康复治疗缺乏之间的矛盾使国内流失了很多的优秀球员，优秀后备球员储备也不够多。有些职业球员因伤病原因和康复治疗的不及时，缺乏针对性和时效性最终不得不在黄金时期阶段选择退役。

在国外，足球运动员的黄金年龄段大约是30岁，而中国足球运动员则小于30岁。这是因为运动员不重视损伤及球队不重视医疗队的建设和康复治疗保障。结果，大多数球员在比赛中受伤，甚至留下后遗症，最终导致运动员的运动寿命变短。正如没有荣誉和目标就没有竞争一样，只要有竞争，就会有荣誉和目标，就会有荣誉与目标的矛盾。很少有运动员会在荣誉和目标的竞争中呵护自己的身体，忽视动作和健康必然会增加受伤的风险。

中国足球运动员的伤病明显高于欧美等地的足球运动员，之所以会出现这种情况一是因为队内的竞争太激烈，为了在有限的主力位置竞争，运动员不惜带伤作战。在这个过程中，年轻运动员缺乏自我保护意识，受伤是难免的；二是缺乏关注医疗和康复治疗，投入不足，最终导致康复治疗并不覆盖每一个运动员，在一定程度上加重了伤病。积极拼搏的精神本身值得肯定，但如何减少受伤却是每一支球队，每一个运动员都应该注意的问题，从根本上来说还是刻苦训练与科学训练计划是否有效结合的问题。单单进行艰苦训练是不够的，只有与科学训练方法相结合，才可以用更少的资源做更多的事情。频繁的伤病和压倒性的比赛导致伤病和疲劳成为中国足球队的最大障碍之一。对于医疗和康复治疗的建设，我们应该增加投资，把医疗和康复治疗作为运动员最重要的保护环节。只有当医疗和康复治疗水平充足时，运动员才能跳出伤病竞赛的恶性循环。

针对运动员治疗损伤的环节，首先要合理安排伤后训练。由于运动员受伤与一般人受伤是有很大的区别。运动员必须根据伤情来合理运用治疗手段和治疗措施，例如，除了急性骨折、肌肉撕裂等损伤需要进行必要的手术治疗外，其他损伤应该采用中西药、按摩、针灸、理疗等为主要治疗措施的保守疗法，配合伤后训练。在抓局部治疗的同时，也应注意加强营养及全身治疗，例如，增大营养物质的供给，以改善全身的机能状态。而对足球运动员的康复和恢复训练，就是指针对运动员损伤期间身体和心理的训练，目的是为了恢复达到运动员损伤前的运动能力。因此，运动员必须要合理安排伤后训练，通过训练和治疗相结合，更好地促使运动损伤的功能恢复，避免伤后转入正规训练时再次受伤。

康复训练主要包括如下几条原则：①系统性原则。康复训练应该是一个系统的过程，贯穿运动员受伤后到回归球队的这段时间。康复训练有着严格的训练计划，并且教练员和运动员要按照训练计划认真执行。②循序渐进原则。运动员在运动受伤后会大大降低运动能力。因此，制订培训计划时，有必要制订符合运动规律的训练内容，避免对受伤部位的造成继发性损害。③目标原则。应根据损伤部位的实际情况，训练计划应该根据运动员的恢复情况进行连续调节。④及时性原则。在康复训练中，运动员的运动能力将继续复苏，有必要实时评估运动员的运动能力，不断调整训练计划的内容和强度。

无论是国家还是俱乐部都应该出台相关规定，加大对足球运动中的医疗与康复治疗的投入，建设高水平的医疗队，完善康复治疗的相关流程，为运动员最大限度地做好保障工作。

第三节　发挥体能教练团队的作用

体能训练属于运动科学范畴的一门专业学科，体能教练在运动预防的整个过程中扮演着重要的角色。美国体能协会曾指出："体能教练及团队具有采取合理措施预防损伤，并在伤病发生时采取谨慎行动的义务和责任。"其中还指出："体能训练专业人士对运动员进行营养和运动损伤方面的指导起着关键的作用。"

教练团队标准配置一般是主教练、助理教练、守门员教练、体能教练、技术教练各一位。守门员教练需要关注球队中的几个门将，单独训练阶段，他们充当发球机的角色；在正式训练中，他需要随时观察并指出门将在手型、站位等方面的错误，帮助门将提高自己的防守能力。

体能教练的职责是负责无球训练。他们的角色跟健身房教练不同，最终目的不是带领球员们练出漂亮的人鱼线和肌肉线条，而是考虑到足球运动的周期性，在实际训练中进行一系列的无氧有氧运动，提高球员的耐力和爆发力。

运动员的体能训练应结合特殊训练。在正常训练中，运动员不需要强调体能测试要求，需要教练团队合理地安排运动员训练，去解决一般体能训练与特殊体能训练、体能训练和比赛之间的关系。体能训练通常用作恢复运动员身体状况或准备比赛、保持运动员身体处于最佳生理状态的一般体育训练的手段。在技术和战术训练课程中，教练团队应该将体能训练的要求贯穿于整个训练过程中，使运动员不会感受到枯燥乏味，并能达到体能训练的目的。具体方法是：在技术训练安排中，采用循环练习法，在单位时间内，强调运动员练习的数量和质量，减少练习组与练习组之间的休息时间，采取不等时间的批量方法或在模拟对抗的情况下，完成一定数量的技战术组织合作，延长实践时间，控制实践质量。

教练团队在设计足球运动的体能训练时，必须完整理解足球项目的特征，包括运动员身体形状，项目能源供应特点，各种竞技能力影响因素，球员技术特性等。一支球队的体能状况与该球队采用什么样的战术风格密切相关。对于没有体能教练的球队，主教练只能根据球员当前体能水平设计球队战术风格，而配备体能教练的球队，主教练可以要求其按照设想战术风格的需要进行体能基础训练，以达到执行战术风格的身体要求。出色的体能教练有利于球队运动员的健康，还有助于提供给教练更多的战术风格选择。

在足球运动中，跑动几乎伴随足球比赛所有专项技术的发生，如运球、射门、传接球、防守或者摆脱防守，这些有球或者无球专项技术动作都与跑动相关。与竞速类项目不同，足球跑动更为丰富，包括快跑、慢跑、变向转身、侧向跑和向后跑、加速急停、跑跳或者跑铲等。纵观整场比赛，运动员带球跑动的平均时间不超过总时间的5%，绝大多数是在进行战术需要的无球跑动，最后完成进攻或者防守。特别是青少年比赛和一些中低水平成人比赛，当运动员的个人技术相对薄弱的时候，跑动往往能够带来更大的进攻冲击和防守强度。毋庸置疑，跑动能够创造更大的空间，获得更多的机会，教练团队应该抓住足球比赛的特点和需要关于跑动做出更多有针对性的练习。随着技术的进步，训练器材、监控设备、康复和医疗设备改善，都极大地促进了科学训练。作为体能教练，通过一些简单的科技手段既可以获得大量的数据反馈，又可以根据反馈情况准确定位问题发生的可能性，并快速进行处理。对于一般球队而言，一些功能性筛查、视频拍摄复盘、动作模式分析、体能测试等，是完全可以实现的。充分利用这些数据及手段，能够有效提高训练效率。

足球赛程都是经过科学合理的设计，分为比赛期、调整期、休赛期，这样完整的赛程周期非常有利于训练周期的安排。在比赛期，体能训练的主要任务是保持现有状态，预防伤病发生，在这一时期，由于技战术训练占比极大，进行体能提升的空间并不大；在调整期，可以针对一些当下棘手的体能问题进行简单处理，给予运动员充分的赛期休息，多以恢复性训练为主，以减缓密集比赛造成的身体疲劳；休赛期是进行体能训练的最佳时期，在这一阶段，教练团队要注意技战术训练占比降低，保证运动员有比较充分的休息时间，可以对整体的体能进行规划和训练。设计这样的训练时，要充分的和主教练沟通，处理好体能训练与专项技术训练的占比关系，做好整个训练周期的规划。

相对于其他项目体能教练团队，足球项目遇到伤病的概率是较高的，这也就要求教练团队方面不仅要具备提升运动表现方面的能力，还需要具备基本的伤病康复治疗技术。比赛期的一些小损伤或者疲劳，运动员往往没时间进行专业的医疗处理，从现实情况来看，一部分运动员都是在有轻微伤病、陈旧伤的情况下进行训练，体能教练必须非常明确这些内容，并且在康复性恢复训练中防止运动员再次出现损伤。

第四节　关注足球体能训练与评价的发展

目前，我国足球体能与评价的问题揭示当前我国体能与评价体系有待由"碎片化"向"系统化"整合，这为以后体能与评价体系发展打下坚实基础。

我国足球的体能训练与评价体系理论知识呈现出碎片化、单一化、不统一的状态。具体表现在当前绝大多数教练员都采用YOYO体能测试来作为足球专项体能测试，另外，还有一部分教练员采用12分钟跑和25米往返跑作为体能测试的主要方法，剩下很少一部分采用其他方式来进行体能测试。以上我们可以发现，专项体能测试的评价手段存在针对性、系统性不强，无法反映出专项体能的真实情况。从曾经用的12分钟跑到25米折返跑，再到2003年开始的YOYO体能测试，都体现了我国足球体能评价体系不够完善的特征。从国家队到俱乐部再到各个地方球队，大家一般都比较重视对有氧耐力素质的评价。尽管YOYO测试对以往运动节奏单一的12分钟跑的体能测试方案进行了一定的改进，在一定程度上起到了对速度耐力的评测作用，但体能不足仍然是中国足球的诟病，目前体能测试方法仍存在一定的缺陷。因此，体能测试方法必须密切配合运动员的特点和足球的特殊功能完成。目前，为了应对体能测试，有俱乐部采取了一些突击体能训练和身体素质的特殊技能训练，来提高运动员的专项体能。

我国在足球体能训练评价上存在一定的误区和不足，我们国家的体能测试主要是12分钟跑、YOYO测试和25米折返跑这几种形式，但这些都是用来测评运动员的有氧耐力的能力，而对加速能力、变向能力、变速能力、爆发力这几个方面却没有很好的测评效果，所以在测评足球运动员各方面体能的时候，应该对足球运动员专项体能的测试评价手段做出更为全面、更为科学的制订。在足球专项体能的评价手段中至少应该包括外在表现的三种运动素质的评价，即力量、耐力、速度，并且再对这几项进行详细的分类。但这些目前在国内却常常被忽视掉，导致对运动员自身体能素质的测试评价出现一定偏差，进而无法合理安排体能训练计划。

综上可知，目前国内体能测评体系有待进一步完善。在针对速度、力量素质的评价上，无论是地方球队，俱乐部还是国家队，目前仍然会通过30米跑、立定跳远、纵跳摸高等指标来进行评价，但事实上这些指标并不能很好地反映足球比赛的特点。在足球比赛中，起着决定性作用的往往不仅是30米跑、立定跳远、纵跳摸高所体现的速度、力量等身体素质，更重要的还有快速起动、快速反应、反复的高强度对抗等运动素质。

针对我国男子足球运动员体能提出以下建议，中国足协在以后的体能测试中不断改进评测方式，完善指标体系，并逐步提高指标的评价标准。中国足协重视足球运动员体能，实行体能测试已有十几年，但是一直备受争议，究其原因就是测试的内容过于单一，只注重了耐力素质的测试，未能对足球运动员的专项体能水平做出全面客观的评价。在这种测试形式的引导下，俱乐部球队的体能训练也容易走入误区。专项体能训练计划的目的是为了提高运动员的专项体能水平，一个专项体能训练计划的效果到底如何，可以通过体能评价来量化。建议在训练计划开始前收集运动员体能状况的基础数据，在训练计划结束时同样收集体能状况数据，此数据又可以作为下一训练计划的基础数据，对前、后两次数据进行比较分析，便可以客观地评价此训练计划的效果。关于足球运动员专项体能评价方面，应该尽量把形态机能及心理方面的指标考虑进去以建立更加完善的专题体能评价模型，为我国足球运动员的专项体能训练提供依据。

在体能评价过程中，体能评价指标体系选择应该要满足三条原则：①科学性原则。体能评价的概念必须明确，必须建立在科学基础上，具有一定的科学内涵。体能评价可以测量人体的功能，预测身体素质的当前状态和发展的趋势，从本质上反映足球运动员体能的基本特征。②客观性原则。体能评价能客观反映体能对运动训练水平的贡献，并以运动员体能为着眼点。为了澄清在身体素质指标体系各指标的含义，指标设计应符合球员特点和项目发展规律，这样才能保证体能评价的客观性和公正性。③可操作性原则。在保证能够正确反映体能水平的前提下，测评方案应力求简单易行，易于操作，客观反映机体水平，突出重点，所选择指标的含义必须明确，测量相关数据简便易取，尽量减少成本，力求节约，争取效能的最大化。

足球体能评价是训练理论与实践的核心问题，也是提高运动成绩的关键所在。当前体能竞争越来越强，运动员的体能越来越被教练员所看重。很早以来体能训练的理念被引入我国，但长期以来，我国足球体能与评价理念局限于耐力训练和力量训练，主要是以跑步训练和高强度力量训练为主，这对提高运动员运动能力很难起到积极的作用，而且在一定程度上也限制了我国足球运动项目的发展。近十几年来，在学习国外先进的技术和方法上，我国足球体能与评价逐渐引入高水平运动员的实践训练中。在体能训练过程中，足球体能评价不仅在训练方法和手段上进行了大幅度创新，而且吸收了伤病预防与运动康复等新的训练理论与方法，注重"动作"质量的把控、对人体"核心部位"的重新定位、提出"两极化"耐力训练模式及探索高强度训练和短距离速度训练理论与实践，其研究进展对我国竞技训练实践和体能与评价体系发展具有重要启示。并且，青少年阶段处于生长发育的关键时期，系统训练越科学，运动寿命越长，体能训练对青少年运动员的发展意义深远，有针对性地对青少年运动员在适龄的阶段进行科学的体能训练，不仅可以改造青少年运动员的身体形态，提高机能水平，改善运动素质，增进健康，更能够让青少年运动员为以后高水平的运动训练打下坚实而全面的基础。

经过最近几年的足球的发展，我国足球体能与评价体系发生了很大的变化。在竞技体育领域，足球体能与评价体系发展得越来越快也被越来越重视。这些年里，我们不断理解、借鉴、引入、吸收国际体能训练的最新理论成果和训练实践经验，总体表现出以下四个变化特点，即从方法的学习和引入到方法的创新、从专著翻译到教程编写、从体能培训到人才培养、从理论引进到学科建设。

但我们也要清醒看到，我国足球体能与评价体系还存在起步较晚、理论研究与实践应用方面不及一些体育发达的国家，体能训练理论建设与实践应用呈现"碎片化"状态，体能教练培养体系尚未形成，竞技体育与全民健身发展结构不平衡，缺少对青少年运动员足球体能评价的关注等诸多问题。围绕这些问题，采取积极措施，逐步建立"系统化"的现代体能训练理论与实践体系，完成体能教练培养系统和适合我国国情的现代体能训练理论与实践、培训与认证体系的建设，进而促使我国足球体能与评价体系科学化水平显著提高，为我国高水平足球竞技体育理论和实践的发展、大众足球体育事业伟大目标实现做出更大贡献。

第五节　健全我国体能教练的培训体系

当前，我国有关足球体能训练与评价方面的教练员的培养体系还没有完全形成，最终导致相关人员专业性不高，相关领域急缺此类人才的现状，在整个体能教练的培训中主要存在以下一些问题。

1. 培训时间短，内容和小时数难以保证培训质量

目前我国足球方面的培训基于集中培训课程。较短的培训时间和简单的岗位培训形式使教练难以掌握大量系统和必要的专业知识，对教练员的整体素质进行质的改变很难。课程时间的安排与教学内容不符，在讲座内容的安排中，体育训练的基本知识，如训练的原则、训练的计划、训练的监测等都很浅薄。运动生理学知识缺乏针对性的内容，很少涉及女子足球运动员的心理和生理特征，与男运动员不同，她们需要在指导方法、培训方法和教育方法上加以区分。因此，在培训管理，培训规模，培训经验等方面，体育课程有许多方面需要改进。

2. 考核方式与评定标准设定仍有待完善

作为培训过程的最后一个环节，体能教练的评价也是最重要的部分。通过对理论知识和实践能力考核判断是否具有相关的专业知识和实践能力，并成为一个称职的体能教练。当前，国内的体能教练考核主要涉及演讲考核，实践评估，实践考核三种形式。无论是内容上还是形式上，考核体系都是不够完善的，最重要的是，培训考核的内容、形式、组织方式等方面还未能形成一套完整有效的方案，导致被淘汰的培训人员很少，这与西方国家的培训高淘汰率截然相反，反映出我们同西方足球强国在培训管理、监督体制上的一些差距，也说明国内的考核与评价体系还需要完善。

3. 讲师的经历不同

有些讲师具有很多实践训练和比赛经验，有些缺乏实践训练和比赛经历，导致他们的教学案例分析较弱。他们教给学生的仅仅是内容的简单重复，缺乏实践案例的导入和结合实践训练场景的分析，这样会导致学员对知识笼统的接收和记忆，很难结合实践训练和比赛经历进行灵活运用，培训的体能教练的实际需求不能得到充分满足。

4. 培训途径单一

多数体能教练本身就是职业运动员，退役后从事体能教练工作，但这些新的体能教练大多数都只是接触的原有的那套体能训练模式，导致培训途径单一化、固定化，接受观点片面。事实上，由运动员退役再转向体能教练，他们在培训新一代运动员时往往会沿袭原来的训练模式和方法，在体能的基础知识储备上得不到有效提高。如今高等教育的发展，恰好也是体能教练融入新鲜血液的最好时候。高校和体育学院里面接受专业足球训练的运动员可以考虑着重培养。他们的进入使体能教练有了新鲜血液，带动着整个足球体能教练专项素质的提高。

5. 体能教练的培训没有固定的培训教材

上课使用的培训教材是培训老师所带来的电子书或者 PPT，这对教练员的学习是极为不利的，学习过程中不仅不能做笔记，在听课中也具有一定的盲目性。培训结束后，体能教练想要回顾所学知识也着实不方便。所以我国当前应当尽快组织相关专家，借鉴足球教练培训教程和国外体能教练的学习教材，编写一部属于我们自己的体能教练培训用书。

6. 信息更新慢，学习平台少

近年来，互联网的日益普及使信息渗透到社会教育和培训领域的各个方面。信息时代的到来，以极快的速度更新着足球运动的理论知识。体能训练的训练方式与训练体系也是日新月异，短时间、单一化的讲师面授培训班已经没法满足当前体能教练的需求，也不能够帮助教练员解决实际操作中遇到的各种问题，我们应该为学员们搭建起远程教学平台，学习欧洲和美国等各种优秀的经验，建立信息化课程体系。另外作为对教学内容的补充，我们可以根据体能教练的现实需求，适时地开设网络课程，以便让体能教练能够及时掌握最新的体能训练知识与训练措施，丰富体能教练的学习形式，加快学习型队伍的建设。

针对国内体能教练培训的情况，我们提出如下几条建议。

适当增加每一期培训的时长，提高对培训内容和质量的保证，使教练有充足的时间系统掌握和理解专业性的知识。同时要合理安排时间，不能急于求成而丢掉培训的质量。在讲座的内容上要深入，不能太过于浅薄，同时注意一些客观的差异性，在男女运动员的心理和生理特性上区分对待，同时注意在指导方法，培训方法和教育方法上区分，一定要制订合理的培训体系，严格按照制订的体系完成。

严格规范培训结束后的考核，加强培训监督体系的建设，坚决杜绝走形式。建立专门的评考小组，制定相关的考试机制，思考以什么样的考试内容和考试方法才能选拔出合格的教练。学习一些西方足球强国的培训管理及考试监督体制，不要把考核只停留在表面，也不要流于形式，提高培训质量和考核淘汰率，不要给学习的教练员一种考考就能过的心理，应该以提高教练员的质量为目的而不是一味地去追求教练员的数量。

由于讲师水平参差不齐，应当多增加一些讲师的培训与考核，使讲师可以不断地学习，有更好的教学思路和思想，不断提高教学能力，结合实践，让学习者理解知识更容易。同时建立讲师考核，对讲师的学习进行评估，不定时地抽取检查听课。

建立体能教练培训讲师资格认定体系，要培养出合格的足球体能教练，首先应该对参加培训的讲师的资格做出严格的规定。只有具备高水平的讲师，才能够培养出满足需求的高水平足球体能教练。讲师只有培训途径多样化，开放化，才能使教练员有自己的一套合理并且多样的教学方法。

组织相关专业人员，借鉴国外体能教练的优秀经验和优秀体能训练教材，并结合本国的国情，尽快编写出属于我们自己的体能教练培训教程。从教学活动的运行机制来看，作为一种教育途径，教学比其他途径在系统传授知识、技能及培养学科学习能力上更具有无可比拟的优越性。这种优势，依靠的主要是教材。教材是教师执教的依据，也是学生学习的依据。

建立远程与网络学习平台，学习欧足联和国际足联的优秀经验，及时更新信息，及时在网络学习平台更新体能训练知识与训练措施。随着社会的发展，单一的面授讲课已不能满足教练员的需求，适时地开设网络课程、建立网络平台迫在眉睫。这样不仅可以为教练员提供更多的学习方式和途径，还能帮助教练员解决实际操作中遇到的难题。在体能教练培养体系的建设里，我们应该充分借鉴足球教练培养体系的成熟经验，建立足球体能教练培养的可持续性方案。对于培训的内容、培训的教材，都应该保持其先进性、实用性，这也是我国体能教练培养体系建设中的重点和难点。我们要从各个方面挖掘可持续发展的动力，包括但不限于政府支持，经费投入，俱乐部参与，完善制度等，要争取中国足协对体能教练培养的支持，加大经费投入，同时争取专家学者对于足球体能教练培养的建议，努力促使其方方面面不断改进完善。

第六节　探索青少年足球运动员体能发展规律

任何一项运动，在青少年时期进行训练都是高效的，也是必备的，足球训练也是如此，足球体能训练更是如此。青少年阶段的足球运动员可塑性高，学习能力强。随着体育学科的进步与训练实践的不断总结，人们已经开始重新认识到体能与技战术能力训练的黄金期是一样的，认知能力的训练和协调能力的训练在此阶段也同样重要。10~13岁的这段时期介于第一个快速生长期和第二个快速生长期之间，这段时期是儿童时期的结束和基础训练期的开始，非常有利于发展少年儿童的学习能力，同时在这一时期，他们也会第一次认识到身体能力在足球训练和比赛中的作用，比如灵活性、反应速度及有氧耐力等。然而作为教练员，在训练方法的选择上还是应当以球为主，丰富运动员的比赛经验，提高训练水平。因此，在这一阶段综合训练是非常重要的。

一般说来，在第二个快速生长期伊始，青少年球员的身体条件通过以往的训练已经构造了一个良好的基础，特别是在速度和耐力方面，一些青少年球员的肌肉力量也已经开始提升。此阶段的训练应当着重于核心力量训练、基础力量训练及反应速度的训练。当然心理层面的塑造同样重要，比如毅力、勇敢、进取心及自信心等。

从第二快速生长期的结束，也就是青春期开始至青春期结束（一般是 15~19 岁），青少年球员的身体条件越来越趋近于成人，当然这当中需要一个一般训练到更加专项化训练的逻辑发展过程。此阶段的训练和之前的训练有所区别，教练员要根据不同青少年球员身体发育的速度制订更加个性化的训练计划，制订的依据包括骨骼肌系统（骨骼、软骨、肌腱、韧带、肌肉）、心血管系统和呼吸系统，同时也要结合青少年球员的心理承受能力。

从这一阶段开始，训练的周期性要更强，简单说要从以下三点考虑：训练时间、训练强度、恢复时间。总体思路还是要根据不同年龄及不同训练水平的运动员制订不同的计划。在运动员的成长期，还要注意在局部的身体训练及综合的身体训练方面保持平衡，当然也可以结合技术和战术方面的细节，构造出相对来说更为科学的训练形式。这一时期的相关训练是协调性训练，它既是一种控制身体的必要能力，也是一种人体在活动时神经系统和肌肉力量综合发挥作用的能力。协调性是运动员学习技术所需的基本能力之一，良好的协调性可以使得运动员更有效率地学习运动技能，此方面能力的机会窗口期在 8~13 岁，当然在青少年快速生长期的早期进行训练也可以取得不错的效果。不同素质发展特点如下。

1. 速度训练

速度能力是现代足球中最重要的能力之一，它一般与运动员天赋有关。7~9 岁、13 岁和 15~16 岁（女孩是 13~14 岁）要进行更多的速度能力训练，要尽可能多地在训练中涉及速度力量方面的训练。

2. 力量训练

力量训练已经成为现代足球不可或缺的一部分，但是必须结合足球运动的特点进行，甚至在小孩子阶段也可以适当加入力量训练，比如以保持身体平衡为目的的负重训练。力量训练一般应当在快速生长期之后的 1~10 个月，一般说来，男孩是 15~16 岁（女孩是 13~14 岁），但要注意开始的时候负荷要轻。在 9~10 岁的时候我们也可以进行相关的力量训练，然而该时间段是核心肌肉的训练。下肢的力量训练一般通过跑、冲刺、跳跃及日常的足球训练便可满足。

3. 耐力训练

发展有氧工作能力的最理想年龄是第二个快速生长期之前，一般来说是在 11~13 岁，发展足球专项耐力，比如力量耐力，最佳年龄一般在 14~15 岁，男性的耐力训练应当贯穿于 13~14 岁，女性则分别在 13~14 岁和 17~18 岁。

4. 柔韧性训练

5~6 岁可以开始进行柔韧性的相关练习，13~14 岁的期间进行规律的柔韧性训练可以获得显著的效果。与协调性训练一样，15~16 岁也是发展柔韧素质的一个重要训练阶段，尤其是那些由于迅速生长导致关节和肌肉不稳定的运动员。虽然柔韧性不是足球的一个必要条件，但良好的柔韧性可以有效防止运动损伤。

尽管对青少年时期的体能训练已经有很多的训练计划和训练原则，但对这一阶段的运动员的体能评价却极为缺乏。目前国内对足球运动的体能评价主要存在于各个俱乐部，国青队及国家队等。事实上，这种情况已经在过去导致了大量优秀足球运动员的消失，由于得不到有效的体能训练评价，无法清楚了解自身体能素质缺乏的部分，从而没办法制订合理的专项体能训练计划，最终导致在国青队等职业运动员的选拔上因为缺乏某一体能素质而错失走上职业运动员的道路，对国家和对个人都是遗憾和损失。足球运动专项体能作为一种综合能力，它主要由耐力、速度、力量、柔韧性和灵敏度几方面构成。为了准确科学地确定评价指标，我们会收集通过各种渠道足球运动员的专项身体素质的考核指标，了解其体能指标评价的最新动态和发展趋势。因此，建立适合青少年运动员体能测评评价体系，对于挽留优秀青少年运动员、培养优秀后备力量无疑是最为重要的。

参考文献

[1] 王润平,孙伯乐.论我国职业足球运动员专项体能的训练[J].西北师范大学学报,2009,45(2):3.

[2] 陈翀.我国U17男子足球运动员体能评价指标体系的构建和标准的建立[D].北京:北京体育大学,2016.

[3] 龚波.我国职业足球运动员体能训练研究[J].体育科学,2005,25(10):6.

[4] 苏川.中国职业足球体能教练员培养的研究[D].北京:北京体育大学,2011.

[5] 任建生,曾丹,凌波,等.足球运动员专项体能评定方法的研究[J].体育科学,2004,24(5):49-52.

[6] 杨一民.关于我国青少年足球主要问题与对策的探讨[J].中国体育科技,2007(1):33-35.

[7] 侯海波,译.德国国家队教练斯贝基谈培养后备力量计划[J].足球理论与实践,2001,3.

[8] 伊藤信宏.日本足球的强化指导方针[J].足球理论与实践,2001(2).

[9] 2001~2010年中国足球协会青少年十年发展规划.中国足协技术部.

[10] 王桂顺.我国U17足球运动员自我效能感、认知特质焦虑及应对方式关系的研究[D].福州:福建师范大学,2010.

[11] 陆明辉.我国U17男子少年足球队身体素质、基本技术、教练员能力及运动训练水平的综合评价方法[D].北京:北京体育大学,2001.

[12] 杨一民.国际足球发展现状简析[J].北京体育大学学报,1997.

[13] 曹士云.我国优秀女子足球运动员身体形态特征探讨[J].哈尔滨师范大学学报:自然科学版,1992,8(1):104-105.

[14] Stephen. Physical Activity and Fitness of First Nations Youth in a Remote and Isolated Northern Ontario Community: A Needs Assessment [J]. Journal of Community Health, 2016, 41 (1): 46-56.

[15] Matveyev. An approach to the choice of control laws for a traininghelicopter [J]. Russian Aeronautics, 2005 (4): 17-21.

[16] Prato. Biofeedback-assisted relaxation training to decrease test anxiety in nursingstudents [J]. Nursing education perspectives, 2013, 34 (2): 76-81.

[17] Greke. Genome-wide fitness test and mechanism-of-action studies of inhibitory compounds in

Candida albicans [J]. Plos Pathogens，2007，3（6）：835-848.

[18] 体育词典编委会.体育词典[M].上海：上海辞书出版社，1984.

[19] 王兴.体能训练的主要问题及对策[J].当代体育科技，1998，27（2）：72-74.

[20] 田麦久.运动训练学[M].北京：人民体育出版社，1999.

[21] 李之文.体能概念探讨[J].解放军体育学院学报，2001，20（3）：1-3.

[22] 王卫星.高水平运动员体能训练新方法[M].北京：北京体育大学出版社，2013.

[23] 刘大庆，张莉清，王三保，等.运动训练学的研究热点与展望[J].北京体育大学学报，2013（3）：108-109.

[24] 刘丹.足球体能训练[M].北京：北京体育大学出版社，2006：142-190.

[25] 麻雪田，李仪.足球比赛理论与实践[M].北京：北京体育大学出版社，2008：147.

[26] 艾克布罗姆.足球运动生理学[J].中国体育科技，1993，29（4）：36-43.

[27] 孙文新，侯会生.中国优秀足球运动员身体形态特征和目标结构模型[J].北京体育大学学报，2007，30（10）：1418-1420.

[28] 普拉托诺夫.竞技运动理论[M].武汉：武汉体育学院出版社，1987.

[29] 杨一民.当前我国优秀女子足球运动员体能、素质、性格特征的初步探索[J].中国体育科技，1986，(11)：32-37.

[30] 肖品园.对中国女子足球国家队、国庆到、少年队运动员年龄、身体形态和身体成分的研究[D].武汉：武汉体育学院，2013.

[31] BienBloom. Comparation the morphology between European and American football player [J]. Sport world，2008.

[32] Bell W. Rhodes G. The morphologyical characteristics of the association football palyer [J]. Br. j. Sport Med，1975，（9）：196-200.

[33] Pyke F. Physiological assessment of Australian soccer squad [J]. Aus. J. HealthPhysical education，1976，（75）：21-25.

[34] 星川佳广.优秀足球选手的生理学指标和体力[EO/OL].中国体育资讯网运动训练数据库.

[35] Raven P. A physiological evalution of professional soccer players [J]. Sport Med，1976，(109)：209-216.

[36] 刘淑红.我国优秀青年男子足球运动员的身体形态、素质和部分生化指标的分析[J].体育科学，2004，24（5）：15-18.

[37] Hagerman F. Anaerobie Threshold Measurements of Elite soccer [J]. MedSei Sports Exereise，1987.

[38] Bangsbo J. Energy demands in competitive soccer [J]. Journal of Sport s Science，1994，12：5-12.

[39] Wenge. Aerobic ability that the football payer need to focus on it [J]. Ourtside sport of Magzine，2003.

[40] 刘铁.足球运动员12分钟跑耐力测试及其存在的问题[J].体育与科学，2001，22（6）：54-57.

[41] 马成全，郑鹭宾，崔冬冬.YO-YO耐力测试的原理、作用及在足球体能测试中的运用

[J].上海体育学院学报,2005(12):68-71.

[42] 周俊飞.12分钟跑与YOYO训练对男子足球运动员专项体能影响的比较研究[J].武汉体育学院学报,2010,44(9):97-100.

[43] Barry Drust, Greg Atkinson Thomas Reilly. Future perspectives in the evaluation of theYOYO demands of soccer [J]. Sports med. 2007, 37 (9):783-805.

[44] 郑亚绒.球类运动中协调能力与灵敏性关系的分析[J].西安教育学院学报,2003(3):68-69.

[45] Krustrup P, Mohr M, Ellingsgaard H, et al. Physical demands during an elite female soccer game: importance of training status [J]. Med Sci Sports Exerc. 2005, 37 (7):1242-1248.

[46] Burgess D J, Naughton G, Norton KI. Profile of movement demands of national football players in Australia [J]. J Sci Med Sport. 2006, 9 (4):334-341.

[47] 王景波.足球运动员速度素质的训练[J].沈阳体育学院学报,2000(4):21-23.

[48] Sheppard J M, Young W B. Agility literature review: Classifications, training and testing [J], Journal of Sports Sciences, September 2006, 24 (9):919-932.

[49] Jim Liston. Beach volleyball Agility Training Exercises [J]. Training table instructional, 2007, 3:40-43.

[50] 皮尔逊.足球运动员身体素质训练[M].王跃新,译.北京:人民体育出版社,2004.

[51] 钟建明.高水平足球队现代化训练应注意的若干问题[J].体育函授,1996(3):10-12.

[52] 李颖川.球类运动员体能水平的构成因素及训练的基本理论与原则[J].中国体育科技,1997(2):49-52,64.

[53] Mike Boyle. Functional Strength Coach 4.0 [M]. Amweican: American Fitness Public Booking, 2013.

[54] 何志林.现代足球[M].北京:人民体育出版社,2000.

[55] 麻雪田.现代足球运动高级教程[M].北京:人民体育出版社,2002:66.

[56] Raven P. A physiological evalution of professional soccer players [J]. Sport Med, 1976, (109):209-216.

[57] De Rose E H. Deternmination of the ideal body weight and coepral composition of 16 soccer professional soccer players [R]. Question of athletes of the report of international symposium. Leningrad institute of physical culture, 1975.

[58] Wilmore J H, Haskell W L. Body composition and endurance capacity of Professional football Players [J]. J. APP. Physiol, 1972, 33:564-567.

[59] Antbony C. Body composition in adopted and biological siblings [J]. Human Biology. 1988, 4 (57):61-62.

[60] Sieij. Soccer players' Body advantage during the soccer compitation [J]. The fitness article, 2012, 2:45-46.

[61] 田剑.2008—2010年中超足球运动员的身体形态特征分析[J].武汉体育学院学报,

2011, 45 (9): 97-101.

[62] 金川江. 德国世界杯不同位置运动员身高、体重、年龄比较研究 [J]. 体育与科学, 2006, (6): 77-80.

[63] 刘爱杰. 耐力性竞速项目专项运动素质的整合 [D]. 北京: 北京体育大学, 2003.

[64] 赖斯. 以有效的力量耐力训练来提高力量耐力竞技运动 [M]. 顾为群, 译, 1993.

[65] Randers B, Mujika I. A. Hewitt, et al. Application of four different football match analysissystems: a comparative studyf [J]. Journal of sports science. 2010, 28 (2): 171-182.

[66] Sleamaker R, Browing K. Serious Training for Endurance Athletes [J]. Human Kinetic, 1996.

[67] Jeffrey M, Willardson. Core Training: Applications to sports conditioning programs [J]. Strength Condit Res, 2007.

[68] ReidR M, WIlliams C. A concept of fitness and its measure mentin relation to Rugby football [J]. Br. J. SPortsMed, 1974 (8): 96-99.

[69] Haltori. The situation of Japan football players' flexibility of Angel. Soccer world exhibition, 2011, 2: 43-44.

[70] Skank J. The experiment about T style for Agility test of football player [J]. Fitness knowledge Thesis, 2009.

[71] Keli Sting. How to evaluate and check the correct measure for soccer player [J]. The movement Magzine, 2009, (12): 32-35.

[72] 陈翀, 贾力运, 王安治, 等. 功能性动作筛查 (FMS) 在 U17 足球运动员中的应用研究 [J]. 中国运动医学杂志, 2017, 36 (12): 1087-1091.

[73] Bangsbo J. Optimal preparation for the World Cup in soccer [J]. Clinics in sports medicine (Philadelphia), 1998 (4).

[74] 袁尽州. 体育测量与评价 [M]. 北京: 人民体育出版社, 2009.

[75] 尚延侠, 陆大江. 体育职业测量与评价 [M]. 上海: 上海科学技术文献出版社, 2009.